零距离上岗 高职高专
财经基础课系列规划教材

财经应用文写作

（第2版）

王晓红 主 编
赵亮 陈强 宋飞燕 副主编

電子工業出版社
Publishing House of Electronics Industry
北京 · BEIJING

图书在版编目（CIP）数据

财经应用文写作/王晓红主编. —2 版. —北京：电子工业出版社，2015.1
（零距离上岗）
高职高专财经基础课系列规划教材
ISBN 978-7-121-24370-7

Ⅰ. ①财… Ⅱ. ①王… Ⅲ. ①经济－应用文－写作－高等职业教育－教材 Ⅳ. ①H152.3

中国版本图书馆 CIP 数据核字（2014）第 215543 号

策划编辑：晋晶
责任编辑：刘淑敏
印　　刷：北京京海印刷厂
装　　订：北京京海印刷厂
出版发行：电子工业出版社
　　　　　北京市海淀区万寿路 173 信箱　邮编　100036
开　　本：787×980　1/16　印张：17　字数：313 千字
版　　次：2010 年 5 月第 1 版
　　　　　2015 年 1 月第 2 版
印　　次：2015 年 1 月第 1 次印刷
定　　价：34.00 元

凡所购买电子工业出版社图书有缺损问题，请向购买书店调换。若书店售缺，请与本社发行部联系，联系及邮购电话：（010）88254888。
质量投诉请发邮件至 zlts@phei.com.cn，盗版侵权举报请发邮件至 dbqq@phei.com.cn。
服务热线：（010）88258888。

前　言

本教材坚持在理论上突出应用文的功能特点和写作的基本思路，围绕高素质、高技能的应用型技术人才培养目标，凸显了财经应用文写作课程必须对接职场、对接学生未来职业生涯的思路，力求从内容到形式都具有较强的创新性、科学性、可读性和操作性。主要内容包括财经调研文书、财经策划文书、财经信息文书、常用公务文书、常用事务文书、财经合同文书、财经诉讼文书、财经信函、财经论文等文体的写作。以提高学生财经应用文写作基本素养和基本能力为目标，为学生后续的职场专业化写作实践打下良好的基础。

本教材在修订后更加突出如下特点。

1. 体系新颖，重点突出

对与学生的学习、生活和将来工作联系比较密切，且使用频率较高的文种，如事务文书、策划文书、调研文书等内容介绍具体、实用；对那些格式固定、学生现在难以应用，将来使用频率一般，但也需要认识阅读、了解写法的文种的内容，如财经合同文书、财经诉讼文书，则重点突出，简明扼要；对一些财经管理类的文书，突出了代表性的内容。范文经典且颇具时代特色，范文评析简练雅致，做到重点突出，提纲挈领。

2. 理论适当，着重实用

本书突出实用性，遵循理论够用的编写原则，编写中始终注意引导学生举一反三、触类旁通，注重范文阅读和技能训练，指导学生进行有效的写作训练，以通过写作实践形成良好的写作习惯和熟练的写作技巧。

3. 突出案例、强调技能

书中的正面例文大多新颖，具有时代性。注重通过对范文的精当评析，启发学生思维，引导学生从思路、结构、语言等方面把握财经应用文写作的基本规律，了解“应该怎样写”，进而掌握具体文体的写作方法和技巧。通过分析典型病文存在的问题，让学生知道“不应该怎样写”，以培养学生发现问题、解决问题的能力，从而提高学生的写作能力。

4．练习恰切，难易适当

本书编选的习题题材广泛，内容丰富，形式多样，情景设计学生的学习和生活环境，强化课堂内外的实践教学，注重循序渐进地培养学生的写作能力，在参考多方材料的基础上，同时也针对学生的实际需求，编写了难易适当、内容恰切的练习，能够满足学生练习的需要。

本书由王晓红（黑龙江生物科技职业学院）任主编，由赵亮（黑龙江省教育科学研究院）、陈强（哈尔滨师范大学）、宋飞燕（木兰县高级中学）任副主编。具体章节分工如下：王晓红编写第1~3章，赵亮编写第4~6章，宋飞燕编写第7、第9章，陈强编写第8、第10章。全书由孔令秋负责课件制作。

本书为高职财经类专业的写作教材，也可以作为其他专业的公共课教材使用。

在编写过程中，我们参阅并吸纳、借鉴了有关专著、报刊的资料、例文等，恕不一一注释，谨向原作者致以诚挚的谢意。由于编者水平有限，书中难免有不当之处，恳请各位专家、同人、读者不吝赐教。

编　者

目 录

第 1 章

财经应用文写作概论

学习目标

◎ 了解应用文及财经应用文的概念；

◎ 掌握财经应用文的特点、种类和作用；

◎ 掌握财经应用文的写作要素构成。

导入案例

材料一：我喜爱各种美丽的花。玫瑰花的凝重热烈、舒展奔放，令我为之心动神往；荷花的典雅脱俗、冷艳幽香，令我为之仰慕倾倒；菊花的雍容端庄、秀外慧中，令我为之赞叹敬重；牡丹花的妖娆多姿、国色天香，令我为之痴迷眷恋……然而，我最喜爱的还是梅花。

材料二：北京大龙投资公司千亩梅花园项目可行性研究报告。项目概况：千亩梅花园位于兴寿镇百合村境内，占地 1 000 亩。梅花，常见于南方，在我国北方地区，观赏成片的梅花还是一个奇观。梅花园的梅花是用山桃树做砧木人工嫁接而成的，经过近两年的研究实践，现在接活两千多棵，目前每天春天已经有一部分梅花绽蕾开放。我们正在加快梅花园建设的步伐，使梅花苗木尽快走向市场……效益分析：梅花苗木已逐步走向市场，经过三年的投资培植，第四年将能有效益收回，第五年将收回投资的 40%，第六年将收回投资的 50%，是一个投资小，见效快的好项目。

【案例思考】

阅读后比较两篇材料在表达方式和语言上各有什么区别？

1.1 应用文与财经应用文

1.1.1 应用文

相关链接

叶圣陶曾说："大学毕业生不一定要能写小说诗歌，但是一定要能写工作和生活中实用的文章，而且非写得既通顺又扎实不可。"

1. 应用文的历史沿革

应用文的历史非常悠久，只是在历代的名称不同。早在殷周时期，刻在甲骨文上用于占卜的文字叫做卜辞，已具有应用文的雏形。《尚书》中收录的商周时期的诰、誓、命等文书可算是最早的应用文。春秋时期用于外交方面的辞、辞命，秦汉时期的诏、制、奏、表，魏晋时期的令、书、颂、笺，唐宋以来的图籍表册、碑碣志铭、法律条例，应用文的文体不断增多，体式也更加完备。元明清时期对应用文的研究值得一提的是刘熙载的《艺概·文论》。辛亥革命以后，应用文从古体到今体发生了巨大的变革。应用文在不同历史时期管理社会事务及实现社会、政治、生活目标的活动中充当着必不可少的角色，发挥着极其重要的作用。

2. 应用文的概念

《辞海》对应用文的解释：应用文是指人们在日常生活、工作和学习中所应用的简易的通俗文字，一般有固定的款式，包括书信、公文、契约、单据等。

这个定义虽然简明，但把应用文归纳为"简易的通俗文字"似乎不尽完善，有些应用文如市场调查报告、经济活动分析报告等并非"简易的通俗文字"。因此，本书认为应用文概念应为：应用文是国家机关、企事业单位、社会团体、人民群众在行政管理、社会交往和活动中，处理公私事务时所使用的、形式较为固定的、具有直接应用价值的文书。

应用文的内容和形式随着时代的发展而发展，种类也越来越多。有些是各行各业通用的，有些是特定部门使用的，这样就逐渐形成了专业应用文，如财经应用文、军事应用文等。

1.1.2 财经应用文

1. 财经应用文的概念

财经应用文是指财政机关、企事业单位、团体及个人在财经活动中形成发展起来的，用以反映财经信息、处理财经事务、研究财经问题的应用文体。财经应用文是各级财政部门传达、贯彻党和国家的财政方针、政策、发布财政法规、交流经验、沟通信息、解决问题时不可或缺的重要工具。

2．财经应用文的特点

财经应用文作为应用文的一个分支，具有应用文的共性：目的的实用性、写作的时效性、文本的程式性和语言的简明性，同时它又具有自身的特点：政策性、定向性、专业性和权威性。

（1）政策性

从性质上说，财经应用文是传达、贯彻党和国家财经方针、政策、处理财经公务的一种重要工具。这个性质决定了财经应用文具有鲜明的政策性。如果忽视了这一点，财经应用文就不能起到维护经济正常发展的作用。

（2）定向性

财经应用文的写作是针对财经业务活动中的某一事件、某一情况、某一问题，是针对某些特定读者而进行的，这就决定了信息传播的定向性，如经济合同的规范对象是签订合同的双方或多方。

（3）专业性

财经应用文的专业性是指内容表达上多用专业术语、指标数据来说明问题。

（4）权威性

权威性是财经应用文的一个重要特点。各级财政机关在职权范围内发布的公务文书，具有法定权威，已经发布必须令行禁止，如财经制度、经济合同；有些财经文书对经济活动有一定的指导、制约作用，如经济活动分析报告、市场预测报告。

3．财经应用文的作用

（1）传达财经政策，具有领导指挥作用

财经应用文大多用于传达、贯彻党和国家的相关经济政策，财政机关通过拟制、下发与贯彻实施来发挥领导指挥作用。

（2）反馈经济信息，具有联系协调作用

财经应用文是加强上下左右间联系的纽带，是各单位、各部门之间联系的有效工具。它可以进行交流信息、传递业务、协调工作等，以此互相促进、共同提高。

（3）规范经济工作，具有促进管理作用

撰写财经应用文的目的，很大程度上是为了规范经济工作，如工作计划是为了领导意图的顺利实施、工作总结是为了促进今后做得更好，这些可以推动工作的进展、提高工作效率，具有促进管理的作用。

4．财经应用文的种类

根据财经应用文的特点和适用范围，可以分为：公务文书，指用于处理财经部门事务和行政的公文；事务文书，指财经部门处理日常事务工作经常使用的文书，如工作计划、总结、规章制度等；专用文书，是财经部门特有的，专业性很强，如经济合同、经济预测报告、审计报告等；经济学术论文，指对经济科学领域中的问题进行专业探讨、表述科研成果的文书，如财经论文。

1.2 财经应用文的写作要素构成

应用文是以实用为目的的写作。研究应用文，就是研究“写什么”和“怎么写”的问题，即要把握应用文写作的共同规则，所谓“没有规矩，无以成方圆”。文章皆由主题、材料、结构、语言四个基本要素构成，应用文也不例外。如果将应用文比做人的话，那么主题是灵魂，材料是血肉，结构是骨骼，语言是细胞，只有具备这四个基本要素，应用文的整体质量才有保证。

1.2.1 应用文的灵魂——主题的选择

主题是指作者通过文章的具体材料所表达的中心思想、基本观点或者要说明的主要问题。应用文的主题就是通过文章的内容所表达的作者的写作意图、目的、思想和观点等，如计划的主题是“做什么，做到什么程度”，经济合同的主题是“标的”等。

主题犹如一条红线贯穿全篇，在构成要素中居于统帅地位，发挥决定性的作用。因此主题是应用文灵魂所在，失去主题，如同人失去思想、三军缺少主帅，材料的取舍、结构的安排、语言的运用，甚至标题的制定、表达方式的运用，都会失去依据。

1．主题确定的依据

应用文的种类很多，对立意的依据要求各不相同。一般来说有以下两种情况。

（1）以领导意图和工作需要确定主题

应用文的拟写是领导与管理工作中不可或缺的重要工具，根据工作的实际需要，旨在“受领导之命，代单位立言”。因此，领导意图、工作需要就是写作目的，就是剪裁材料的依据，就是确立主题的主导根据。例如，某公司要调整第四季度销售计划，要求销售部门做出计划，这时“如何调整销售计划”的命题规定，就成为撰稿人立意的依据。

（2）依据实际材料确定主题

应用文要求真实、实用，丰富多彩的社会实践是取之不尽、用之不竭的实际材料。深入分析这些材料，得出正确的判断，发现事物的本质，是形成主题的物质基础和必要条件。换言之，确立主题必须尊重事实，尊重事物本身的规律，不能凭空设想，生造主题。例如，市场调查与市场预测报告的主题必须在材料的基础上得出。

2. 主题拟写的要求

（1）正确

主题首先必须符合国家法律、法规，党和国家的路线、方针、政策，符合领导批示意图，能指引正确的方向；其次主题的正确还体现在必须符合客观实际情况，能反映客观事物的本质规律及具体的业务规范，帮助人们正确处理工作事务。

（2）鲜明

鲜明是指应用文观点意图要清晰确切，旗帜鲜明，不容置疑；主题必须能够抓住问题的实质；肯定什么，否定什么，赞成什么，反对什么，要一目了然，不能似是而非，模棱两可，甚至前后矛盾，不知所云。

（3）集中

应用文要求内容单一，一文一事，不可多中心，“意多必乱文”。全篇内容由主题统率，不枝不蔓，为表现主题服务。

如何使主题集中呢？首先要意在笔先，动笔之前要明确文章重点阐明什么思想、解决什么问题，与此不相干的问题统统剔除；其次主题必须单一；最后分清主次，不能面面俱到。

（4）深刻

深刻即撰写应用文要求揭示事物的本质及其内部规律，体现原则性和指导性。例如，撰写行政公文要明确指出撰文的目的，体现原则性和指导性；写总结等要提炼规律性的认识和行之有效的措施。

3. 主题的表现方法

（1）标题点题

在标题中点明主题，如《关于进一步做好医疗机构药品集中招标采购工作的通知》，标题直接点明写作目的。

（2）开门见山

1）使用主题句，开门见山。在公文和其他应用文书中，明白、准确地表达主题的句子，叫做主题句。主题句以介词结构“为了……”为特征。

2）不出现主题句，开门见山。有的应用文开宗托旨，首句并不出现主题句，而是直接阐述意义、主张或基本观点。

3）小标题显旨。小标题显旨的形式是将文章主题分解成几个部分，每个部分用一个小标题来显示。值得注意的是，各个小标题的排序必须注意体现合理的逻辑关系。

4）片言居要。在文章的内容转换之处揭示主题，同时起到承上启下的过渡作用。

5）呼应显旨。在正文的开头和结尾前后呼应，以突出主题。这种写法多是开头提出与主题相关的问题，篇末呼应。

6）篇末点旨。在应用文书正文的结尾点明写作主题。

1.2.2 应用文的血肉——材料的选择

材料是构成文章内容的要素，指作者为某一目的而收集、选取并在文章中使用的一系列事实或依据。这些事实或依据包括事件、现象或数据、理论依据、公认的原则、公理等。我们所需要的材料是“写入文章”的，因此何时选择、怎样选择、选择什么材料，就需要动一番脑筋。

1．材料的类别

文章的主题需要通过材料表现，主题要鲜明，材料要具体丰富。为此，收集材料应类型丰富，数量充足：有历史的材料，也有现实的材料；有本单位、本地区的材料，也有外单位、外地区的材料；有正面的材料，也有反面的材料；有直接的材料，也有间接的材料；有文字的材料，也有数字、图表的材料；有典型的材料，也有一般的材料；有来自领导层的材料，也有来自基层的材料。

2．选材的方法

（1）亲身经历

材料分为第一手材料和第二手材料，为求得材料的准确、真实，常常需要我们深入现场，亲身实践，亲自调查，观察事物现象，借用知情者的见闻，得到确切的数据。亲身经历是认识客观事物的基础，也是获取材料的重要方法。例如，我们写新闻，就应该在第一时间赶赴现场，掌握第一手材料。亲身经历的选材要求主要有以下几方面。

1）要系统、周密。对事物的全貌、各个部分、发展过程等，要全面了解。

2）要由此及彼、由表及里。不但要观察事物的表象，还要透过表象看到实质，通过比较对照，了解特征，发现问题。

3）要从实际出发，实事求是，尊重客观事实。

4）要广泛深入，细致全面。不能先入为主，主观片面。

（2）检索阅读

检索阅读是获取材料的重要方法，包括读书看报、翻阅档案，从中查找同类问题或相关问题的现实研究资料及历史资料。检索阅读的选材要求主要有以下几方面。

1）熟悉和掌握图书分类，会查分类目录、书名目录、著者目录。

2）学会利用书目、索引快速有效地获取更多的资料。熟练使用一些工具书，如字典、词典、百科全书、手册、文摘等。

3）学会利用网络收集资料。

3．选材的标准

（1）突出主题

材料是服务于主题的，在选材时要根据表现主题的需要来决定对材料的取舍。会不会围绕主题选材，能不能根据主题适当加工、增删材料，表现了作者处理材料的能力。

写作时要根据主题的需要决定材料的主次详略。能直接而深刻地表现主题的材料要详写；对表现主题起辅助、烘托、陪衬作用的材料要略写，这样才能突出重点，主题鲜明。

（2）真实准确

所谓真实，是指确有其事，能反映事物的本质，而不是表象；所谓准确，就是可靠无误，写进应用文里的材料必须准确无误，从大的事件至具体细节，一句引语、一个数据，都是实事求是的反映。

（3）典型生动

事物的本质往往通过个别的现象表现出来，要使材料很好地表现文章的主旨，就需要占有典型生动的材料。所谓典型的材料，是指能深刻揭示事物的本质特征，具有广泛代表性和说服力的材料；所谓生动的材料，是指那些具有感染力和鼓动性，能够和谐社会，凝聚人心的材料。

（4）新颖

新颖，是指写进应用文里的材料一定要有时代感，能够表现客观事物的发展变化趋势，反映客观事物的最新面貌，以及现实生活中人们最关心的那些新人、新事、新思想、新成果和新问题。

4．材料的处理方法

（1）筛选法

筛选法是在众多的材料中选择典型的、能表现主旨的材料的方法。

（2）类化法

类化法是通过确立反映事物本质特征的、与分类目相适应的标准，将材料进行梳理分类的方法。

（3）截取法

截取法是选用一个完整事件的片段或完整事物中的部分以表现观点的一种处理材料的方法。叙事性较强的应用文，如简报、通报、调查报告等，常用此法。

（4）撮要概述法

撮要概述法是对虽有价值但却纷繁的材料加以概括压缩，使精华部分更为突出的方法。

1.2.3 应用文的骨骼——结构的安排

应用文的结构是指对应用文的谋篇布局，也就是对主题和材料所做的合理、有序的组织和安排，使文章成为一个紧密、有机、统一的整体。

1．应用文结构安排的原则

（1）服从主题的需要

主题是统帅，是贯穿全文的红线，支配材料、结构和语言。应用文的结构要有助于突出主题，能突出表明主题的结构才是好结构，这主要表现在应用文的写作规范上。它一般在标题或开头点明主题，再围绕主题安排段落，有的还在结尾加以总结，升华主题，照应开头。

（2）体现不同文种的特点

应用文因其使用的范围、条件、对象不同，结构形式也不相同，在写作时应该注意这些不同文种的特点，不同的文种必须有其相应的结构，不能随意混用。例如，公文、法律文书、经济合同等有固定的、法定的规范格式，不能随意变动。同是公文类文书，报告是反映已经完成的活动，结构安排应采取“原因—做法和体会—存在问题和今后打算”的形式；而请示反映的是将要做的事，应采取“提出问题—分析问题—解决问题”形式的结构。

（3）符合客观规律和人们的认识规律

客观事物自有其发展、变化的规律，人们对客观事物的认识也有一定的规律。所以，应用文的结构必须遵循这两条规律，反映客观事物的内在联系。

2．应用文结构的基本要素

文学作品的布局要求丰富多变，应用文的布局则因其实用性强显得程式化，各具体文种大多具有特定的惯用格式，但大都包括标题、正文和结尾。

（1）标题

1）公文式标题。公文式标题由固定的要素构成，简明直白。一种是由发文机关、事由和文种组成，如《××公司关于做好第一季度销售工作的通知》；另一种是由事由和文种组成，如《关于本年度市场销售情况的调查》。

2）文章式标题。文章式标题可以直接指明文章的内容、主题，多见于调查报告、新闻、讲话等，如《新时期大学生思想工作方法调查》。

（2）正文

1）开头。开头又称导语、前言、引言等，常用的有如下几种。

① 目的式。以“为了、为”阐述发文的意义、行文依据、说明意图，如“依据……规定”、“根据……要求”。

② 开门见山，直接切入。直接在开头揭示主题，目的是引起读者对文章的注意。

③ 概述式。概述基本情况或背景，如时间、地点、范围、规模等。

④ 提问式。将文章的主题以提问的方式提出，然后在后文中解答，如调查报告。

⑤ 引述来文式。在文章的开头用引文表明态度、说明情况，如转发性的通知、批复。

2）主体的基本形式。正文的主体是应用文的核心部分，应用文的主题和材料都要体现，即文章层次的安排、思想内容表现的次序。

① 以简单的说明为序，简述“什么事”、“怎么做”。内容单一、格式固定、篇幅较小的应用文常用此种格式，如请示、公告、通告等。

② 以时间先后为序。以一定时间内，事物的发生、发展及变化过程为序，如工作总结、新闻、报告等。

③ 以逐层递进为序。按事理的逻辑性，即按提出问题、分析问题、解决问题的过程为序展开内容。

④ 以因果关系为序。按事物的因果关系来安排，或由因寻果，或由果溯因，体现逻辑性。

⑤ 以横向并列为序。或按事物组成的各个部分，或按问题性质的不同方面，或按轻重主次将材料横向排列。

⑥ 以总分变换为序。围绕某一中心点，总述—分述、分述—总述或总述—分述—总述，其中分述部分的内容呈并列形式。

（3）结尾

结尾应简洁明了，与开头呼应，完成写作目的。常用的结尾方式有以下几种：

1）点题做结。结尾处点明主题，深化观点。

2）号召做结。结尾处发出号召，寄托希望。

3）强调做结。强调行文要求。

4）专用词语做结。

1.2.4 应用文的细胞——语言与表达

1. 应用文的语言

应用文的语言原则上与一般文章相同，但是由于其功能的特殊性，它在语言上有其特殊的规定与要求。

（1）准确、规范

准确是指要恰当表达思想内容。

1）要辨析词义。正确选用最恰当的词语，恰如其分地表达内容。例如，“责令”和“责成”在程度上不同，“夭折”和“过世”的适用对象不同，“散步”和“溜达”的语体色彩不同，“订金”与“定金”的性质不同。

2）要注意符合语法。例如，“经过这次活动，对于同学们的觉悟有很大提高”中“觉悟”不能与“提高”搭配。

3）注意避免歧义。对概念的划分要正确，如“走访了许多机关单位、学校、工厂”中“机关单位”与“学校、工厂”有重叠；判断要恰当，推理要合乎逻辑，如“形式主义不应一概反对，应用文的形式不但不应反对，还要加以重视”中犯了偷换概念的错误。

4）注意不同文种的风格色彩，避免使用不确定的词。例如，“最近表现不好”，“这项工作已基本完成”这些句子信息量过大。

规范是指恰当使用规范性书面语和文言词语，忌用口语、俚语、方言、简称。例如，“结婚”不能用“出嫁”或“娶亲”。

（2）阐明精练

1）语言要抓住关键，删繁就简。行文时去掉套话、空话，适当使用缩略语。注意反复锤炼，缩词成字，删去重复的词，如“我们感到这里反映的主要问题是个别领导不够重视的问题，缺乏得力措施的问题”冗长烦琐，可将后两个问题删去。

2）话语表达不宜太长，表述层次不宜太多，尽量用短句。例如，“实行分配方案改革的目的是，拉开收放差距，建立激励竞争机制，以便于最大限度地调动教师积极性，从而提高我校的教学科研质量”不如“实行分配方案改革的目的，就是要拉开收入差距，建立激励竞争机制，最大限度地调动教师积极性，提高学校的教学科研质量”简明扼要。还可以恰当使用格式语、专业语。

3）语言要明确。即作者提倡什么，反对什么，态度要鲜明、是非要明确，不能模棱两可，含混不清。

（3）平实得体

平实指语言平易、自然、朴素、实在，不言过其实、不哗众取宠，要客观地表述文意，易于让人相信、接受和实行。

得体指应用文在用词、语气、语体风格等方面要符合文体的要求，语言适度、有分寸。例如，公文语言要严肃庄重；调查报告、总结的语言要朴素平实；经济契约类文书要用好专业术语。

2. 应用文的表达

（1）表达方式

应用文的表达方式是指写作中采用的表述方法和形式。由于文体性质和写作目的不同，其表达方式也不尽相同。一般来说，应用文写作主要采用叙述、议论、说明三种表达方式。通常情况下，计划、总结、简报、通报等宜采用叙述的方式；科技论文、判决书等则侧重议论的方式；合同、规章、法规、通告等则多侧重说明的方式。说明是应用文最基本的表达方式，以说明情况、事理和措施，达到写作的基本目的。

（2）表达技巧

应用文的表达技巧是指写作中为了突出主旨，抓住受众而采用的艺术表现手段。总体来说，应用文由于文种限制，写作上要求严谨、庄重、准确、朴实。概括地说，应用文的表达技巧有以下四点。

1）善于揣摩受众心理。即要在了解、分析受众心理需求的基础上，选择必要的手段来打动他的心。如广告的策划就要分析顾客的消费心理，并用成功的手段诱导顾客兴趣，如三菱电梯广告词“上上下下的享受”，伊桑化妆品广告词“让母亲重温年轻的梦”。

2）善于抓住诉求重心。一篇好的应用文，要么诉诸人们的理性，要么诉诸人们的情感，因此，在应用文写作的构思中，应该先做策划，做到胸有成竹。一些法庭的辩护词就既有理性思辨，又有情感的诉求。

3）善于综合有用信息，即要广泛收集、分析并采用各种材料、数据，使我们写出的文章更具说服力，如市场预测、营销策划、财经分析等都离不开信息的综合利用。

4）善于借助表述形式。应用文的结构、语言一般都有相应的要求，我们必须遵循。但也有许多应用文种在形式上是可以借鉴文学模式的表现形式的，特别是一些商业策划活动、法律文书，以及个人事务性应用文体，是可以适当借鉴的。

练 习 题

1. 名词解释

应用文　财经应用文

2. 简答题

（1）财经应用文的特点有哪些？

（2）财经应用文的开头和结尾程式性都较强，请列出几种常见的开头和结尾方式，并列举其适用文种。

（3）财经应用文主要使用何种表达方式？

3. 分析题

（1）下面文字使用了哪种开头方式？

1）为确保“菜篮子”产品长期稳定供给，提高“菜篮子”产品质量……现就新阶段“菜篮子”工作有关问题通知如下……

2）你院《关于筹建信息处理的请求》（×字［2009］5 号）收悉，现批复如下……

（2）下面文字使用了何种表达方式？

1）2006 年 9 月，××学院对 2006 届毕业学生的就业情况进行了广泛调查。调查结果不容乐观：60%的毕业生就业部门和自己所学专业不对口；30%的学生毕业已有半年，仍然没有相对固定的工作……

2）他背上漂亮的小书包，迎着和煦的春风，唱着小曲，一蹦一跳地朝学校跑去。

第 2 章 财经调研文书

学习目标

◎ 了解财经调研文书的种类和特点；

◎ 掌握市场调查报告、市场预测报告、经济活动分析报告、可行性研究报告、审计报告、资产评估报告的结构和写作注意事项；

◎ 能够撰写各类财经调研文书。

导入案例

“标王”的衰败

曾经繁荣的秦池集团：1996 年以人民币 0.6 亿元取得 CCTV“标王”称号；1997 年又以“天文数字”3.2 亿元取得 CCTV“标王”称号；然而短短两三年时间，秦池集团就因内外交困，狼狈退出酒业市场。

失败的根源：在没有正确分析预测国内白酒行业宏观环境、产品特点、消费者行为和不可控的意外因素影响下，孤注一掷地争夺“标王”称号，不仅使企业背上沉重负担，经营陷入困境，而且造成社会舆论偏离企业初衷……

【案例思考】

1．市场预测报告对企业发展有何作用?

2．市场预测报告的写作关键因素是什么?

2.1 财经调研文书概述

2.1.1 财经调研文书的内涵

财经调研文书是对经济活动进行调查、研究、预测、决策的应用文章。它用于记载和反映国家、企业、个人的经济信息，是经济活动中的重要凭证，是沟通经济信息、分析经济活动状况、促进经济效益提高的管理工具。

财经调研文书包括市场调查报告、市场预测报告、经济活动分析报告、可行性研究报告、审计报告、资产评估报告等。

2.1.2 财经调研文书的特点

1．内容的真实性

财经调研文书是进行经济活动的指导性和参考性文书，因此要确保内容和相关数据的真实可靠性，否则就失去了其应有的价值，有时甚至会造成巨大的经济损失。

2．行文的时效性

财经调研文书反映的是某个时期或阶段的经济状况，有明确的针对性，因此有很强的时效性。

3．建议的可行性

财经调研文书一般应提出相应的意见和建议，这些意见和建议是建立在对相关问题的分析和研究基础上的，因此，一般具有很强的可行性。

4．表述的简明性

财经调研文书要如实反映社会经济问题，指导和规范市场经济行为和活动，因此用语要严密和简明、语言要贴切、内涵要准确、判断要恰当、推理要符合逻辑，能简洁明了地表达作者的意图。

2.1.3 财经调研文书的写作要求

1．深入调查研究，掌握可靠有效的材料

无论哪一种财经调研文书，都需要以切实、可靠的材料为基础进行分析研究，这些材料不是凭空想象出来的，而是来自社会经济活动本身。因此，以实事求是的精神深入地进行调查研究是做好财经调研文书的前提。

2．科学规范行文，使用简洁明确的语言

财经调研文书与其他的应用文体一样有着严格的行文规范，个别文种如审计报告要由法定部门或法定人员严格按照相关法规的要求撰写，不能按照个人喜好随意篡改。语言的使用也要尽可能简洁明确，不要拖沓冗长，也不要随意使用一些专用名词，以免造成误解。

2.2　市场调查报告

知识链接

人生缺少的不是机遇，而是发现机遇的眼睛。企业如同人生，有了识“金”的“好眼神”，就能抓住无所不在、无时不有的商机。而进行市场调查，撰写市场调查报告，是我们用眼睛去捕捉商机的必要途径。美国吉利公司创建于 1901 年，其剃须刀因方便、舒适、安全而大受男士欢迎。进入 20 世纪 70 年代，吉利公司的销售额已达 20 亿美元，成为世界著名的跨国公司。然而吉利公司的领导者并不因此满足，而是想方设法地继续拓展市场，争取更多用户。1974 年，公司经过认真调查，研究决定，生产妇女专用“刮毛刀”。这一决策看似荒谬，营销的结果却一炮打响，“刮毛刀”迅速畅销全球。这一案例说明了什么问题呢？市场调查研究是经营决策的前提，充分认识市场，了解市场需求，对市场做出科学的分析判断，决策就具有针对性，就能拓展市场，使企业兴旺发达。

2.2.1　市场调查报告的内涵和作用

1．市场调查报告的内涵

市场调查报告是经济调查报告的一个重要种类，它是以科学的方法对市场的供求关系、购销状况及消费情况等进行深入细致的调查研究后所写成的书面报告。其作用在于帮助企业了解掌握市场的现状和发展趋势，增强企业在市场经济大潮中的应变能力和竞争能力，从而有效地促进经营管理水平的提高。

2．市场调查报告的作用

（1）经验的总结和推广作用

调查报告通过对典型事例的分析、总结，得出具有普遍意义的经验并加以推广，进一步推动工作。

（2）真相的关注和揭露作用

调查报告通过对行业内部出现的重大问题进行研究和原因分析，进而用事实说服群众，从而有利于公正地解决问题。

（3）决策的依据和验证作用

调查报告是领导管理部门掌握研究相关情况、制定方针、政策的重要依据，同时还是检验路线、方针、政策贯彻执行情况及其效用的有效方法。

2.2.2 市场调查报告的特点和类型

1. 市场调查报告的特点

（1）针对性

调查报告应社会的实际需要而产生。在党和国家的各项方针、政策贯彻执行中，常常会出现新情况、新问题需要研究解决，也常常有好的经验需要推广，调查报告正是从这一客观需要出发，就现实工作急需解决的各种问题，有针对性地进行调查研究之后所做的书面回答。

（2）真实性

调查报告是为解决实际问题撰写的，因此，客观事实是调查报告赖以存在的基础。写调查报告，从调查对象的确定，到开展调查活动，从对问题的分析研究，到提出解决问题的途径，都要以大量的充分确凿的事实作为依据。真实是调查报告的生命线。

（3）论理性

调查报告不同于一般文章，它是通过对大量材料的分析与综合，揭示出事物的客观规律。分析与综合的过程，揭示事物客观规律的过程，就是论理过程。由事论理，寓理论事，最后引出结论。

（4）典型性

调查报告的典型性表现在两个方面：一方面是调查对象典型；另一方面是文章所运用的材料典型。好的调查报告不仅对调查对象总结工作、提高认识具有指导意义，更重要的是对全局性工作具有现实意义和普遍的指导意义。

（5）时效性

调查报告回答的是当前工作中迫切需要解决的问题，它的时间性很强。因此，写调查报告，从调查研究到定稿的各个环节都要抓紧时间，否则，“时过境迁”，就失去了指导意义。

2. 市场调查报告的类型

（1）情况调查报告

它是比较系统地反映本地区、本单位基本情况的一种调查报告。这种调查报告是为了弄清情况，供决策者使用。

（2）典型经验调查报告

它是通过分析典型事例，总结工作中出现的新经验，从而指导和推动某方面工作的一种调查报告。

（3）问题调查报告

它是针对某一方面的问题，进行专项调查，澄清事实真相，判明问题的原因和性质，确定造成的危害，并提出解决问题的途径和建议，为问题的最后处理提供依据，也为其他有关方面提供参考和借鉴的一种调查报告。

2.2.3　市场调查报告的结构

从严格意义上说，市场调查报告没有固定不变的结构。不同的市场调查报告写作，主要依据调查的目的、内容、结果及主要用途来决定。但一般来说，各种市场调查报告在结构上都包括标题、导言、主体和结尾四部分。

1．标题

市场调查报告的标题即市场调查的题目。标题必须准确揭示调查报告的主题思想。标题要简单明了、高度概括、题文相符。市场调查报告的标题分为公文式标题和新闻式标题两种。

公文式标题格式由发文主题和文种构成，基本格式为《××关于××的调查报告》、《关于××的调查报告》、《××的调查报告》等。

新闻式标题是一种自由式标题，包括陈述式、提问式和正副标题结合使用三种。陈述式如《东北师范大学硕士毕业生就业情况调查》；提问式如《为什么大学毕业生择业倾向沿海和京津地区》；正副标题结合式即正标题陈述调查报告的主要结论或提出中心问题，副标题标明调查的对象、范围、问题，这实际上类似于发文主题加文种的规范格式，如《高校发展重在学科建设——××大学学科建设实践思考》等。

2．导言

导言是市场调查报告的开头部分，一般说明市场调查的目的和意义，介绍市场调查工作的基本概况，包括市场调查的时间、地点、内容和对象及采用的调查方法、方式。这是比较常见的写法。也有调查报告在导言中，先写调查的结论是什么，或直接提出问题等，这种写法能增强读者阅读报告的兴趣。

3．主体

这是市场调查报告中的主要内容，是表现调查报告主题的重要部分。这部分详述调查研究的基本情况、做法、经验，以及分析调查研究所得材料中得出的各种具体认识、观点和基本结论。这一部分的写作直接决定调查报告的质量高低和作用大小。主体部分要客观、全面阐述市场调查所获得的材料、数据，用它们来说明有关问题，得出有关结论；对有些问题、现象要做深入分析、评论等。总之，主体部分要善于运用材料来表现调查的主题。

4. 结尾

结尾主要是形成市场调查的基本结论，也就是对市场调查的结果做一个小结。有的调查报告还要提出对策措施，供有关决策者参考。

有的市场调查报告还有附录。附录的内容一般是有关调查的统计图表、有关材料出处、参考文献等。

2.2.4 市场调查报告的写作注意事项

1. 以科学的市场调查方法为基础

在市场经济中，参与市场经营的主体，其成败的关键在于经营决策是否科学，而科学的决策又必须以科学的市场调查方法为基础。因此，要善于运用询问法、观察法、资料查阅法、实验法及问卷调查法等方法，适时捕捉瞬息万变的市场变化情况，以获取真实、可靠、典型、富有说服力的商情材料。在此基础上所撰写出来的市场调查报告，就必然具有科学性和针对性。

2. 以真实准确的数据材料为依据

由于市场调查报告是对市场的供求关系、购销状况及消费情况等所进行的调查行为的书面反映，因此它往往离不开各种各样的数据材料。这些数据材料是定性定量的依据，在撰写时要善于运用统计数据来说明问题，以增强市场调查报告的说服力。关于这点，我们从下面市场调查报告范文中也可略见一斑。

3. 以充分有力的分析论证为杠杆

撰写市场调查报告，必须以大量的事实材料做基础，包括动态的、静态的，表象的、本质的，历史的、现实的等，可以说错综复杂，丰富充实。但市场调查报告的内容绝不是这些事实材料的简单罗列和堆积，而必须运用科学的方法对其进行充分有力的分析归纳，只有这样，依据市场调查报告所做的市场预测及所提出的对策与建议才会获得坚实的支撑。

【例文 2.1】

大学生手机使用情况市场调查报告

由于经济迅速发展，人们生活水平不断提高，社会信息化进程加快，高新科技产品成为消费热点，手机作为一种方便、快捷的通信工具已经逐步走进现代生活的各个领域，也随之遍布了大学校园的角角落落。走在校园中，随处可见同学们一边走路一边拿着款式不同的手机打电话或发信息，这是一种新的潮流，新的时尚，也是新时代生活方式。有人说，当今大学生的三大件是手机、MP3、数码相机，这是有道理的。大学生使用手机已经成了一种新的消费理念。因此，了解他们对手机的各种不同偏好及他们的消费倾向和各种需求是很有必要的。

1．调查目的

这次调查主要针对大学生群体，全面了解手机在大学生中使用的状况。

2．调查时间

2009 年 12 月 1 日

3．调查对象

高校大学生若干人

4．调查方法

采用网上调查问卷的形式与电子邮件问卷的形式相结合的调查方法。

5．调查数据统计分析

（1）大学生手机拥有量和需求状况

调查数据显示，在被访者中 80%的学生拥有手机。在没有手机的学生中 10%的学生将会在近期购买手机。从这些数据可以看出，随着高科技的发展和人们生活水平的进步，手机在大学里已经普及。大学生已经成为手机市场中一个不容忽视的消费群体。

（2）大学生如何获得手机信息

手机信息的获得约有 58%来自网络，28%是通过朋友或家人，通过报纸杂志和手机店的比例均为 24%，广告和电视媒体的比例均为 17%。从以上数据可以看出学校的手机信息渠道虽然受地理因素的制约，但来源还是较为广泛，一定程度上保证了手机消费者与市场的联系性。

（3）大学生手机的使用要求分析

1）手机质量：在手机质量方面大学生关注的重点依次为信号灵敏（42%）、持久耐用（34%）、辐射较低（24%）、实用省电（22%）。

2）外形设计及内部功能：男生偏爱直板和翻盖的手机，而女生则对滑盖的手机情有独钟。从外形设计上来看，手机的形状、大小、厚薄、材料、颜色等受到关注。同时，部分学生希望拥有为大学生“身定做的手机”。从内部功能上来看，手机铃声获得第一位，彩屏居第二位；第三位是大容量电话本（500 条以上）。在娱乐方面，照相，录像，播放 MP3、MP4，可更换外壳，GPRS、CDMA 上网和收音机，蓝牙和红外线、可下载游戏、语音拨号等功能均具备。以上是大学生对手机功能的需求。

3）手机价位：大学生比较倾向于 1 000～1 500 元的价位，其比例高达 44.5%。另外，有 29%的大学生表示会选择 1 000 元以下的手机。当然，也有部分大学生购买高价位手机，其中，选择 1 500～2 000 元的大学生占 15%，2 000 元以上的占 12%。

4）大学生喜爱的手机品牌：调查问卷中显示最受大学生喜爱的手机品牌有诺基亚，索尼爱立信和摩托罗拉。三星，LG 等大品牌同样也备受青睐，它们的精致外形，超强的各种功能也深深吸引了学生的眼球，只是它们的价格比较高，并不是大部分大学生所能接受的。另外，国产手机也逐渐被大学生所接受，如天语、波导、联想等。

5）广告宣传渠道：要力争做到范围广，传播面全。特别要重视的是，随着网络的发展，特别是在大学生里，上网已开始普及，这一宣传渠道绝不容忽视。

6）求便购买动机：根据前面对学生手机族的分析，得知大多数学生购买手机的真正目的在于方便与家人、朋友、用人单位联系。对于购买手机与家人联系这一目的，据调查显示，多数学生手机族的父母均持肯定态度，而这种态度对学生手机族购买动机的产生具有直接的推动作用。另外，还有部分临近毕业的大学生怕漏过招聘信息，也推动了此种购买动机的产生。

6．调查结论与建议

在这一阶段，学生手机族所做的大部分工作在于评价与选择。在学生手机族的购买动机产生之后，为了进一步满足需求，他们会开始收集与购买有关的信息。在调查中发现，很多大学生是通过网上获得与手机相关信息的。但一般情况下，网上所收集的产品信息会出现重复、相异、相反或抵触的情况（例如，同档次同功能不同品牌手机之间的重复，同款手机不同商家的不同定价，印象中的手机信息与实际了解到的信息不符），这样，就可能形成多种可供选择的购买方案。因此，学生手机族就需要对这些方案进行比较，要对各种信息进行加工、整理分析，综合评价各款手机的各种要素（如性能、价格、质量、款式等），筛选符合自己需求的手机，确定具体目标。

从以上的分析中，我们清楚地看到大学生消费群体的确是一个不容忽视的消费群体，并且随着时间的推移，这一特殊的消费群体越来越表现出其巨大的消费潜力。因此，加紧开发这片新市场对各大手机厂商脱离困境，打破“瓶颈”，将会起到积极的促进作用。

就此，我们提出几条营销建议以供参考：

1）继续推行中低档手机路线，专为学生开发、设计功能不是很全，但具备一些学生较喜欢的基本功能并且在款式、造型、颜色等方面能够吸引学生的手机。

2）对手机销售商来说，在销售地点选择上，主要将手机放在离学校较近的手机大卖场和自己的品牌专卖店上销售；在促销上，选择赠送学生喜欢的礼物的方式；在定价上，则选择中低档价格。

3）对品牌的广告代理商来说，强调品牌的情感因素而淡化品牌的功能区别因素，请那些年轻而又充满活力的明星作为自己的形象代言人，赋予手机充满青春活力、积极向上的品牌特征。

4）在销售渠道的竞争方面，厂商应寻求与零售商“背靠背”的战略伙伴关系。抓紧强而有力的大经销商，给予有力的支持，将分销预算向零售商尤其是手机专卖店重点投放，并推行各项让利策略及鼓励措施，加强厂商与零售商的凝聚力，以便零售商对厂商产品的推广。

7. 调查活动总结

总体来说，本次调查是成功的，达到了预期的目的，较为全面地考察了影响大学生手机消费的因素。在手机的使用和消费中，大学生充分体现了年轻人敢于尝试新鲜事物、勇于创新、张扬个性的优点。但是，在某些方面，大学生因为缺乏经验，还不能理智地思考，在手机的使用及消费中没有详细的计划，在学习与娱乐中并没有找到切合自己的平衡点，结果浪费了自己的精力与财力。

（资料来源：教育资源网）

【例文评析】

这是一篇关于大学生手机使用情况的专项调查报告。标题由调查的主题“大学生手机使用情况”和文种“市场调查报告”两部分组成，标题直接点明调查的对象和文种。导语部分简短地点明调查大学生手机使用情况的必要性，正文部分写法是值得借鉴的，每方面均以小标题提纲挈领，层次清晰，用相应的数据分析、论证，在分析的基础上得出结论，比较可靠、有说服力。结尾部分总结全文的主要观点。此篇市场调查报告的缺点是有些结论的得出缺少翔实的数据做支撑。

2.3 市场预测报告

2.3.1 市场预测报告的内涵和作用

1．市场预测报告的内涵

市场预测报告就是依据已掌握的有关市场的信息和资料，通过科学的方法分析进行研究，从而预测未来发展趋势的一种预见性报告。它是在市场调查的基础上，综合调查的材料，用科学的方法估计和预测未来市场的趋势，从而为有关部门和企业提供信息，以改善经营管理，促使产销对路，提高经济效益。

2．市场预测报告的作用

（1）市场预测报告是企业进行生产经营活动的重要依据

市场经济条件下，企业必须以市场为导向，只有了解了消费者对产品的需求，才能使自己的生产活动建立在可靠的基础上。市场预测报告提供的相关信息使企业的生产经营活动会更自觉、更主动、更有效。

（2）市场预测报告是经营主管部门做出决策的必要条件

经济主管部门的决策来源于对市场客观规律的把握和对经济信息的分析，因此，市场预测报告对经济主管部门来讲是正确决策的保证。

（3）市场预测报告是引导消费的良师益友

市场预测报告及时地反映一些关于消费品供求、价格、质量、技术等方面的信息，能够引导消费者理性、科学地消费，从而为经济稳定发展创造条件。

2.3.2 市场预测报告的特点和类型

1．市场预测报告的特点

（1）预见性

市场预测报告的性质就是对市场未来的发展趋势做出预见性的判断，它是在深入分析市场既往历史和现状的基础上的合理判断，目的是将市场需求的不确定性极小化，使预测结果和未来的实际情况的偏差概率达到最小化。

（2）科学性

市场预测报告在内容上必须占据充分翔实的资料，并运用科学的预测理论和预测方法，以周密的调查研究为基础，充分收集各种真实可靠的数据资料，才能找出预测对象的客观运行规律，得出合乎实际的结论，从而有效地指导人们的实践。

（3）针对性

市场预测的内容十分广泛，每一次市场调查和预测，只能针对某一具体的经济活动或某一产品的发展前景，因此，市场预测报告的针对性很强。选定的预测对象越明确，市场预测报告的现实指导意义就越大。

2．市场预测报告的类型

1）按预测的范围划分，可分为宏观预测报告和微观预测报告。

2）按预测的对象划分，可分为市场需求预测报告、市场占有率预测报告、产业发展预测报告、资源预测报告等。

3）按空间层次划分，可分为全国性市场预测报告和地区性市场预测报告。

4）按时间层次划分，可分为短期、近期、中期和长期市场预测报告。

2.3.3　市场预测报告的结构

1．标题

市场预测报告是调查报告的一种特殊形式。其标题与调查报告的标题形式基本相同，只是公文式调查报告的标题很少标出调查时限，而预测报告一般应标出预测时限，如《2009 年上市公司中期业绩预测》、《上海市 2013 年家电市场预测报告》。文章式标题一般不标“预测”文种名称，却含有预测的意思，如《2013 年中欧经贸关系的走势与展望》、《房地产市场的倾向》。

为了吸引读者阅读市场预测报告，帮助读者把握预测报告的内容，其标题要求简洁明了，多种多样。但是标题不能没有“预测目标”，它是预测的基本点，也是标题的必备条件。

2．导语

市场预测报告的导语，一般是简要地介绍预测的缘由、范围、对象等；也有的是概述预测的主要内容、观点或数据，以领起下文；有的将上述两者结合在一起，做比较全面的介绍；也有的不要前言，而将其内容放在主体中去说明。

导语的写作，语言要十分简洁，内容要十分扼要，突出预测最关键的地方，以引起读者对预测的关切，从而产生阅读下文的兴趣。

3．主体

市场预测报告的主体，是预测报告的主要部分。一般要具体、详细地写出现状、预测、建议三方面的内容。

（1）现状

预测的特点就是根据过去和现在预测未来。所以，写市场预测报告，首先要从收集到的材料中选择有代表性的资料、数据来说明经济活动的历史和现状，为进行预测分所提供依据。

（2）预测

这是报告的核心。它是在深入分析预测对象过去、现在情况的基础上，形成的对预测对象未来前景的估计。预测要准确，这是最重要的。概况的介绍符合实际，仅仅是一个前提条件。在分析概况提供的事实和数据时，还要注意选择科学的分析、预测方法和计算方法。要运用辩证法，从事物的各种因素的联系中去看问题，切不可以偏概全或被现象掩盖本质。

（3）建议

为适应经济活动未来的发展变化，为领导决策提供有价值的、值得参考的建议，是写市场预测报告的目的。因此，这个部分必须根据预测分析的结果，提出切合实际的具体建议。建议要切实可行，不能写得抽象笼统，要便于企业或领导决策部门作为决策的依据和参考。

总之，市场预测报告中，现状、预测、建议三部分之间的变化形态与兼容形式很多，须根据内容表述的需要灵活掌握，巧妙安排。市场预测报告一般采用叙述和议论的表达方式，叙述要概括，议论要深刻、高屋建瓴，结论应深刻精辟。此外，报告往往要运用大量的数字及图表，对数字应力求精确、对图表应力求直观、通俗易懂。

【例文2.2】

2005年下半年汽车市场预测

国务院发展研究中心产业部“中国产业发展跟踪研究”项目组

预计2005年下半年汽车需求同比增速进一步上升，汽车厂家将在上半年的基础上提高供给量，加价销售的部分车型的供需紧张形势将有所缓解。受此影响，下半年汽车价格将出现走低的可能，但下降幅度将会大大低于去年。

1．市场需求进一步全面回升

根据对“产业增长景气和效益景气指数”的分析，国务院发展研究中心的《月度景气分析报告》（3月）就提出了“汽车产业自2004年以来调整的拐点即将出现，即从增长的下降逐步转向上升”，自4月以来，汽车各月产销同比增速逐步回升，近几个月汽车市场的表现已经证明了这一判断。

由于 2004 年 3 季度是全年的销售低潮期，因此，在今年汽车市场回暖的大环境下，今年 3 季度同比增速有望进一步上升，从而带动全年同比增速的上升，但被动性增长的特征比较明显。

对于下半年汽车产业的发展预测，需要综合考虑以下因素。

1）对于中国下半年的宏观经济走势的看法，各界有截然不同的判断。这与去年比较一致的经济较热的判断大相径庭，也表明了 2005 年上半年中国经济增长已经出现了一些新的变化。在国内钢铁价格、焦炭价格大幅下跌的同时，5 月工业企业利润增幅比去年同期下降了 27.9 个百分点。在这种情况下，下半年经济增速有所放缓是完全有可能的，但不至于出现急剧的下降，即总体判断为国民经济仍将在高位运行，但增速会放慢。

2）对于汽车产业而言，目前发展势头良好，市场平稳回升，尤其是中档以下轿车出现全面增长，表明消费者正在逐步成熟，消费者的非理性对市场的冲击将会大为减少，有助于保持市场的稳步增长，减少大起大落。

3）根据全国乘用车市场信息联席会的信息，今年 1～5 月厂家已消化库存 5 万辆左右，经销商消化 15 万辆的库存，全国总共消化库存 20 万辆。去年生产厂家与经销商总库存 40 万辆左右，现在已消化一半，库存已经逐步接近正常水平。

4）今年上半年汽车价格的稳定已经明显地提高了消费者买车的热情和信心。在目前的市场环境下，对于中国汽车市场而言，重要的是价格的稳定，而不是价格的绝对高低。因为价格系列较之前几年已经大为丰富，消费者可以根据实际情况做出选择，而价格的波动却会扰乱消费者的预期，延缓其购买的行为。

5）从汽车服务来看，汽车购买之后的服务市场竞争越来越激烈。经销商为建立市场声誉也在努力提高汽车服务质量，生产商也降低了一些维修配件的价格，这些措施也有利于汽车市场的回升。

综合上述因素，尽管目前车市仍存在部分紧俏车型，但受上半年的市场良好表现的鼓舞，一些厂家已经提高了下半年的销售计划。尽管存在油价上升和汽车消费信贷偏紧的不利影响，汽车市场还是表现出了稳步回升的态势，表明国内汽车需求依然强劲。预计 2005 年全年汽车产销量同比增长将在 15%～20%，产销量将在 580 万～600 万辆。

2. 汽车产品消费格局发生变化

在上半年平稳回升的汽车市场中，引领市场的主力正在发生变化。自 2004

年 6 月以后，商用车成为支撑汽车市场的中坚力量，这一趋势一直持续到今年一季度，自二季度开始，商用车需求增速下降，乘用车需求增速快速回升，对汽车市场的增长贡献逐步上升，6 月的增长贡献度达到了 92.3%。

目前，在新的汽车分类标准下，汽车产品的三大主力分别是基本型乘用车（主要是原来的轿车）、交叉型乘用车（主要是原来的微型客车）、载货车（涵盖范围小于原来的载货汽车）。基本型乘用车与交叉型乘用车同比增速近几个月快速回升，在基本型乘用车中，增长的主力又是经济型轿车。

这种现象的出现，可以归纳为以下几点：首先，轿车市场经过近一年的调整，需求力量逐步积蓄并理性释放；其次，油价上涨；再次，国家对经济型轿车持续不断的政策支持。今年汽车市场的一个重要特点是月度产销保持了较好的平稳性，预计下半年这一趋势仍将得到保持，基本型乘用车与交叉型乘用车仍将以较快的速度增长，而载货车则由于可能出现的经济增速下降而保持 10%以上的增长速度；最后出现增速大幅回升的可能性不大。总体预计，基本型乘用车全年销量将在 270 万辆左右，交叉型乘用车全年销量将在 100 万辆，载货车全年销量将在 120 万辆。这三大车型销量占全部汽车销量的 81%～85%，以此计算，全年汽车总销量将在 575 万～600 万辆。

3. 汽车价格将下降但降幅不大

在目前的中国汽车市场上，价格变动情况仍是影响轿车进入普通百姓家庭的关键因素之一。在经历了 2004 年的汽车价格大战之后，2005 年汽车市场的产品价格基本保持了稳定，这对于改变消费者降价的预期起到了很大的作用。

上半年汽车产品价格稳定的原因主要有两个方面，一是原材料（主要是钢材）价格上升，二是生产厂商在 2004 年由于扩张的冲动对于市场增速的下降反应太不敏感，造成了大量的库存积压，今年则在吸取去年教训的基础上，制定了以销定产的审慎的生产计划，由此甚至导致了一部分车型一度出现了加价销售的现象。汽车产品在 2005 年上半年利润率继续下降，这也向消费者传递了一个信号，汽车的继续降价空间已经大为缩小，买不买车，消费者只能根据自己的实际需求来决定，而不能单纯等待价格的下降。

根据网上车市的监测，2005 年上半年各月的环比汽车价格变化幅度都在 –0.5%～0.5%波动，6 月汽车平均价格和年初基本持平，而网上车市汽车价格指数也反映出 2005 年汽车价格在保持稳定的基础上稍有下降，基本上证实了上述结论。

虽然上半年汽车价格基本保持了稳定，但是下半年汽车价格下降的可能性却很大。首先，2005 年是汽车产能形成的一个高峰年，产能增长速度大大高于需求增长的速度，下半年供大于求的矛盾较上半年会有所加剧。如一汽丰田、神龙汽车、东风日产最近都宣布了下半年提产计划，这些厂家恰恰都是最具有降价实力的企业。随着这些厂家提产的实施，其他厂家为了保持和获得更高的市场份额以提高生产计划是完全可以期待的。其次，钢材等原材料价格出现较大幅度下降。钢材成本在汽车总成本中占有较大比重，钢材价格的下降减轻了汽车生产厂家和零部件企业的成本压力，同时也为汽车价格下降提供了空间，供需矛盾的压力不会将原材料价格下降的好处全部留给汽车及其零部件配套企业。最后，总体预计下半年汽车价格将是稳中有降，但降幅不会太大。

4．促进汽车市场健康发展的建议

2005 年我国出现了多年未有的煤电油运全面紧张状况，对工业生产及国民经济造成了严重的影响。汽车产业是一个石油消耗大户，消费比重在逐年攀升。面对我国石油资源短缺和汽车需求高速增长的矛盾局面，促进汽车市场的健康发展就成为问题的关键。

首先，要坚持和完善发展节能环保的经济型轿车的政策体系，将发展节能环保的经济型轿车作为我国汽车产业发展的基本战略选择。

其次，要改善消费环境，取消不合理的限制汽车消费的政策，尤其是地方对经济型、微型车使用的限制。

最后，要鼓励研发和自主创新的投入，要走自主创新之路。

表 1　2005 年各月的汽车产销同比增长速度（略）

表 2　2005 年各月的汽车产销量（略）

表 3　2005 年各月主要车型产销量（略）

【例文评析】

这是一篇对“2005 年下半年汽车市场发展”的预测报告。标题点明预测的主题的文种。前言部分很简单，开门见山地给出了“下半年汽车价格将出现走低的可能，但下降幅度将会大大低于去年”的结论。由于是署名报告，省去了对调查者的交代等文字。正文分 4 部分内容介绍：第一部分做预测，第二部分陈述消费格局的变化，第三部分得出汽车价格变化的结论，第四部分提出建议。本报告资料数据权威、翔实、充分。论证充分，层层递进，逻辑性强，具有很强的说服力。建议明确而具体，具有操作性，对宏观决策部门具有重要的参考价值。

2.3.4 市场预测报告的写作注意事项

1. 材料要具体真实

市场预测报告中选用的材料必须具体而且真实才能够进行科学的预测，相反，则会导致错误的判断，那就会失去预测报告应有的价值，甚至造成经济损失。

2. 预测要准确无误

预测的准确性是预测报告的灵魂。要使预测结果准确无误，除了材料的数据真实全面外，还必须在正确理论指导下运用科学的预测方法。预测方法有定性预测法和定量预测法两种。

3. 建议要切实可行

预测本身带有不确定性，而且由于市场变幻莫测，预测的结果与实际结果始终存在误差，有时甚至相差甚远。这就要求我们在进行预测时，要全面掌握各方面的情况和科学的预测方法，尽可能地进行周密的论证分析和思考，坚持实事求是、从实际出发的原则，力求减少计算与表述的误差，以克服预测的盲目性，增强预测的准确性。尤其是在提出建议和意见部分，要做到切实可行，避免抽象笼统。这样，预测的结果才能更好地服务企业，为其科学决策提供强有力的保障。

知识链接

市场调查报告与市场预测报告的关系是什么？

联系：

1）市场预测报告建立在市场调查报告的基础上， 通过充分调查市场的历史、现状及变化，预测市场的未来。

2）市场预测报告随市场客观情况的变化、市场调查的深入而不断深化，以提高其科学性。

区别：

1）工作重点不同。调查报告回答“怎么样”的问题，如某种产品原料供应、消费需求、价格变化、产品质量、花色品种等；市场预测报告回答“怎么办”的问题，即根据调查情况预测，根据预测提建议。

2）工作方法不同。调查报告关键在“调查”，具体可以通过实地考察、开座谈会、问卷等形式进行；预测报告关键在“预测”，方法有定性分析、定量分析。

3）正文结构不同。调查报告正文包括前言和主体两部分；预测报告正文包括前言、情况、预测、建议四部分。

2.4　经济活动分析报告

2.4.1　经济活动分析报告的内涵和作用

1．经济活动分析报告的内涵

经济活动分析报告是以党和国家的方针、政策和正确的经济理论为指导，利用会计、统计资料和计划指标及掌握的大量真实情况，通过科学分析研究，总结经验教训，寻求改进方法，为改善经营管理和经济预测提供依据的书面报告。经济活动分析报告简称为经济活动分析，也称经济活动总评、××状况分析。

2．经济活动分析报告的作用

（1）合理评价经济活动，正确考核经营业绩

通过经济活动分析报告，总结成绩，发现不足，对企业有关方面和责任人员及其经营业绩做出正确的评价，同时，也可以在不断总结经验，掌握规律的基础上，针对新问题，提出新方案，促进经济效益进一步提高。

（2）指导企业提高经济决策，编制经营计划

企业的经营决策、经营计划离不开对经济活动的分析，分析是决策的一个重要环节。通过分析，把技术的先进性、市场的可靠性和经济的合理性统一起来进行研究，促进有关因素的最佳结合，从而为企业领导、管理人员制定经营方针、经营计划，做出决策提供客观依据。

（3）为经济杠杆部门进行宏观调控，开展业务活动提供依据

经济杠杆部门是指财政、金融、劳动、统计等部门。它们通过经济活动分析报告，把握国民经济及其构成部分乃至各个环节的动态，把握市场的运行趋向，为国家宏观调控提供重要依据；同时，对企业的产品成本情况、利润状况、货币流通情况、生产发展情况、资金占用和库存积压情况进行监督和指导。

2.4.2　经济活动分析报告的特点和类型

1．经济活动分析报告的特点

（1）指导性

经济活动分析报告能够对经济活动进行及时的研究和评价，为有关部门采取相应的措施提供科学可靠的依据，为企业的发展指出明确的方向，因此具有指导性。

（2）时限性

经济活动分析报告像其他财经应用文一样都有时限性，要求及时准确地反映经

济情况，超过时限的经济活动分析报告就失去了它应有的指导意义。

（3）综合性

经济活动分析报告是建立在大量的信息分析、综合和判断的基础上的，因此它所需要的数据涉及来自不同载体大量的经济数据、经济指标等，因此它具有综合性。

2．经济活动分析报告的类型

1）按范围的不同，可分为大型经济活动分析报告和小型经济活动分析报告。大型经济活动分析报告有地区性的、行业性的，而小型经济活动分析报告则只涉及某一单位部门或某一项产品。

2）按时间的不同，可分为定期分析和不定期分析，而定期分析又可包括年度、季度、月度等的分析。

3）按行业的不同，可分为工业经济活动分析报告、农业经济活动分析报告和商业经济活动分析报告。

4）按对象的不同，可分为生产活动分析报告、销售活动分析报告和财务活动分析报告等。

5）按内容的不同，可分为综合经济活动分析报告和专题经济活动分析报告。

2.4.3 经济活动分析报告的结构

经济活动分析报告没有固定的形式，由于分析的目的、对象不同，格式也各不相同，一般是由标题、正文、结尾三部分组成。

1．标题

（1）公文式标题

公文式标题由分析单位的名称、时间、分析对象和文种四要素组成。例如，《西安市民生商厦 2013 年下半年财务分析报告》，有的根据实际情况在标题中可以省去其中一项或两项要素，如《库存结构分析》、《2013 年上半年库存情况分析》等。

（2）文章式标题

文章式标题用分析报告提出的观点、意见、建议做标题，如《改变产品结构，提高经济效益》，《关于节支增收，扭亏为盈的意见》等。

（3）双标题

双标题式以上两种标题的结合，用文章式标题做正标题，用公文式标题做副标题，如《国有经济保持健康发展，国有企业盈利水平回升——2009 年第四季度家电市场简析》。

2．正文

（1）概述

概述是分析报告的开头部分，一般是概括地叙述分析对象的基本情况、分析背景、对比差异等。这部分的主要任务是提出问题、揭示矛盾，为下面进行分析打好基础，准备材料。

（2）分析

分析部分回答概述里提出的问题，是全文的主体部分，是分析报告的关键所在，要求根据实际需要选用不同的分析方法，对影响经济活动的各种因素及各种因素的影响程度，做出客观、准确的分析。分析要突出重点，有明确的目的性和鲜明的针对性。

在写法上，有的先摆情况、数据，再分析说明；有的先说明情况，再用数据证实；有的边归纳边说明，并综合运用各种分析方法。在结构层次上，有的用序数归纳段旨并分析，有的用小标题方式逐项说明。

（3）建议措施

建议措施是在分析的基础上做出的结论和估价，提出加强和改进工作的意见和办法，建议和对策，或预测其发展变化的趋势。建议和对策一定要切中要害，切实可行。有的分析报告没有这一部分，而是将其与对经济现象的分析糅合起来写。

3．结尾

现在大多数经济活动分析报告不专门安排结尾部分，写完建议后自然做结。也有些分析报告另起一行，写几句总结式或展望式的话，作为结尾以结束全文。

最后一般是署名和日期，写在报告结尾的右下方。

2.4.4　经济活动分析报告写作的注意事项

1．高屋建瓴，科学分析

各种经济活动都是在一定的方针、政策指导下进行的。在分析中涉及的经济问题，往往与政策问题和经济理论有着密切关系，因此必须从方针政策和理论的高度进行分析，高屋建瓴地看问题，寻找产生问题的原因。如果不这样，就不能透过现象看本质，也就得不出正确的结论。同时，掌握并合理运用科学的分析方法，是撰写经济活动分析报告的前提之一。

2．明确目的，抓住重点

经济活动分析报告的价值是推动经济活动的发展，这也是经济活动分析报告的写作目的。因此，在写作过程中，必须解决一两个主要问题。在写作之前，应对要解决的问题进行归纳分类，抓住主要矛盾，突出重点。

3．资料真实

为了保证资料的真实、准确、可靠，进行经济活动分析应当尽量使用第一手资料，同时还要注意对资料进行认真的核实和查对。

4．问题分析为主线

写经济活动分析报告是为了解决实际问题，光靠堆砌资料、罗列数据是解决不了问题的。不能只报告不分析，没有深入的分析，就不能得出正确的结论，更不能提出切实可行的意见。因此，经济活动分析报告是在事实的基础上做深入细致的分析研究，找出成败的原因。只有如此，才能提出具体的建议和有效的措施，为领导者决策提供可靠的依据，发挥经济活动分析报告应有的作用。

【例文 2.3】

医用电子医疗器械市场分析

在我国经济强劲发展、医疗电子市场稳步向前、医疗技术与高科技不断深入结合的大背景下，大量先进的医疗电子产品被广泛应用于临床实践，从而推动了中国医疗电子市场规模稳定增长。国际知名医疗电子企业依然占据较大市场份额，从市场发展趋势来看，基础医疗市场将成为未来医疗电子企业争夺的重点。

1．全球电子医疗器械市场概况

（1）市场现状与特征

1）市场现状。2007 年全球电子医疗器械市场保持两位数的高速增长，同比增长 13.3%。全年市场份额达到 920.6 亿美元。随着对电子医疗产品应用的普及，电子医疗器械在医疗器械整体市场中所占比重进一步增加，达到了 47%。

2）市场特征。美国经济发达、科技领先，电子医疗器械市场发展最早最成熟，在全球电子医疗器械市场所占比重也最大，在 2007 年达到 45.5%。欧洲和日本市场紧随其后分别占全球市场的 25.4%和 12.9%。美国、欧洲、日本这三个发达国家和地区共占全球电子医疗器械市场的 83.9%，处于绝对领先地位。亚太地区增速最快，虽然美国、欧洲、日本占据全球电子医疗器械市场的绝大部分份额，但是亚太（除日本）却是增长速度最快的地区。2007 年亚太（除日本）地区电子医疗器械市场同比增长 18.7%，超过全球市场 13.3%的增长速度。

（2）主要国家和地区发展概况

美国、欧洲和日本是全球电子医疗器械市场中最为重要的几个国家和地区。

美国是全球电子医疗器械市场最重要的组成部分，近年来一直保持稳定的增长，2007年美国市场规模达到419.3亿美元。2007年美国市场同比增长11.7%，连续4年增速保持在两位数。近年来，美国企业不断加大对研发的支持力度，使得美国在电子医疗器械领域始终处于领先水平。美国市场的稳定高速增长带动了全球电子医疗器械市场的快速发展，欧洲电子医疗器械市场主要由英国、法国、德国、意大利等几个发达国家组成，2007年欧洲电子医疗器械市场规模达到234.1亿美元，同比增长14.9%。由于欧洲人口老龄化现象越来越明显，老年病人医疗设备市场将不断扩大，包括主要是电子医疗设备的各种治疗设备及病情监控设备。2007年日本电子医疗器械市场规模达到118.6亿美元，占全球市场总额的12.9%，日本经济发达，人口基数较大，使日本成为全球仅次于美国的电子医疗器械市场规模第二大国家，近几年来日本市场规模不断扩大，增速也都保持在两位数。

2. 中国电子医疗器械市场概述

（1）市场现状

由于中国经济持续高速发展以及医院信息化进程加快，中国电子医疗器械市场规模继续加速增长。2007年中国电子医疗器械市场规模达到243.2亿元人民币，市场保持强劲增长势头，同比增速为16.3%，超过了全球市场13.3%的同比增长率。

（2）市场结构分析

1）产品类型结构分析。电子医疗器械按物理原理进行分类，可分为医用电子仪器设备、医用超声仪器设备、医用激光仪器设备、医用生化分析仪器、医用射频与核磁仪器设备等。其中医用电子仪器设备占有超过50%的市场份额，2007年市场规模为126.8亿元人民币。

2）市场层级结构分析。中国一、二级市场（北京、上海、广州，以及主要省会城市）电子医疗器械普及度高，主要采购需求来自产品更新换代，市场增长平稳，而增长最为突出的是五、六级市场（行政区划的县级与乡镇市场），2007年同比增速为24.6%。得益于2007年年初启动的医疗体制改革，政府加大了对基础公共卫生网络，尤其是县级、乡镇级医院和卫生院的投入，给医疗器械市场注入了活力，五、六级电子医疗器械市场在整体市场中的份额不断扩大，由2005年的10.7%达到2007年的12.0%，增长率居于各级市场之首。

3. 2008—2010年中国电子医疗器械市场预测

电子仪器市场是中国电子医疗器械市场最重要的组成部分，2007年医用电子仪器占有市场总额的一半以上。医用电子仪器应用广泛，市场广阔，2007年同比增长14.4%。预计在未来三年，医用电子仪器市场将继续保持增长，增速将保持在15%左右。

产品结构上医用电子仪器主要可分为心电图及其他电图机、监护仪器、电子治疗急救装置、电子压力测定装置、血流量容量测定装置等几类，其中心电图及其他电图机所占比例最大，2007 年占医用电子仪器市场份额的 24.2%。

总之，随着现代医学和生命科学的飞速发展，医学电子仪器的发展日新月异，促进了医疗事业的蓬勃发展。与此对应，医学电子仪器的种类、档次、数量也得到迅猛发展。中国有 13 亿人，31 万个医疗卫生机构，医学电子仪器有广阔的发展空间。中国是全球医学电子仪器十大新兴市场之一，已成为除日本外亚洲最大的市场，2007 年，医疗体制改革启动后，政府加大了基础公共卫生网络的投入，无疑会给医学电子仪器生产商带来较大市场空间。

（资料来源：彭友霖，叶和杨，王志坚. 医用电子医疗器械市场分析［J］. 商场现代化，2008，23：176-176.）

【例文评析】

这是一篇针对性很强的经济活动分析报告。标题由分析对象“医用电子医疗器械”加文种“市场分析”两部分构成。正文部分就全球电子医疗器械市场和我国电子医疗器械市场的现状进行了客观的分析，结尾部分对 2008—2010 年国内电子医疗器械市场做了预测。文章行文缜密，结构清晰，利用大量事实和数据说明问题，并透彻地分析了成因，提出了可行性很强的解决方法，语言精练、简洁。

知识链接

1. 市场调查报告与市场分析报告的关系

相同：

1）以国家有关方针政策为指导。

2）占有大量的资料。

3）进行科学分析，揭示本质，找出规律，提出结论。

4）给决策部门提供参考。

区别：

市场调查报告时间性强，具有报导性，及时发现新事、新经验、新矛盾，内容广，形式更灵活多样，用事实说话，并阐明一定的道理和观点。

市场分析报告时间性强，带有定期性；分析企业生产和流通过程中各项指标的执行情况，要提出解决问题的“对策”；一般与表格数据有关，较多地运用经济术语、专业术语。

2.市场预测报告与市场分析报告的关系

相同：

1）都以调查分析为基础。

2）都要占有大量的数据资料。

区别：

预测侧重于未来，对过去、当前的经济活动进行分析、综合和比较，是为预测未来经济的趋势和前景。

分析报告侧重在过去、当前，针对结果提出改进建议。

2.5　可行性研究报告

投资建设项目，要对项目进行技术论证和经济评估，对项目成功的可行性进行研究，从而避免盲目决策带来的损失。可行性研究不仅在工程技术项目上被广泛采用，而且在新公司的设立、新产品的开发等方面被逐渐应用。例如，设立一个股份公司，组织一次大型的产品促销活动之前，都需要做可行性研究，提交可行性研究报告。

2.5.1　可行性研究报告的内涵和作用

1．可行性研究报告的内涵

可行性研究报告，又称可行性论证报告，是在项目建设前对拟建中的工程项目进行全面的技术经济调查研究，确定其是否合理，是否可行的文书；是对建设项目、科学试验或产品投产前，进行全面分析，论证评估，以确定其技术上先进合理，经济上有效益，为决策提供依据的一种书面报告。

2．可行性研究报告的作用

（1）可行性研究报告是科学决策的有效工具

可行性研究报告是建设项目的关键材料。选址、资金、原料、设备、技术、销路、利润等都要经过科学的分析计算，从而为科学决策打下坚实的基础。

（2）可行性研究报告是提高效率的可靠保证

可行性研究报告经过定性和定量的分析和计算，使得每一项决定都有充足的依据，因此能够确保项目的切实可行性，从而为企业的经济和社会效益的取得提供可靠的保证。

（3）可行性研究报告是避免失误的重要手段

可行性研究报告是财政、金融、会计、营销、环保、税务等多个部门的专业人士在深入分析论证和对比的基础上得出的科学结论，因此在项目的建设和经营过程中能够最大限度地避免失误。

2.5.2 可行性研究报告的特点和类型

1. 可行性研究报告的特点

（1）科学性

可行性研究报告不仅要阐明项目在技术和经济上所依据的理论和原理，还要运用大量的数字、资料论证该项目的实际可行性。论证过程需要介绍、分类、比较、图表数字等说明方法的支持。

（2）论证性

可行性研究报告是集思广益的过程，需要宏观和微观的、现实和长远的、政治和经济的等多方面的综合论证。只有充分的论证、深入的分析才能保证结论的正确性。

（3）综合性

可行性研究报告的内容涉及市场需求、技术上的可能性、资金的预算等不同领域不同内容，必须由多学科共同合作完成，具有很强的综合性。

（4）系统性

可行性研究报告要求解决项目应否实施、何时实施及如何实施等问题。因此，作者必须围绕影响项目的各种因素进行全面系统的分析，所以可行性研究报告是一个系统工程。

2. 可行性研究报告的类型

1）依据内容分，有机电产品出口可行性研究报告，文化产业近期规划可行性研究报告等。

2）依据目标分，有单目标可行性研究报告、多目标可行性研究报告。

3）依据地区分，有地区经济建设可行性研究报告、本地经济可行性研究报告、国家经济技术开发区建设可行性研究报告。

4）依据范围分，有重点项目可行性研究报告、国民经济规划实施可行性研究报告等。

2.5.3 可行性研究报告的结构

可行性研究报告篇幅的长短和内容的繁简，往往取决于项目的大小和问题的难易。规模大、投资多、周期长的项目，报告的篇幅一般较长，内容也较复杂；反之，则篇幅较短，内容也相对较简单些。一般来讲，可行性研究报告结构包括标题、正文、落款和附件。

1．标题

标题一般由编写单位、项目名称和文种构成，有时还于项目名称后加上“方案”两字。例如《新建港口可行性研究报告》、《昆明市推行住房商品化改革方案的可行性研究报告》，标题正下方注明报告作者。

2．正文

（1）前言

前言又称总论，简要地陈述项目提出的依据和背景、指导思想、基本情况和基本设想。

（2）主体

主体是可行性研究报告的分析论证部分。要求采用系统分析方法，以经济效益为中心，围绕影响项目的各种因素，运用大量的数据资料论证拟建项目是否可行，这部分涉及的内容比较多，一般包括以下几部分。

1）市场需求情况，包括国内、国际市场的现状、动向等。

2）原材料、能源、交通情况，包括原料、辅助材料、能源、半成品、配件等品种、规格、数量、质量、来源渠道和供应状况等。

3）项目地址的选择和建设条件，包括项目地址的自然条件、经济条件、社会条件和交通运输条件，土建工程要说明建筑面积、结构、实物工程量、造价，以及“三废”处理的措施。

4）技术、设备和生产工艺，包括技术名称、技术水平、技术引进、工艺流程和要求；设备的名称、型号、规格、数量、质量及配套工程、辅助设施、人员培训等情况。

5）资金方面，包括全部工程所需投资额（利用外资项目或引进外资技术项目、用外汇情况），流动资金的需求量，各项资金的筹措方式及贷款偿付期限和方式。

6）财务分析，包括资金投入的分析论证，投产后经济效益、社会效益的预测，总成本、总利润、盈亏保本点，投资回收率和回收期限及经济效益敏感性分析（如银行贷款利率的变化，原材料、产品的价格波动，通货膨胀等因素）。

（3）结尾

结尾即结论与评价。从市场、技术条件、资金、效益各方面进行分析、评价和比较，以明确提出该项目是否可行的结论。

3．落款

落款包括项目主办单位、负责人、主要技术负责人、经济负责人及时间。

4. 附件

必要的表、图和证件等不便在报告中说明的，可作为附件补充。

上述内容根据项目情况可增可减，或前后调整。

2.5.4 可行性研究报告写作的注意事项

1. 坚持实事求是的工作作风

可行性研究报告必须坚持实事求是的工作作风，通过深入的调查研究、材料分析和准确的数据计算得出正确的结论。

2. 掌握科学的分析方法

在可行性分析过程中考虑问题要全面，不仅要看到有利因素也要看到不利因素。为了准确深入地认识事物，要把定量分析和定性分析结合起来。

3. 树立团结合作的协作精神

一份可行性研究报告涉及自然科学和社会科学，从调查到分析、研究、计算，其间大量的工作需要各种专业的相关人才通力合作，因此要树立团结合作的协作精神，保证工作的顺利完成。

【例文 2.4】

吸发式电推剪生产可行性研究报告

1. 国际国内理发业目前使用的电推剪的缺点

据初步调查，国际（亚洲如韩国和日本、美洲如美国、欧洲如意大利、中东如以色列等）国内理发业目前广泛使用的电推剪在进行理发作业时，存在如下缺点：第一，被剪断的发屑会散落飞溅到人们的头上、脸上、脖子里、衣服上、理发座椅及其附近地面上，同样会散落或飞溅到理发人员的脸上、双手和衣服上，不仅令人讨厌和难受，而且污染环境，传播皮肤疾病；第二，理发必须由专业理发人员进行。

2. 吸发式电推剪的优点

使用专利产品——吸发式电推剪进行理发作业时，它能将被剪断的头发及头屑方便地收集起来，防止其到处散落和飞溅，使被理发人员和理发人员免除不舒服之感，改变环境卫生和防止皮肤疾病传染；同时，非专业理发人员按照说明书的要求，凭借专门设计的理发靠模，就可以十分方便地进行理发作业，而且可理多种发型（这就意味着吸发式电推剪可以进入家庭），极大地提高人们的生活质量。

3．吸发式电推剪的适用对象

因吸发式电推剪克服了本报告第一条所列出的现在普遍使用的电推剪的缺点，具有本报告第二条所列之优点，所以，吸发式电推剪适用以下消费对象：①家庭；②医院、疗养院、老人院；③美容美发厅；④军队；⑤一般理发店。同时还适用出口。（具体分析从略）

4．吸发式电推剪的趋势

因吸发式电推剪具有本报告第二条所列之优点，有广泛的适用性，相关的人员均表示欢迎（已做过近五年的广泛调查），而且价位适中（每台售价预计 300 元人民币），故吸发式电推剪面市后，将逐步淘汰现在国际国内目前普遍使用的旧式电推剪。

5．国内吸发式电推剪的市场前景与经济效益量化分析

（1）市场饱和量和年度需求量

1）居住在城镇的家庭用户饱和量：3 000 万台［15 亿（居住在城市的家庭约有 15 亿个）×20%（每 100 个该类家庭有 20 个家庭采用）］。

该类家庭年度需求量：500 万台［3 000 万台÷6（使用 6 年报废）］。

2）居住在农村的家庭用户饱和量：600 万台［2 亿（居住在农村的家庭约有 2 亿个）×3%（每 100 个该类家庭有 3 个家庭采用）］。

该类家庭年度需求量：100 万台［600 万台÷6（使用 6 年报废）］。

3）医院、疗养院、干休所、老人院用户饱和量：60 万台［根据《1998 中国统计年鉴》概算］。

该类单位年度需求量：20 万台［60 万台÷3（使用 3 年报废）］。

4）美容美发厅用户饱和量：45 万台（根据抽样调查估算）。

该类单位年度需求量：15 万台［45 万台÷3（使用 3 年报废）］。

5）军队用户饱和量：3 万台（估算）。

该类用户年度需求量：1 万台［3 万台÷3（使用 3 年报废）］。

6）一般理发店用户饱和量；280 万台［按每 500 人拥有一个理发店概算］。

该类用户年度需求量 140 万台［280 万台÷2（使用 2 年报废）］。

以上 1）~6）类用户的年度需求总量为 776 万台。

（2）目标年度销售收入和利润

1）目标年度主机销售收入：23.28 亿元人民币［300 元×776（万台）］。

2）目标年度配件销售收入：2.328 亿元人民币（配件销售收入一般占主机销售收入的 10%）。

3）目标年度利润额：5.121 6亿元人民币[（23.28亿元+2 328亿元）×20%（销售收入利润率）]。

（3）可望实现的年度销售收入和利润以上目标年度销售收入和利润数

即使只实现30%（这个目标通过努力是完全可以达到的），则该产品进入成熟期后，可望实现的年度销售收入为7.682 4亿元人民币（主机加配件），利润为1.536 48亿元人民币。

6．出口的市场前景和经济效益量化分析（暂未计算）

7．实施吸发式电推剪项目，投资少、风险小、组织生产容易

8．吸发式电推剪为专利产品，且设计独特，他人无机可乘，独家生产和销售有法律保障

9．吸发式电推剪出口的专利保护（略）

10．以吸发式电推剪为龙头，可以形成一个生产系列理发工具、洗发护发用品和化妆品的企业群

吸发式电推剪设计独特，为专利产品。如精心组织生产和销售，则很容易获得较高知名度。当该产品获得一定知名度后，以该产品为龙头，向该产品的两翼发展，则形成一个生产系列理发工具、洗发护发用品和化妆品的企业群，也并非难事。

11．结论

吸发式电推剪较国际国内普遍使用的电推剪，具有明显的优点和适用性，必然深受顾客和理发员（使用人）欢迎。该产品面市后，毫无疑问将逐步淘汰现在国际国内普遍使用的电推剪，市场容量巨大。实施吸发式电推剪项目，投资少、风险小、组织生产并形成较大批量并不困难，以此为龙头形成一个企业群也有可能，经济效益和社会效益十分可观。因是专利产品，要做好专利保护工作，独家生产并向国内国际市场销售产品，其合法权益会受到国内和国际法保护。

【例文评析】

本文是一篇论证产品开发的可行性研究报告。文章开篇分析了目前普遍所使用的电推剪的缺陷，阐述了本项目的优点、适用范围、发展趋势、市场前景等方面的情况，比较全面地论证了本项目实施的可行性。

文章的论证部分，材料数据比较充分，虽然个别地方的分析有些理想化，但总体的分析和论证较合理，得出本项目可行的“结论”，属于水到渠成。这是一个对本项目诸多方面都经过认真评价论证而得出的结论。

需要指出的是：本文还应补写“前言”，至少本项目的承担人或实施单位等情况得在前言中交代。本文还应加上“附件”，至少附件中应有本产品的专利证书。

文章行文思路清晰、层次分明、语言明晰，是一篇写得较好的文章。

2.6　审计报告

2.6.1　审计报告的内涵和作用

1．审计报告的内涵

审计报告，又称审计报告书，是审计人员根据国家有关政策、法规、财经纪律，对被审单位的财务收支及有关经济行动的真实性、合法性等情况，或对厂长、经理等有关经营者离任经济责任进行审核检查，就审查情况、结果、处理意见和改进建议等，向审计机关或授权部门提交的书面报告。

2．审计报告的作用

（1）督促作用

审计报告可以督促审计机关和有关部门制止违纪行为，国家审计机关和被审计单位主管部门可以根据审计报告的意见，对被审计单位的经济活动实施改进，提出改进措施和处理办法，从而促进被审计单位纠正错误，改进管理，做出决策，提高效益。

（2）鉴证作用

审计报告是审计机关以充分的证据和公正的立场，履行审计监督职能所形成的文件。审计报告可以据以证明被审计单位的财务状况、经营成果、偿债能力、投资效益及厂长经理履行责任情况，也可以被审计单位的上级主管部门据以判断其经济效益情况，司法机关可据以办理经济案件。

（3）决策参考作用

审计报告还可以起到很好的决策参考作用。被审计单位的上级主管部门、投资者、债权人等，可依据审计报告的内容，做出正确的决策，如财政部门可以了解财政拨款的作用，税收部门可以了解企业的纳税情况，银行可以了解企业对贷款的使用和整个资金流动情况，经济立法机关可以监督了解企业对国家政策法规的执行情况，作为决策参考。

2.6.2 审计报告的特点和类型

1．审计报告的特点

（1）参照性

审计报告是国家审计机关做出审计结论和处理决定的重要根据，也是被审计执行审计结论和改进工作的重要依据。

（2）检验性

审计报告是对审计机关成果的一种总结，通过它可以检查审计工作任务的完成情况，衡量审计人员政策业务水平和工作质量的高低。

（3）公正性

审计报告是鉴证文件。审计人员以政府的政策法规为标准，以充分的证据和公正的立场，对审计过程中发现的问题做出公正公平的评价，因此，作为审计结果的审计报告在实际经济活动中起到一定的公正作用。

2．审计报告的类型

1）依据审计范围的不同，可将其分为综合审计报告和专项审计报告。

2）依据审计内容的不同，可将其分为财务审计报告、经济效益审计报告和财经法纪审计报告。

3）依据审计组织的不同，可将其分为内部审计报告和外部审计报告。

2.6.3 审计报告的结构

1．标题

审计报告的标题一般由三部分构成，即审计对象、报告主题、文种名称。例如，《××关于大学财务决算的审计报告》，另一种形式是直接以《审计报告》做标题。

2．主送单位

标题下一行的顶格处写明呈递单位名称。

3．正文

依《审计署关于在全国实行统一审计文书格式的通知》精神，审计报告主要包括下列内容：审计的内容、范围和时间，被审计单位的有关情况，与审计事项有关的事实，对审计事项的评价，引证有关的法律、法规、规章和具有普遍约束力的决定、命令的条款及据此做出的处理、处罚意见。与此相应，审计报告的正文由如下部分组成。

1）基本情况，指的是被审计单位的基本概况。内容一般要有被审计单位的业务经营范围、企业管理概况、职工人数，主要经济指标完成情况及审计期间发现的主要问题等，并要对此做客观、全面的分析，给予概括的评价。例如，被审计单位的财务收支状况及经济效益好坏等。基本概况的文字必须高度概括、精练，以避免与后面部分的内容重复。

2）审计出的问题。这是审计报告的主体和核心内容，是审计报告是否具有说服力的重要根据。这部分内容一般来说应按问题的重要程度来排列，要分清问题的主次轻重。书写时，重要的问题，如严重违反国家法令和财经纪律的要单独排列，并放在比较前面的位置。写作过程中，观点要明确，材料要具体，并要以材料证明观点。这里的材料，必须是审计过程中查明的具体事实，而不能是逻辑推理或引用的其他文献资料。如果这部分内容很多，为了清晰醒目，可以用序号标出，在序号下直接叙述具体内容；也可对审计记录中的事实进行归类，并列出提纲作为小段标题，醒目地点出要说明的问题。采用这种结构形式写作时应注意：①提纲与材料之间必须具备明显的逻辑关系，标题与内容切实统一；②以标题分段要注意先后次序，通常是先主要后次要；③在每段标题和材料之后，还应根据已查明的事实情况，交代发生问题的原因、背景及产生的后果。

3）处理意见和建议。这是对被审计单位从总体上做出初步结论和评价，并提出具体 的改进意见和建议。评价有肯定和否定两种。在基本情况部分可先略写，在此具体详写，也可在基本情况部分集中详写。处理意见和建议是针对审计出来的具体问题写的，对审计出的问题，要依据有关政策、法规和财经纪律，提出客观公正切合实际的处理意见。改进建议的目的是起到审计的“帮促”作用，因而应具有较强针对性，以便被审单位接受、采纳。

4．落款

审计单位或主要负责人签名、盖章，并签上发文时间。

5．附件

一般是审计过程中发现问题的证明材料，附在正文之后，作为审计报告结论的辅助，可在正文落款位置左侧先注明附件共几件，多少页等。

2.6.4　审计报告写作的注意事项

1．实事求是，证据确凿

审计报告的撰写是建立在对审计材料整理分析的基础上的，因此对审计材料的收集审核一定要秉着实事求是的态度，以确保材料翔实，证据充分确凿。

2. 依法办事，观点正确

审计要依据政府的有关方针、政策、法律法规进行。法律法规是衡量一个单位或当事人的经济行为是否符合财经法纪的唯一标准，因此只有严格依法办事才能提出正确的观点。

3. 科学分析，结论正确

审计报告不是单纯的审核材料的堆砌，而是通过对报告事件和数据进行科学的分析，才能准确地判断被审计单位出现财经问题的原因，然后得出结论并提出有针对性的意见或建议。

4. 语言简明，表达清晰

审计报告所采用的数据要精确，语言要简明扼要，措辞要准确得体，不能滥用术语或专用名词，以免引起误解。

【例文 2.5】

关于××市日杂公司 20××年度财务收支的审计报告

×××市审计局：

根据××审综字[20××]×号审计计划安排，审计小组于 20××年×月×日至×月×日，对××市日用杂品公司 20××年度财务收支进行了就地审计。审计总金额 825 万元，违纪总金额为 344 144.07 元，应缴金额为 48 166.40 元。现将审计结果报告如下：

1. 基本情况

××市日用杂品公司是××市供销社所属中型企业，20××年度与市供销社签订承包合同，实行利润递增包干。公司下属 11 个独立核算单位。

该公司于 20××年×月由行政管理型公司变成了经济实体公司（由原日杂采购站和生活采购站合并而成）。现分为 3 个业务经营科室和 8 个行政职能科室。主营日用杂品，兼营五交化及家用电器、家具等。现有职工 111 人，固定资产 103 万元，自有流动资金 39 万元。全年销售额 1 972 万元，实现利润总额 67.4 万元。

2. 发现的问题

1）弄虚作假套取资金，给××路仓库发奖金 8 000 元。20××年年末，市日杂公司决定日杂站和生活站给××路仓库（都是公司所属独立核算单位）承担 8 000

元劳动分红奖。该款应该在税后留利中支付，而两站采取弄虚作假的手段，在 20××年 1 月分别用转账支票，从销售款中套出现金给仓库，分别用仓库开出的两张 4 000 元“苫布”假发票列入费用，该仓库没有入账，直接给职工发奖金，严重违反了《国有企业成本管理条例》和《现金管理暂行条例》。

2）挪用流动资金 22 万元，建造营业楼。该公司××日杂大楼属于用自筹资金搞的基建项目。由于专项贷款不足，20××年从日杂和生活两站借用流动资金 24 万元，扣除两站 20××年×月末自有资金账面余额 2 万元，实际挪用 22 万元用于基本建设。

3）挪用流动资金 22 000 元，为职工买有奖储蓄。该公司动用现金和转账支票（流动资金），从农行买有奖储蓄 22 000 元。其中，生活站 19××年×月和×月共买 11 000 元，日杂站 20××年×月和 20××年×月共买 11 000 元。此款存期为一年，利息以中奖形式支付。现已全部还本。该储蓄应由职工个人承担，但公司一直挂在往来账上未扣回。收到的 330 元中奖款，企业没有入账，直接给职工搞福利。

4）鞭炮回扣收入款未进决算，随匿利润 81 164.07 元。该公司 20××年末鞭炮回扣收入 112 704.28 元挂账，未进当年决算。按年末鞭炮库存额 81 3 505.1 5 元和厂方进货回扣率 4%（最高）计算，库存应留回扣 32 540.21 元，实际多留了 801 64.07 元未进决算，影响了当年利润的真实性。

5）截留出租收入列账外 3 620 元。该公司出租门前摊床一事，经查财会账目，没有反映有关租金收入。经多方查证和有关人员证实，租金由行政科收到。其中 20××年×月到×月收入 1 105 元，20××年×月至×月收入 251 5 元，分别在保卫科和行政科有关人员手中。

3．处理意见

1）对该公司弄虚作假套取现金给××路仓库发放奖金 8 000 元问题，根据《国务院关于违反财政法规处罚的暂行规定》第 5 条第 1 款和《现金管理暂行条例实施细则》第 20 条第 10 款具体规定，应将违纪金额全部收缴，并处以 50%罚款，合计应缴金额 12 000 元。

2）对挪用流动资金 22 万元建造营业楼问题，根据《国务院关于违反财政法规处罚的暂行规定》第 5 条第 4 款和第 9 条，应整账目归还原资金渠道，并按违纪额的 10%罚款 22 000 元。

3）对挪用流动资金 22 000 元为职工买有奖储蓄问题，根据《国务院关于违反财政法规处罚的暂行规定》第 9 条，按违纪额 10%罚款 2 200 元，中奖 330 元全额上缴，合计应缴金额 2 530 元。

4）对截留鞭炮回扣收入80 164.07元，隐匿利润问题，根据《国务院关于违反财政法规处罚的暂行规定》第5条第4款和第6条，调整有关账目，并按违纪额的10%罚款8 016.40元。

5）对截留出租摊床收入列账外3 620元问题，根据国务院有关文件规定，应全额上缴。

4．建议

针对审计中发现的问题，提出以下建议：该公司有关领导及财会科，今后应严格执行会计法，遵守财经法规，实事求是地处理各项经济业务；合理使用资金，认真贯彻专款专用的原则，加强会计基础工作，提高财会人员素质，按财务制度规定，正确摊提各项费用，如实、准确地反映企业财务成果。

【例文评析】

这是一篇关于××市日杂公司 20××年度财务收支的审计报告。标题由审计对象"××市××日杂公司"、报告主题"20年度××年度财务收支"和文种名称"审计报告"三部分组成。正文分为基本概况、审计情况、审计结果三部分，是一篇典型的财务审计报告。前言简明地交代了审计的对象、审计的时间和审计的结果，文中清晰地说明了在审计中发现的主要问题和处理意见，态度鲜明，事实确凿，方法有效，对实际工作有很强的指导作用。

2.7 资产评估报告

2.7.1 资产评估报告的内涵

资产评估报告指注册资产评估师遵循相关法律、法规和资产评估的准则，在实施必要的评估程序对特定对象价值进行估算后，编制并由其所在机构向委托方提交的反映其专业意见的书面文件。

2.7.2 资产评估报告的特点和类型

1．资产评估报告的特点

（1）真实性

资产评估报告反映企业资产的价值，被确认后的资产评估报告是国有资产管理部门做出处理决定的重要依据，因此必须确保其中所涉及数据的真实性。

（2）程式性

资产评估工作必须由专门的会计师事务所或资产评估事务所依据法定的标准和程序进行，不能随意更改。

（3）证明性

资产评估报告是一种证明性文书，其作用在于为委托评估单位评估资产所具有的实际价值提供证明。

2．资产评估报告的类型

1）按资产评估的范围不同，可分为整体资产评估报告书和单项资产评估报告书。

2）按评估对象不同，可分为资产评估报告书、房地产评估报告书、土地估价报告书等。

3）按评估报告书所提供信息资料的内容详细程度不同，可分为完整评估报告和简明评估报告。

2.7.3 资产评估报告的结构

1．标题

资产评估报告的标题由评估机构名称、评估对象和文种组成，如《××资产评估报告》，标题下面要写评估报告目录。

2．主送单位

主送单位即委托单位，指委托评估机构进行资产评估的单位，也是报告书的主送单位。

3．正文

（1）引言

引言是资产评估报告的开头，是评估报告中的概括说明部分，是评估报告的提要，可称为报告的“导语”，应说明评估的目的，被评估单位的名称，评估完成的日期，评估的范围，评估所依据的法律、法规名称及会计核算的原则，资产占有者提出的评估申请获准立项情况，评估标的的名称（分类）等，开头应简洁概括。

（2）主体

主体部分是资产评估报告的重点，主要说明对各种资产进行评估的意见和结果，其内容包括被评估企业概括、企业环境条件评价、财务分析评价、存在的问题等。主要写明各类资产的分布、实有情况、原有账面净值，评估后的各项价值，增值或减值额，增值或减值的百分比，增值或减值的原因，评估后资产负债情况，评估使用的方法、计算公式等内容。

（3）结尾

结尾应对全篇做出“画龙点睛”式的总结，紧扣评估报告的主题，归纳概括出结论，以及对于资产的使用，现存问题的处理，工作的进一步开展等有关方面的问题提出意见或建议。

4．附件

为使报告的正文简练、紧凑，对需要说明的一些问题，可采用附件、附表、附图、清单等作为正文的补充，附件接在正文之后，应写明附件全称，并说明数量。

5．落款

落款包括评估机构名称、评估人员组成、评估日期等。评估机构和人员组成应写明全称，加盖公章。评估机构负责人、评估项目负责人、注册会计师和其他评估人员均应签名并注明技术职称。评估日期即评估报告书的写作时间，落款在附件右下方。

2.7.4 资产评估报告写作的注意事项

1．评估过程的合法性

评估机构及人员只能是会计师事务所或资产评估事务所的相关人员，评估过程要严格按照相关的法律法规进行，以确保评估的公平性和真实性。

2．评估方法的科学性

评估方法有现行市价法、重置成本法、效益现值法、清算价值法等，应依据标的物的不同而选择合适的评估方法。

3．报告内容的全面、具体性

评估过程中应全面考查资产的分布、数量、现有价值等各方面内容，撰写报告时都应做出全面具体地反映。

4．报告行文的逻辑性

撰写资产评估报告，行文要逻辑严密，详略得当。

5．言语表述的准确性

资产评估报告用语具有法律用语的严密性和规范性，不得随意擅用专用名词，以免因措辞不当造成误解。

【例文 2.6】

对××市第二毛纺织厂资产评估的报告

××××：

我们资产评估小组，受××市产权交易所的委托，于××××年××月××日至××月××日，对××市第二毛纺织厂的全部资产进行了实事求是的评估。

1．评估说明

这次评估，是××市××工业公司对××市第二毛纺织厂资产核实审计的基础上进行的。评估的主要目的是弄清××市第二毛纺织厂的全部资产及其价值，以及生产、经营等方面的利弊，给××毛纺织厂兼并××市第二毛纺织厂时提供可靠资料（评估的指导思想、依据、范围、方法和过程等略）。

2．企业概况

××市第二毛纺织厂是集体企业，隶属××市纺织工业公司领导。该厂建于××××年，××××年××月与××市织毯厂合并，定名为××市织毯厂，××××年改名为××市第二毛纺织厂。××××年××月又与××市织毯厂分厂，至今仍名为××市第二毛纺织厂。

该厂现有职工 204 人（职工名单、年龄、职务、职称、级别、详情与素质等说明，以及科、室、车间机构设置附后（略））。主要生产人造毛提花毛毯，产品单一，厂房陈旧，设备利用率低，经营管理不善，产品质量不佳，市场销路不畅，竞争能力很差，仅××××年××月至××月就亏损 6.6 万元，总计已资不抵债 10.3 万元。

3．企业资产评估

（1）固定资产评估

××市第二毛纺织厂现有固定资产为 70.3 万元，比纺织工业公司核查审计结果下降 18.7 万元，主要是三项（略）。

（2）流动资产评估

全厂现有流动资产为 92.4 万元，比市××工业公司核查审计结果下降 27.1 万元，主要是四项。

1）机配件原净值为 15.4 万元，因库房潮湿，无保护措施，造成齿轮生锈、轴承生锈、弹簧生锈、花纸返潮，长一层白毛，按 70%折价，评估为 4.6 万元。

2）原材料原净值为 10.1 万元，因库房漏雨返潮，减 20%，评估为 8 万元。

3）产成品原净值为 39.9 万元，因产品库进水，包装箱潮湿，上无苫盖，下无垫脚，成品潮湿，有的毯子斑痕多，需重修补，减 30%，评估为 27.9 万元。

4）在产品原净值为 11.2 万元，机台织成率差，半成品毯子有的断档，有的有雨迹斑痕，整理起绒滴水，在制品返潮，减 20%，评估为 9 万元。

（3）专项资产评估

该厂现有专项资产实为 13 万元，原 32.7 万元一笔转到固定资产内，属于重复计算，应予提出；××××年××月与××市织毯厂分厂时的 5.3 万元已不存在。根据上述评估结果，××市第二毛纺织厂总资产应为 175.7 万元。负债 186 万元（银行借款 82.2 万元，信托借款 7 万元，应付购货款 37.5 万元，应付税金 7.8 万元，应交管理费 0.4 万元，其他应付款 4.5 万元，专项应付款 3.7 万元，专项借款 40 万元，药费未支 3.5 万元，应付工资、调后半年未补 1 万元）。这样，资产和负债相抵后，资不抵债 10.3 万元。

（4）无形资产评估（略）

4．企业财务分析评价（略）

5．企业环境条件评价（略）

6．存在的问题

（1）有争议的汽车和羊毛价值问题

经过反复商议评估，汽车两辆，按国家定价扣除折旧后，进行增值；羊毛两吨多，自行采购，按现行市场价扣水分杂质 20%后，进行增值。

（其他问题，略）

7．总评估（略）

8．建议

据了解，××毛纺织厂是全国较大的国有毛纺织企业。生产规模大，生产条件好，实力雄厚，尤其在近几年，各项工作都发展很快，仅今年前 8 个月，就实现利润 263.6 万元，上缴利润比去年同期增长 56%。

××毛纺织厂和××市第二毛纺织厂是同一行业，一个是精纺，一个是粗纺，有利于互助，符合行业结构优化组合。××毛纺织厂将××市第二毛纺织厂兼并后，××毛纺厂可以发挥自身技术优势，转移产品，扩散工艺，试制粗纺毛呢新产品。这种优势企业兼并劣势企业，有利于扶植××市第二毛纺织厂进行技术改造，救活一个面临破产的企业。所以，我们建议××毛纺织厂兼并××市第二毛纺织厂。

（其他建议，略）

9. 参加资产评估人员名单

参加××市第二毛纺织厂资产评估人员名单：

××市经委	张××	副科长	经济师
××市体制改革办公室	王××	调研员	经济师
××市财政局	刘××	科　员	会计师
××市税务局	田××	副主任 科员	会计师
××集体企业办公室	王××	科　员	工程师
××市纺织工业公司	杨××	主　任	工程师

10. 附件（一）××市第二毛纺织厂资产评估表

（其他附件略）

【例文评析】

这是一篇对××市第二毛纺织厂进行资产评估的报告。标题由评估对象“××市第二毛纺织厂”和文种“资产评估的报告”两部分组成。正文的引言部分，简洁地介绍了进行评估的指导思想、依据、范围、方法和过程；主体部分由第 2 部分企业概况说明了被评估企业的基本情况；第 3～7 部分用分条列项的方法就企业资产、企业财务、企业环境条件、存在的问题等进行分析；最后提出建议。本文符合资产评估报告客观公正、逻辑严密、表达准确的要求。

练习题

1. 名词解释

市场调查报告　　市场预测报告　　可行性研究报告　　经济活动分析报告　　资产评估报告

2. 简答题

（1）用表格说明市场预测报告、可行性研究报告和经济活动分析报告的异同。

（2）市场调查报告的写作注意事项有哪些？

（3）市场预测报告的特点与作用是什么？

（4）市场预测报告和市场调查报告有什么异同？

（5）市场预测报告的写作注意事项是什么？

（6）经济活动分析报告有哪些类型？

（7）经济活动分析报告分析部分的主要任务是什么，试举例加以说明。

（8）审计报告的类型和作用是什么？

（9）审计报告的结构是怎样的？导言部分该写哪些内容？正文部分一般写哪些内容？

（10）资产评估报告的写作注意事项有哪些？

3．分析题

我国钟表工业正面临一场严峻的挑战。要振兴我国钟表工业，就要在继续开发机械钟表花色品种的同时，大力发展电子钟表的生产。

目前，一些先进国家钟表生产已实现石英化，大量电子钟表投放市场。1982 年世界各国电子钟表产量已占钟表总产量的 64%。我国的机械钟表从 1981 年开始滞销和积压。专家们认为，石英化是振兴我国钟表行业的出路所在。

电子钟表与机械钟表相比，有五大特色：精度比机械钟表高；功能多，一般数字式电子钟表有 3～5 个功能，多的可达 40 个功能，有的还可以量体温、脉搏、计算、储存信息等；使用方便，更换一次电池可用较长时间；机芯结构简单，装配维修容易；能实现自动化生产。

我国目前已经具备了钟表石英化的生产条件。十年来，国家为发展电子钟表投放了大量资金，初步建成了生产电子钟表所必备的集成电路、石英振子、扣式电池、印刷线路板等元件厂，产品质量一般可达到国际 20 世纪 70 年代初期的水平，有的已达到 80 年代水平。

专家们认为，对电子钟表的优越性还要大力宣传，同时大力开拓电子钟表市场，把它推广到中、小城市和广大农村。

问题：

（1）为此文拟个标题。

（2）结合经济活动分析报告的写作方法，分析此文正文的特点。

（3）此文主要运用了什么分析方法？请简要说明。

4．写作练习

根据下述材料，写一篇关于室内装饰业方面的市场预测报告的建议与对策。

（1）近年来各类大小装饰公司如雨后春笋般涌出，室内装饰业每年以 40%～50% 的速度增长。目前，涉及的装饰品有抛光砖、石英砖、仿大理石釉砖、地毯、壁纸、多彩灯具、五金门窗、塑钢门窗、高档窗帘等。另外，高新涂料在市场亦占有一定的份额，其他高光冷瓷涂料、仿大理石涂料、乳胶涂料等均有一定市场。

（2）北京、上海、天津、广州等一些大城市居民装饰热潮呈上升趋势，上海市 97%的居民在拥有新房后进行现代装饰，新房装饰费用为 80 000～150 000 元。

（3）全国各地装饰建材的需求量逐年上升。用户对产品质量要求高，名牌产品受青睐。产品规格选择性增强，大规格、高档次装饰材料逐渐成为市场新宠。产品图案、色泽需求多样化，瓷砖中浮雕型、多彩型走入平民家庭。

第 3 章 财经策划文书

学习目标

◎ 了解财经策划文书中的会议策划书、广告策划书、营销策划书、公关策划书的概念；
◎ 掌握各类财经策划文书的结构；
◎ 能够撰写各类财经策划文书。

导入案例

2010 年国际纽约广告节颁奖典礼隆重举行。纽约广告节上的各项殊荣主要授予在传播、广播、营销及媒体等领域深深打动并征服全球观众的优秀广告设计作品。央视广告策划的成功案例《水墨篇》荣获金奖。

该广告设计片由中央电视台委托广而告之广告公司制作完成，这是中国首次在此类别奖项中斩获金奖，也是该广告片在获得新加坡 Promaxbda Asia 最佳形象宣传片金奖、最佳动画金奖后再次获得世界性大奖。

《水墨篇》秉承“民族的就是世界的”这一理念，以水墨作为核心载体，采用墨在水中晕染开来的方式，使墨的形态不断变幻，由山峦至大海，由仙鹤成游龙，乃至变幻出长城、太极等具有中国特色的元素，创造了一个新颖的表现形式，融合了中国传统文化和绘画的表现力，使中国传统的水墨画与现代的动画技术相结合，突破传统，赋予了中国文化新的生命力，有力地诠释出品牌打造过程中“从无形到有形，从有界到无疆”的广告设计内涵。

【案例思考】

1．什么是策划？

2．广告策划书成功的灵魂是什么？

3.1　财经策划文书概述

3.1.1　财经策划文书的含义和种类

财经策划文书是指对某个未来的活动或事件进行策划，并展现给读者的文本。策划书是目标规划的文字书，是实现目标的指路灯。撰写策划书就是用现有的知识开发想象力，在可以得到的资源的现实中最可能、最快地达到目标。

策划书一般分为会议策划书、广告策划书、营销策划书、公关策划书等。

3.1.2　财经策划文书的特点

1．实用性

实用性是财经策划文书最根本的特点，其根本目的是处理或解决实际问题，是具有一定实用价值的。

2．真实性

财经策划文书是为交流思想、传达信息服务的，只有思想和信息建立在真实的基础上才会使人相信，否则便会成为无稽之谈。具体到实际写作中，要做到内容真实确凿、实事求是并非易事，有时候需要做大量的调查和反复的研究。

3．程式性

财经策划文书写作的固定格式是在长期实践中形成的，是适应需要和有利实用的规范要求，因而写作时必须遵照，不能自行其是。

4．确定性

我们在日常写作中，文学作品、说明文、记叙文及议论文的写作对象是不特定的多数人，一般是不明确的。但是财经策划文书不同，它的对象都是明确具体的，其往往要规定明确具体的对象。

5．简明性

观点正确是财经策划文书写作的基本要求。语言同时也要庄重、简洁，一般不用文学修辞手法和形象描绘及直接抒情等表达方式。如实反映情况、用事实说话、崇尚务实等都是财经策划文书的最基本的写作方法，其灵魂在于它的实际效果，要用最少的语言表达最丰富的思想，产生最好的效果。

6．时限性

财经策划文书是为达到某项目的而写的，因此在写作上有明确的时间要求，必须在一定的时间内完成。一旦时间过去，写作就会失去意义，所以财经策划文书不仅要写得及时、发得及时，还要求所取的材料应该是最新的现实材料，虽然有时需要引用一些历史材料，但是这样做是为了进行比较，最终目的还是解决当前问题。

3.1.3 财经策划文书的写作注意事项

1. 对语言的要求

语言力求做到平实、准确、简洁。平实和准确是相互统一的，财经策划文书要做到实事求是，就必须在准确上下工夫。

2. 对观点和材料的要求

观点和材料是财经策划文书的两个主要因素，观点和材料的统一是文章的基本要求：① 观点既要集中明确，又要切合实际；② 所引事实或材料要确凿，有说服力。

3.2 会议策划书

3.2.1 会议策划书的内涵

会议策划书是根据会议的目的，借助一定的科学方法和艺术，为决策、计划、构思、设计，以达到最佳会议效果而制作的策划书。

3.2.2 会议策划书的结构

1. 封面

封面应具有下列四点内容：① 策划的形式；② 策划的主体；③ 日期；④ 编号。

2. 序文

序文是指把策划书所讲的概要加以整理，内容简明扼要，让人一目了然。

3. 目录

目录务必要求读过后能让人了解策划的全貌。

4. 宗旨

宗旨主要对策划的必要性、社会性、可能性等问题具体解说。

5. 内容

内容是策划书中最重要的部分。内容因策划的类型不同而有所变化，但内容应做到具体、可操作性强，应避免学术化太重及强词夺理等。

6．预算

策划必然需要一定的人力、物力和财力。因此，在策划之前必须进行周密的预算，使各种花费控制在最小规模之内，以期获得最佳的经济效益。在预算经费时，为方便起见，最好绘制表格。

7．策划进度表

把策划活动起讫的全部过程拟成时间表，标明何月、何日做某事，作为检查策划进展情况的依据。

8．有关人员任务分配表

有关人员任务分配表明确了何人负责何事，一旦发生权责不分或某项环节出错，马上可采取相应的人事变动。

9．策划所需物品及场地

这部分主要用来说明会议在何时、何地，需提供何种方式，需怎样布置。

10．策划的相关资料

这部分可附也可不附，主要是给策划参与者提供决策参考。资料不宜太多，要有重点地选择。

【例文 3.1】

第 1 部分　开业庆典准备工作

1．庆典临时工作小组的构成

1）成立庆典活动临时指挥部，设立部长一人，副部长若干人，负责全程指挥与决策。

2）成立临时秘书处，辅助决策，综合协调，沟通信息。

2．活动目标的确立

向社会各界宣布该酒店的成立，取得广泛的认同，扩大知名度，提高美誉度，树立良好的企业形象，为今后的生存发展创造一个良好的外部环境。

3．活动主题的确立

1）通过舆论宣传，扩大酒店的知名度。

2）向公众显示该酒店在饮食、娱乐、住宿、服务等方面有良好的配套设施和服务功能。

3）通过邀请目标公众，争取确定良好合作关系，争取会议、接待、旅游等项目的承办权，并签订意向书，为占领市场铺平道路，为今后的发展打下坚实的基础。

准备工作详细项目如表3-1所示。

表3-1 准备工作详细项目

准备内容	时间要求	经费预算	责任人	备注
领导小组的成立	××月××日			
庆典目标的确立	××月××日	××		
庆典主题的确立	××月××日	××		
场地及布置	××月××日	××		
时间的选择	××月××日	××		
目标公众的选定	××月××日	××		
宣传工作	××月××日	××		
主持人的确定	××月××日	××		
物质的准备	××月××日	××		
文艺活动准备	××月××日	××		

开业典礼准备工作人员安排如表3-2所示。

表3-2 开业典礼准备工作人员安排表

姓名	责任	要求
××	选址并整理布置	三通一平
××	安排新闻报道	准确及时
××	组织文艺会演	内容健康、气氛热烈、主题鲜明
××	准备剪彩用具	齐全周到
××	提供各种场合的讲话稿	得体
××	负责购买用品	保证所需
××	邀请宾客	准确统计人数
××	负责提供所需设备	正常运转
××	负责提供交通工具	及时安全
××	负责保安	保证秩序
××	负责主持开业典礼	科学合理

4．选择场地应考虑的因素

1）开业地点一般设在企业经营所在地、目标公众所在地或租用大型会议场所。

2）场地是否够用，场内空间与场外空间的比例是否合适。

3）交通是否便利，停车位是否足够。

4）场地环境要精心布置，用彩带、气球、标语、祝贺单位条幅、花篮、牌匾等烘托喜庆热烈的气氛。

5．选择时间应考虑的因素

1）关注天气预报，提前向气象部门咨询近期天气情况。选择阳光明媚的良辰吉日。天气晴好，更多的人才会走出家门，走上街头，参加典礼活动。

2）营业场所的建设情况，各种配套设施的完工情况，水电暖等硬件设施建设。

3）选择主要嘉宾、主要领导能够参加的时间，选择大多数目标公众能够参加的时间。

4）考虑民众消费心理和习惯，善于利用节假日传播组织信息。比如各种传统的节日、近年来在国内兴起的国外的节日、农历的三、六、九等结婚较多的日子。大造声势，激励消费欲望。如果外宾为本次活动主要参与者，则更应注意各国不同节日的不同风俗习惯、民族审美趋向，切不可在外宾忌讳的日子里举办开业典礼。若来宾是印度或伊斯兰国家的人则要更加留心。

5）考虑周围居民生活习惯，避免因过早或过晚而扰民，一般安排在上午9：00—10：00最恰当。

6．邀请宾客准备

1）确立邀请对象：邀请上级领导以提升档次和可信度；邀请工商、税务等直接管辖部门，以便今后取得支持；邀请潜在的、预期的未来客户是企业经营的基础；邀请同行业人员，以便相互沟通合作。

2）邀请方式：电话邀请，还可以制作通知，发传真，更能够表明诚意与尊重的方法是发邀请函或派专人当面邀请。邀请工作应该提前一周完成，以便于被邀者及早安排和准备。

7．开业典礼的舆论宣传工作

1）企业可以利用报纸、杂志等视觉媒介物传播，具有信息发布迅速、接受面广、持续阅读时间长的特点。

2）自制广告散页传播，向公众介绍商品、报道服务内容或宣传本企业本单位的服务宗旨等，所需费用较低。

3）企业可以运用电台、电视台等大众媒体。这种传播方式效率最高，成本也最高，要慎重考虑投入与产出。

4）在企业建筑物周围设置醒目的条幅、广告、宣传画等。

8．场地布置，典礼台的设计

典礼台为长方体，长25米，宽20米，高1米。按照惯例，举行开业典礼时宾主一律站立，一般不布置主席台或座椅。

现场装饰：

1）为显示隆重与敬客，可在来宾尤其是贵宾站立之处铺设红色地毯。

2）在场地四周悬挂标语横幅。

3）悬挂彩带、宫灯，在醒目处摆放来客赠送的花篮、牌匾、空飘气球等。如在大门两侧各置中式花篮20个，花篮飘带上的一条写上“热烈庆祝××开业庆典”字样，另一条写上庆贺方的名称。正门外两侧，设充气动画人物、空中舞星、吉祥动物等。

9．物质准备

1）礼品准备：赠予来宾的礼品，一般属于宣传性传播媒介的范畴之内。根据常规，向来宾赠送的礼品有四个特征。

① 宣传性：可选用本单位的产品，也可在礼品及其外包装上印有本单位的企业标志、产品图案、广告用语、开业日期、联系方式等。

② 荣誉性：礼品制作精美，有名人名言或名画，使拥有者为之感到光荣和自豪。

③ 价值性：具有一定的纪念意义，使拥有者对其珍惜、重视。

④ 实用性：礼品应具有较广泛的使用场合，以取得宣传效应。

2）设备准备：音响、录音录像、照明设备及开业典礼所需的各种用具、设备，由技术部门进行检查、调试，以防在使用时出现差错。

3）交通工具准备：接送重要宾客、运送货物等。

4）就餐准备：人数、座次、食物、就餐用具等。

5）庆典活动所需用品的准备：如剪彩仪式所需的彩带、剪刀、托盘；工作人员服装的统一定做；留作纪念或用以宣传的礼品、画册、优惠卡、贵宾卡的定做。

第2部分　开业庆典的具体程序（见表3-3）

表3-3　开业庆典的具体程序

程　序	时　间	负责人	备　注
迎宾	8：00—10：00	迎宾人员	
宣布庆典开始	10：00	主持人	
致开幕词	10：00—10：20	秘书组	
剪彩仪式	10：30	礼仪小组	
致贺词	10：40	秘书组	
文艺演出	10：50	秘书组	
就餐	11：50	秘书组	

1. 接待宾客

停车接待：停车场安排专人负责指挥车辆排放。

正门接待：有酒店主要负责人与礼仪小姐在正门接待来宾，引领入休息室，来宾签到。

服务接待：有服务小姐安排落座。

接待注意事项：

1）教育本单位的全体员工以主人的身份热情待客，有求必应，主动相助。

2）接待贵宾时，需由本单位主要负责人亲自出面。在接待其他来宾时则可由本单位的礼仪小姐负责。

2. 剪彩注意事项

剪彩者：一般不多于5人，多由领导者、合作伙伴、社会名流、员工代表担任。剪彩者以稳重的姿态、轻盈的脚步，面带微笑走向剪彩的绸带。剪彩人全体到位后，工作人员用托盘呈上剪刀，剪彩人在拿起剪刀之前应向工作人员和手拉绸带的人员点头微笑表示谢意，然后用右手轻轻拿起剪刀，聚精会神地把彩带一刀剪断。剪彩完毕，将剪刀放回原处，向四周人们鼓掌致意。

第3部分 效果评估

活动结束之后，还要继续做好如下工作：

1）进行实际费用结算，准确核算实际支出并与前期预算相对比，写出费用总结报告。

2）庆典活动影响力调查，包括信息的收集、整理、反馈，为企业经营决策做好辅助工作。

3）整理并保存资料，包括各种宣传画册、图片、光盘、方案设计、讲话稿、活动后的各种总结资料。

4）写出效果评估报告，包括经济效益、社会效益、实际效益、潜在效益。

5）提出经营建议。

【例文评析】

开业庆典是商业性组织为庆祝开业而举办的一种商业活动，它选择特殊的日期举办，邀请特定的人员参加，旨在向社会和公众宣传本组织，提高本组织的知名度及美誉度，展现优良形象及良好风范，广泛吸引潜在客户。随着社会主义市场经济体制的建立，这一商业性活动被广泛采用，尤其是酒店、商场等经营性企业经常借助这一活动的开展向社会展示经济实体的成立。目前，许多企业都曾搞过这种活动，但在内容与形式上还不尽完善。本文是一份以酒店为背景的开业庆典设计方案，此设计方案在流程上比较完备，在实践中具有可操作性。

3.3 广告策划书

3.3.1 广告策划书的含义

广告策划书是指广告策划，又称广告企划，是在市场调查研究基础上，对广告整体活动或某一方面活动的预先设想和策划。广告策划书把在广告活动中所要采取的一切部署都列出来，指示相关人员在特定时间予以执行，它是广告活动的正式行动文件。

3.3.2 广告策划书的特点和种类

1. 广告策划书的特点

（1）目的性

广告策划意在针对特定的消费者，运用心理的与生理的、感官的与理智的、直接的与间接的、近期效用的与未来收益的种种广告手段，解答消费者迫切需要解决、了解、关心和感兴趣的问题，以充分调动他们的需求和欲望。因此，广告策划的目的性就要求我们通过策划，围绕某一活动的目的性这个中心，努力将各个要素、各项工作由无序转化为有序，由模糊变得清晰，从而使该活动顺利圆满地完成，并且更具针对性。

（2）系统性

广告策划是对广告活动的运筹规划，具有系统性特征。这种系统性表现在对策划对象的各个方面、各个环节进行权衡，客观地估计自己所处的环境。广告策划的系统性还表现在广告活动的各个环节都要保持统一性，包括广告目标、广告主题、广告媒体和广告表现形式等，使策划活动或活动的各个组成部分、各个子系统相互协调统一，达到系统的最优化。

（3）可行性

广告策划是一种创造性的活动，但绝非脱离现实的凭空设想，不是纸上谈兵。广告策划书应该是可行的、具有实践意义的。任何策划，如果不立足于现实，对现实工作不起作用，这种策划就是无意义的，充其量只能算是一种美好的幻想、一厢情愿。广告策划过程中应掌握各种现实情况，包括有利的、不利的因素，正反两方面的情况，然后对其进行客观分析，再进行策划。

（4）创造性

广告需要好的创意。创意是一项典型的创造性的思维活动，是广告策划的具体内容。因此，如果创造性是广告的灵魂和生命，那么创造性就是广告策划最显著的特性，贯穿于广告策划活动的方方面面和策划过程的始终。换句话说，成功的广告策划是建立在策划的创造力和非常想象力基础之上的。

知识链接

成功的广告创意，能够引起消费者注意，激起消费者兴趣，诱发消费者欲望，加深消费者记忆，促成消费者行动。

广告创意要具备以下几个特征。

1．新颖独特

今天，广告已是铺天盖地，无处不在，这就更要求广告创意要新颖独特。比如，在广告语言上要更加鲜活、生动，富有感染力。"质量上乘，物美价廉"，"誉满全球"，"实行三包"，"超级服务"等一些陈旧的广告词语已经难以引人注意。要激发人们的兴趣，就要与时俱进，不断创新。

2．情趣生动

广告创意要设置优美的意境，将人们带进一个情趣高雅、生动活泼的艺术境界中去。

3．形象逼真

广告创意离不开形象设计，无论是人还是物，都要形象逼真，鲜活感人。要通过画面、语言和声音的运用，调动一切手段，运用一切方法，塑造出活生生的艺术形象，给人留下过目不忘的深刻印象。

4．通俗易懂

广告的对象是大众，如果晦涩难懂，就会脱离群众，普通人看不明白，事倍功半。相反，如果庸俗低下，曲意迎合，遭大众唾弃，就会得不偿失。只有通俗易懂，喜闻乐见，才能两全其美。

5．升华艺术

广告文案是一种特殊的艺术形式，具有深刻文化内涵和审美属性。优秀的广告创意不仅能快速、准确地传递商品信息，同时还应该有丰富的精神内涵，创造较高的审美价值，实现审美性和功利性完美结合。要体现广告信息的完整性，使受众从广告文案中得到审美享受，获得某种精神上的愉悦。

6. 别出心裁

具备创新性是广告成功的关键。任何一件广告作品，人云亦云都会使人感到厌倦。

2. 广告策划书的种类

广告策划书是一个宽泛的概念，按照不同的标准可以分为不同的种类。

1）按照内容侧重不同，分为广告总体策划书、广告主体策划书、广告事业计划书、广告项目书、广告费用预算等。

2）按照时间的不同，分为广告年度计划书和专题广告策划书。

3.3.3 广告策划书的结构

广告策划书的结构主要是由前言、市场分析、产品分析、销售分析、企业目标、企业市场战略、阻碍分析、广告战略、公关战略、媒介战略、广告预算及分配、广告统一设计和广告效果预测13个部分组成的。

1. 前言

前言简要说明制定广告策划书的缘由、企业的概况、企业的处境或面临的问题点，希望通过策划能解决问题，或者简单提示策划的总体构想，使客户未深入审阅策划书之前能有个概括的了解。

2. 市场分析

1）背景资料：与被策划企业的产品有关的市场情况。

2）目前同类产品情况：目前国内市场中进口、国产的同类产品的几种主要牌号及这几种主要牌号的知名度与美誉度如何。

3）同类产品的竞争状况：可分为国内市场与国际市场分析。

3. 产品分析

1）产品特点：具体分析产品的工艺、成分、用途、性能、生命周期状况。

2）产品优劣比较：同国内及进口的同类产品进行比较。

4. 销售分析

销售是市场营销的重要组成部分，透彻地了解同类产品的销售状况，将为广告促销工作提供重要的依据。销售状况分析有下列内容：

1）地域分析：同类产品销售的地域分布与地点。

2）竞争对手销售状况：分析主要竞争对手的销售手法与策略。

3）优劣比较：通过分析比较，找好本策划产品最有利的销售网络与重点地区。

5. 企业目标

企业目标分为短期和长期两种。短期目标一般是 1 年，可具体定出增加销售或提高知名度的百分比。长期目标是 3～5 年，广告策划书中提到企业目标，可以说明广告策划书是怎样支持市场营销计划，并帮助达到销售和盈利目标的。

6. 企业市场战略

为了实现企业的经营目标，企业在市场总战略上必须采取全方位的策略。

1）战略诉求点。如何提高产品知名度和市场占有率，产品宣传中是以事实诉求为主还是以情感诉求为主。

2）产品定位。可以选择高档、中档、低档定位中的一种。如福达彩胶定位为高质量、低价格，国际流行的产品。

3）销售对象。分析产品的主要购买对象，越具体越好，包括人口因素各方面，如年龄、性别、收入、文化程度、职业、家庭结构等，说明他们的需求特征和心理特征，以及生活方式和消费方式等。

4）包装策略。包装的基调、标准色，包装材料的质量等。

5）包装物的传播，设计重点（文字、标志、色彩）等。

6）零售点策略。零售点的设立与分布是促销的重要手段，广告应配合零售点策略扩大宣传影响。

7. 阻碍分析

根据上述对市场、产品、销售、企业目标、市场战略等的研究分析，已可以顺理成章地找出本企业产品在市场销售中的“难”点。排除这些阻碍，就是下一步广告战略的主要目的。

8. 广告战略

（1）竞争广告宣传分析

分析主要竞争对手的广告诉求点、广告表现形式、广告口号、广告攻势的强弱等。

（2）广告目标

依据前面企业经营目标，确定广告在提高知名度、美誉度、市场占有率方面应达到的目标。

（3）广告对象

依据销售分析和定位研究，可大略计算出广告对象的人数或户数，并根据数量、人口因素、心理因素等说明这部分人为什么是广告的最好对象。

（4）广告创意

确定广告总体的构思，如广告口号，使用的模特儿或象征物，广告的诉求点或突出表现某种观念、倾向等。

（5）广告创作战略

广告创作战略即向目标市场传播什么内容。按照电视、报刊、广播、POP 等不同媒介的情况，分别提出有特色的、能准确传递信息的创作意图。

9．公关战略

公关活动旨在树立良好的企业形象和声誉，沟通企业与公众的关系，增进消费者对企业的好感。公关战略要与广告创作战略密切配合，通过举办一系列具有社会影响力的活动达到上述目的。

10．媒介战略

根据广告的目标与对象，选择效果最佳的媒介到达广告对象。

1）媒介的选择与组合：以哪种媒介为主，哪些媒介为辅。

2）媒介使用的地区：配合产品的营销需要进行，分重点与非重点地区。

3）媒介的频率：在一年中可分为重点期和保持期，每种媒介每周或每月使用的次数安排。

4）媒介的位置、版面：电台、电视台选择哪种传播时机最好；报刊选择什么日期、版面等。

5）媒介预算分配：对媒介组合所需的费用进行预算。

11．广告预算及分配

必须把年度内的所有广告费用列入，包括调研费、策划费、广告制作费、媒介使用费、促销费、管理费、机动费等。

12．广告统一设计

根据上述各项综合要求，分别设计出报纸、杂志、广播、电视、POP 广告的设计稿或脚本，以供年度内广告制作的统一设计做参考或依据。

13．广告效果预测

预测广告策划可以达到的目标或效果反馈。

【例文 3.2】

牡丹江镜泊湖饮品有限公司玉龙含珠矿泉水产品的广告策划书

1. 策划目标及意图

玉龙含珠牌矿泉水是牡丹江新闻传媒集团镜泊湖饮品有限公司生产制造的偏硅酸型富含丰富矿物质的健康饮品。企业为打开市场，树立品牌知名度和品牌形象，扩大市场占有率，促进销售，特开展此次策划活动。

2. 策划主题

树立“玉龙含珠”矿泉水品牌形象，扩大销售。

3. 市场与消费者调查

（1）营销环境分析

1）宏观制约因素。

① 地域性强，有制约性。

② 同类产品竞争激烈，且物价上涨的形势使企业面临较大压力。

③ 本地市场格局单一。消费者趋向于单一品牌，优秀品牌，对知名度低的品牌信赖度较低。

2）微观制约因素。

① 产、供、销渠道单一。

② 企业与供应商、经销商沟通不全面、不系统。

③ 产品基本获利，但市场份额较小，市场机会有待提升。

④ 应打开市场，提高积极性，拓宽供销渠道。

3）市场分析。

① 市场规模较小，已趋于饱和。

② 市场构成：a.主要品种包括康师傅、娃哈哈、农夫山泉（主要）；今麦郎、达利园、冰露、南波万（次要）；小蜜蜂、镜泊山泉、玉龙含珠（本地）；泉阳泉、小雨点（其他）。b.主要和次要品牌占市场份额较大。本地产品在本地所占市场份额居中，其他品牌占市场份额较少。c.净水器与桶装水共存，催生健康、功能性用水以适应市场形式。d.本品牌变化的可能性持续上升。

③ 价格构成：同类产品趋于统一差价不明显。

④ 销售量随季节变化影响，夏季为旺季，冬季为淡季。

4）分析总结。有市场机会，但不是很大，存在市场威胁。

本企业在市场上的优势：原料、生产方式、产品功效较为突出；劣势：销售渠道比较单一，广告宣传力度不够。重点问题：质量（卖点）、促销活动（多样）、售后服务（优质）。

（2）消费者分析

1）消费者选择商品时的一般观念。

① 消费者观念分析：比较关注质量安全、口感、包装、品牌、价格等因素。

② 消费者喜欢的促销方式：买几赠几、有奖销售等。

2）消费者群体构成情况。

① 性别构成：比例比较平均、差别不大。

② 年龄构成：以青年人和中老年人为主。

③ 收入：中、高收入者份额较大，占80%以上。

④ 广告：受电视、平面广告影响大。

⑤ 包装：桶装市场与瓶装市场并存，桶装市场份额较大。

3）分析总结。

优点：市场潜力大，行业所处周期利于产品发展，行业营利性较强，品牌发展速度快。

缺点：行业缺乏一定程度的经济支撑，地域性强、地区局限性强，行业销售渠道窄，广告宣传力度小，竞争对手多，优质品牌地位高。

4. 产品分析

（1）产品特征分析

1）产品质量分析。产品属偏硅酸型矿物质水，富含多种矿物质，绿色、健康、环保饮品。

2）价格分析。产品每瓶1.0元，每桶3.5元，购买10桶以上每桶3.0元。

3）产品品种。产品品种包括矿物质水、纯净水和功能用水。

4）包装。产品包装有两种：a.瓶装，500ml，圆形；b.桶装，约23L。

5）与同类产品比较。该产品具有一定价格优势（价格较为低廉且优惠策略较为明显）。

（2）产品品牌形象分析

企业赋予产品的形象：绿色、健康、环保；消费者对产品的认知情况：市场需求较为显著，消费者对产品的认知度呈现上升趋势。

（3）产品定位分析

企业对品牌的预期定位：功能用水、健康水。

消费者对此定位的认同度：消费者对此定位的认同度较高，市场潜力大。

此产品定位的现实效果：适应市场形式和消费者需求。

5. 企业竞争状况分析

（1）企业在竞争中的地位

1）市场占有率。市场竞争激烈，饮用水市场趋于饱和状态。本产品市场占有率不具备明显的优势，应通过广告活动提高市场占有率。

2）消费者认知度。

① 消费者对知名品牌饮用、购买频率较高。

② 消费者最常饮用的品牌为娃哈哈、康师傅、农夫山泉，对本市产品认知度较低。

（2）竞争对手企业分析

1）竞争对手。

同类产品：娃哈哈、康师傅、农夫山泉（不具备明显可比性）。

其他同类产品：冰露、阳泉等。

本市同类产品：小蜜蜂、镜泊山泉。

2）竞争对手基本情况分析。同属于中型企业，实力相当，广告形式以平面广告为主（路牌、车体、海报）。

3）竞争对手分析总结。本产品与本市同类产品相比，质量（卖点）具有一定优势，售后服务及价格优势明显，竞争力较强，应加大广告宣传，提升认知度。

（3）竞争对手广告分析

1）以往的广告活动情况分析。竞争对手的广告多为促销活动（超市、公共/娱乐场所），以平面广告为主，电视广告占比重较小。

2）广告目标的市场策略：产、供、销售后服务。

3）竞争对手产品定位情况：纯净水、绿色、纯净；矿物质水、营养。

4）竞争对手广告诉求重点。

诉求对象：家庭、学校、大中小企业、个人。

诉求重点：在方便、快捷、环保、安全、绿色、健康、口感佳上做文章。

5）竞争对手广告媒介策略。竞争对手的广告媒介多为平面广告（店面、海报、路牌、车体、招牌等）。

总结：竞争对于以往的广告活动多以促销活动（部分商品采取降价等优惠策略）、平面广告投放，其目的是提升消费者认知度、打开市场、促进销售，投入的费用较高（综合企业实力），但效果较明显。

6．广告策略

（1）广告目标

企业提出的目标：通过广告活动打开市场占有率，提高知名度，提升消费者的认知度，树立品牌形象、企业形象，促进销售。

根据市场情况可达到的目标：抢占市场先机。

本次广告活动的目标：提升消费者好感度，树立一定的品牌形象，博取消费者的品牌忠诚度，预期市场占有率达到 45%～50%。

（2）广告目标市场策略

1）机会与威胁。

① 机会：经营战略和产品生命周期。

② 威胁：市场地位和销售渠道。

2）优势与劣势。

① 优势：产品质量、原料、生产技术和售后服务。

② 劣势：竞争对手众多，企业压力较大，市场占有率低。

③ 主要问题：广告目标市场较大，企业应通过全面系统的广告活动宣传产品，从而促进销售。

（3）产品定位策略

1）定位的前提条件。

产品概念——偏硅酸型矿物质水。

定位——优质、健康、功能用水。

2）定位分析：快捷方便的新型饮用水，健康、安全饮品。

（4）广告诉求策略

1）诉求对象。快节奏的生活习惯使消费者要求方便快捷的产品，需求健康、安全、绿色、环保的新型饮用水且对功能用水的需求较为明显。

2）诉求重点。

产品特点：高品质矿泉水。

生产方式：先进的双条现代化生产线。

售后服务：专业的一流配送队伍。

价格策略：价格低廉、政策优惠。

3）诉求方法和建议。针对功能性产品这一特点，可以分别从理性诉求、情感诉求两方面入手，通过一定的广告口号、广告标语和广告表现达到诉求重点的实施和效果。

（5）广告表现策略

1）广告创意重点采用平面广告——海报的方式（路牌、车体也可）。

内容：背景为镜泊湖吊水楼瀑布（突出原料）；瀑布前方为桶装玉龙含珠矿物质水，桶内是一株绿色植物（突出产品绿色、健康、环保、安全等特点）；下方为企业名称牡丹江镜泊湖饮品有限公司字样和企业标识（产品与企业形象相结合）；并打出“感受新品质，新生活矿物质水”字样。

整体突出产品特点：新鲜、健康、绿色、环保、安全。给人清新的感觉，易于拉近受众好感，提升品牌好感度，利于树立良好的品牌形象，从而起到促进销售的目的。

2）产品标识：以清晰的蓝色水珠为背景颜色及图案上印有“玉龙含珠”字样。

3）宣传语（广告口号）：a.“健康之源 活力之源 玉龙含珠矿泉水”；b.“感受新品质，新生活矿泉水”。

7. 媒体投放计划

（1）计划重点

采用平面广告方式如海报、路牌、车体、杂志等，将广告口号、产品特点及企业形象宣传出去。

（2）计划特点

简洁、醒目、引人注意，使受众产生良好印象，从而建立品牌好感度及品牌忠诚度。

（3）预期效果

1）目标受众主要选择学生、家庭、企事业单位等。

2）将平面广告设置在各个不同地点（以目标受众接触频率高的地方为主和目标受众生活必不可缺的事物上，如报纸、公交车体等）。

8. 广告预算（略）

9. 总结

1）玉龙含珠矿泉水主要制约因素在于打开市场知名度。因此，企业要扩大需求，推广产品渠道，加大产品宣传，树立产品及企业形象，从而为营销提供有利支撑。

2）由于水产品市场趋于饱和状态，产品应在质量上做足文章，博取消费者好感、信赖度、满意度，做到让消费者放心满意。

3）在广告宣传上加大力度。与竞争对手相比，以往的广告宣传欠缺，所以应加强平面广告宣传，加深产品印象，也可以通过借鉴其他龙头企业的广告策略来发展自身。同时，也要强调自己的风格，与其他产品区别开来，给消费者留下深刻印象，从而达到促进销售的目的。

（资料来源：www.docin.com）

【例文评析】

这是一则比较成功的广告策划书。此广告策划书目的明确，通过对市场和消费者的分析，剖析自我优劣势，提出了清晰的营销目标，从而对产品市场知名度的扩大、推广产品，制定了清晰的解决问题的策略思路，提供了强有力的执行规划。

3.4 营销策划书

知识链接

营销策划方案永远要有创造世界第一的意识

宝洁大中华区总裁施文圣（Shannan Stevenson）对世界纪录协会认证官说："我们申报世界纪录的目的很简单，就是培养员工创造世界第一的意识！"

大到一个企业，小到一款产品、一个人，都必须要目光长远。这是当今企业主管应具备的"第一意识"。正如 NBA 流传的一句名言：永远不要低估了一颗冠军的心。

3.4.1 营销策划书的含义

营销策划书是指企业对市场营销过程中的各个步骤与各种不同的活动进行策划，使企业本身、企业的产品或服务能很快被潜在消费者所认知、了解、接受并购买。它是企业市场营销活动的一项重要内容，也是企业经营计划的重要组成部分。

3.4.2 营销策划书的特点

1. 鲜明的目的性

凡事都有要有目的，而营销尤其要讲究目的，因为花费了一定的财力、人力、物力是一定要有相应的结果的：于什么时间、在什么地点、由什么人做什么样的工作、最终将可能收获何种利益等，都应该紧紧扣住营销策划的目的及具体目标。

2. 诱人的效益性

有营销目标，还只是必要的第一步，因为在有限的市场机会中能否创造条件争取最大的效益，是可以通过比较来鉴别的。这种比较，可以是事先的，也可以是事中和事后的，但是事先的比较可以及时化作营销策划的一部分，而事中、事后的比较则往往会留下或多或少的遗憾甚至会导致失败。所以，在营销策划书中，应该提出诱人的利益，即努力寻求最大经济利益。

3. 潜在的可能性

策划者的思想应当有一定的前瞻性，但是不应当脱离企业或市场实际。策划者的责任是把目前还不够明朗的事项抽丝剥茧地告知决策者，但不能为了哗众取宠而欺骗决策者，评价营销策划书的优劣，最终要落实到可行性上。

3.4.3　营销策划书的种类

1）根据具体对象不同，可分为商品销售策划书、促销活动策划书、市场推广策划书、新产品开发策划书、商品布局策划书、营销定位策划书、网点布局策划书等。

2）根据涉及时间长短不同，可分为长期营销策划书和短期营销策划书。

3）根据内容涉及面的宽窄不同，可分为专项性营销策划书和综合性营销策划书。

3.4.4　营销策划书的结构

1. 封面

营销策划书封面的信息包括：① 策划书的名称；② 被策划的客户；③ 策划机构或策划人的名称；④ 策划完成日期及本策划适用时间段；⑤ 编号。

2. 前言

前言或序言是策划书正式内容前的情况说明部分，内容应简明扼要，最多不要超过 500 字，让人一目了然。其内容包括：① 接受委托的情况，如×公司接受×公司的委托，就××年度的广告宣传计划进行具体策划；② 本次策划的重要性与必要性；③ 策划的概况，即策划的过程及达到的目的。

3. 目录

目录的内容也是策划书的重要部分。封面引人注目，前言使人开始感兴趣，目录就务必让人读后了解策划的全貌。目录具有与标题相同的作用，同时也应使阅读者能方便地查询策划书的内容。

4．概要提示

阅读者应能够通过概要提示大致理解策划内容的要点。概要提示的撰写同样要求简明扼要，篇幅不能过长，一般控制在一页纸内。另外，概要提示不是简单地把策划内容予以列举，而是要单独成一个系统，因此其遣词造句等都要仔细斟酌，要起到一滴水见大海的效果。

5．正文

正文是营销策划书中最重要的部分，具体包括以下几方面内容。

（1）营销策划的目的

营销策划目的部分主要是对本次营销策划所要实现的目标进行全面描述，它是本次营销策划活动的原因和动力。

（2）市场状况分析

1）宏观环境分析。着重对与本次营销活动相关的宏观环境进行分析，包括政治、经济、文化、法律、科技等。

2）产品分析。主要分析本产品的优势、劣势，在同类产品中的竞争力、在消费者心目中的地位、在市场上的销售力等。

3）竞争者分析。分析本企业主要竞争者的有关情况，包括竞争产品的优势、劣势、营销状况，竞争企业的整体情况等。

4）消费者分析。对产品消费对象的年龄、性别、职业、消费习惯、文化层次等进行分析。

以上市场状况的分析是在市场调研取得第一手资料的基础上进行的。

（3）市场机会与问题分析

营销策划书是对市场机会的把握和策略的运用，因此分析市场机会就成了营销策划的关键。只要找准了市场机会，策划就成功了一半。

1）营销现状分析。对企业产品的现行营销状况进行具体分析，找出营销中存在的具体问题，并分析其原因。

2）市场机会分析。根据前面提出的问题，分析企业及产品在市场中的机会点，为营销策划书的出台做准备。

（4）确定具体营销策划方案

针对营销中问题点和机会点的分析，提出达到营销目标的具体营销策划方案。

1）本产品的市场定位是什么？

2）本产品的 4P 组合具体是怎样的？具体的产品方案、价格方案、分销方案和促销方案是怎样的？

（5）预算

这部分描述的是整个营销方案推进过程中的费用投入，包括营销过程中的阶段费用、项目费用等，其原则是以较少投入获得最优效果。

（6）进度表

把策划活动起止全部过程拟成时间表，具体到何日、何时要做什么都标注清楚，作为策划进行过程中的控制与检查依据。进度表应尽量简化，在一张纸上拟出。

（7）人员分配及场地

此项内容应说明具体营销策划活动中各个人员负责的具体事项及所需物品和场地落实情况。

（8）结束语

结束语在整个营销策划书中可有可无，它主要起到与前言的呼应作用，使营销策划书的结尾不致使人感到太突然。

（9）附录

附录的作用在于提供策划客观性的证明。因此，凡是有助于阅读者对策划内容理解、信任的资料都可以考虑列入附录。但是，可列可不列的资料还是以不列为宜，这样可以更加突出重点。附录的另一种形式是提供原始资料，如消费者问卷的样本、座谈会原始照片等图像资料。附录也要标明顺序，以便阅读者查找。

【例文 3.3】

王老吉品牌营销策划书

前言

这次王老吉的营销策划，主要是为了解决其品牌定位的问题，该次策划，主要从五大部分（市场分析、问题诊断与目标市场选择、市场定位与营销创意、营销组合策略、营销计划与执行）来进行研究，并通过 SWOT 的分析方法来进行问题的深究，从而明确企业的现状与困境，理清企业的发展战略，最终能为企业建立起品牌。

第 1 部分：市场分析

1. 营销环境分析

（1）饮料市场概况

1）市场规模。饮料市场规模在不断增大，消费者最近两年喝饮料的数量有所增加，饮料市场容量在不断地扩大，整个饮料行业市场前景看好。据有关数据显示，在1999—2002年的饮料市场的黄金成长期间，老牌瓶装水和碳酸水饮料增势日疲，已连续两个年度负增长；新的功能饮料和茶饮料近两年增幅趋稳，稳中有升；增势最为明显的还要数果汁饮料。

2）市场构成。饮品市场有碳酸饮料、瓶装饮用水、茶饮料及果汁饮料四大类。

3）市场热点。功能性饮料将热卖饮料市场，随着我国城市居民生活水平的不断提高，人们对饮料的消费需求也发生了明显的变化。喝饮料不再仅仅是为了解渴，而希望饮料能提供如降火、美容、补充人体中必需的微量元素和健身等附加的一些保健功能。具有特定功能的饮料将会成为今后饮料行业中又一个重要的细分市场。

（2）营销环境分析的总结

1）劣势与威胁。

① 最大威胁和挑战主要是来自跨国饮料品牌的鲸吞蚕食和本土饮料品牌之间的同质化竞争，同质化竞争态势不仅表现在产品的同质化，也表现为广告塑造品牌形象的同质化，从而无法有效形成品牌个性和实现市场区隔。

② 品牌竞争的白热化、品牌消费的集中化及经营理念的滞后性等因素更是成为制约企业发展的“瓶颈”。

③ 品牌集中度：混合型果汁最高，水/茶饮料最低。

④ 我国本土饮料企业大都实行分散经营，规模一般比较小；区域性饮料品牌比较多，真正在全国饮料市场上有影响的名牌产品屈指可数。

2）优势与机会。

① 本土饮料企业发展初具规模并以其知名品牌获得消费者喜爱。

② 消费者需求多元化为饮料新产品开发提供广阔的市场空间。随着社会的进步和生活水平的不断提高，消费者开始更多关注自我发展，主要表现为对饮料产品的营养成分及是否天然健康、绿色环保和时尚品位等更高层面的心理需求。

③ 日益细分化的消费群体为饮料企业开展目标营销提供机会。不同饮料群体有着不同的饮料消费需求，这些差异表现在对口味、品牌、价格、包装、促销和广告风格等一切消费者接触产品及信息的领域，高度细分化的市场为饮料企业进行市场拓展提供无限空间。

④ 饮料企业市场渗透的地域差异为其避实就虚策略创造空间。饮料企业可

以根据各品牌市场占有情况，对竞争企业很少进入和尚未形成领导品牌的地区进行市场渗透和重点攻击，即集中优势兵力对竞争品牌实现侧翼包抄。同时不同地域的饮料消费习惯和口味具有一定差异，饮料企业对此也应予以重视。

3）重点问题。体现红色王老吉的独特价值，建立先进的品牌经营理念和规范的运作模式。

2. 消费者分析

（1）消费者的总体消费态势

1）有1/4的消费者表示最近两年喝饮料的数量基本上没有变化，仅有少量消费者最近两年喝饮料的数量减少了，有近1/2的消费者喝饮料的数量在增加，饮料市场容量在不断地扩大，整个饮料行业市场前景看好。

2）根据市场调查分析看出，喝功能性饮料的消费者越来越多，而喝碳酸饮料和水饮料的消费者逐渐减少。

（2）消费者行为分析

在影响饮料购买的众多因素中，首先，“口味好”排名最高，比例超过50%。可见，口味是影响消费群体购买的最重要因素。其次，价格的影响也不容忽视，被列为影响购买的第二大因素。再次，品牌知名度、保质期、购买方便也成为人们购买时普遍考虑的较重要因素，最后，广告影响也相当重要，包装对购买也有一定的吸引力。

3. 产品分析

（1）现有饮料产品分析

现有饮料产品的不足：① 产品太多，分不清好坏；② 共性太强，个性太少；③品牌杂乱；④ 营养成分缺乏；⑤ 碳酸饮料太多；⑥ 补充体力的饮料很少；⑦ 功能单一。

（2）产品生命周期分析

各种饮料类型在市场所处阶段不同，市场空间和拓展策略也表现出很大差异。碳酸饮料已经进入产品成熟期，品牌集中度非常高，企业可以通过扩大分销渠道和市场覆盖率来实现效益增长；果汁饮料和茶饮料均还处于产品成长期，市场空间仍然很大；现在很多地方的茶饮料消费还属于培育期，相信市场前景非常广阔；同时一些新兴成长的饮料类型如保健和运动功能性饮料等也有望成为下一个饮料业经济增长点，目前市场上这类饮料还没有主打产品，消费需求也呈现出明显的增长态势。

（3）产品的品牌分析

品牌格局日益多元化，国外品牌以可口可乐和百事可乐为主，国内品牌以娃哈哈、康师傅、统一三大品牌为主。以茶饮料为例，康师傅、统一之后，娃哈哈及众多二线品牌仍然在主流大潮中获得收益。品牌集中度在碳酸饮料和混合型果汁最高，而水/茶饮料最低。

4．企业竞争状况分析

（1）企业在竞争中的地位

加多宝集团是一家以香港为基地的大型专业饮料生产企业，1995年推出第一罐红色罐装王老吉，1999年以外资形式在中国广东省东莞市长安镇设立生产基地。在取得王老吉的品牌经营权之后，其红色王老吉饮料的销售业绩连续六七年都处于不愠不火的状态当中。

（2）企业的竞争对手

国内竞争对手主要有娃哈哈、康师傅、统一、黄振龙凉茶等；国外竞争对手主要有可口可乐、百事可乐等。

（3）企业与竞争对手的比较

1）机会与威胁。

机会：在研究消费者对竞争对手的看法中，发现红色王老吉的直接竞争对手，如菊花茶、清凉茶等由于缺乏品牌推广，仅仅是低价渗透市场，并未占据“预防上火”的饮料的定位。而可乐、茶饮料、果汁饮料、水等明显不具备“预防上火”的功能，仅仅是间接的竞争者。

威胁：在两广以外，人们并没有凉茶的概念，而且，内地的消费者“降火”的需求已经被填补，大多是通过服用牛黄解毒片之类的药物来解决。做凉茶困难重重，做饮料同样危机四伏。如果放眼到整个饮料行业，以可口可乐、百事可乐为代表的碳酸饮料，以康师傅、统一为代表的茶饮料、果汁饮料更是处在难以撼动的市场领先地位。

2）优势与劣势。

优势：在众多老字号凉茶中，以王老吉最为著名。王老吉凉茶发明于清道光年间，至今已有175年，被公认为凉茶始祖，有“药茶王”之称。到了近代，王老吉凉茶更随着华人的足迹遍及世界各地。

劣势：红色王老吉受品牌名所累，并不能很顺利地让广东人接受它作为一种可以经常饮用的饮料。而在另一个主要销售区域浙南，消费者将红色王老吉与康师傅茶、旺仔牛奶等饮料相提并论，作为当地最畅销的产品，企业担心，红色王老吉可能会成为来去匆匆的时尚。

3）主要问题点：王老吉的核心问题是没有品牌定位。

第2部分：问题诊断与目标市场选择

1. 企业问题诊断

（1）企业原来市场观点的分析与评价

广东加多宝饮料有限公司在取得王老吉的品牌经营权之后，其红色王老吉饮料的销售业绩连续六七年都处于不愠不火的状态当中。企业希望通过拍广告来改变现状，用以促进销售。对于这种状况，企业的这种做法属于短视的战略。

（2）企业营销存在的主要问题

1）现有消费者对其存在认知混乱。

2）无法走出广东、浙南，其他地方消费者对凉茶存在认知困难。

3）企业宣传概念模糊。

2. 问题存在的关键原因

企业没有明确的品牌定位。

3. 营销目标

（1）战略目标

红色王老吉是作为一个“功能饮料”，购买红色王老吉真实动机是用于“预防上火”；品牌定位——“预防上火的饮料”，其独特的价值在于——喝红色王老吉能预防上火，让消费者无忧地尽情享受生活。

（2）营销目标

红色王老吉是在“饮料”行业中竞争，其竞争对手应是其他饮料；选用了消费者认为日常生活中最易上火的五个场景：吃火锅、通宵看球赛、吃油炸食品薯条、烧烤和夏日阳光浴，进行宣传与销售，特别开拓餐饮场所，在一批酒楼打造旗舰店的形象。

（3）财务目标

扩大消费者的需求，迅速地拉动产品的销售。

4. 目标市场策略

（1）市场细分

碳酸饮料：以可口可乐、百事可乐为代表。茶饮料、果汁饮料：以康师傅、统一、汇源为代表。功能性饮料：以菊花茶、清凉茶等为代表。

（2）目标市场选择

企业的产品归属在饮料行业中，其直接的竞争行业是“功能性饮料”。

（3）目标市场战略

红色王老吉顺应现有消费者的认知而且没有与之冲突。红色王老吉是作为一个功能性饮料，购买红色王老吉的真实动机是用于“预防上火”。

第 3 部分：市场定位与营销创意

1. 市场定位战略

（1）以往市场定位分析与评价

以往定位不清晰，具体在以下几个方面。

1）不知道当“凉茶”卖，还是当“饮料”卖。

2）无法走出广东、浙南，在两广以外，人们并没有凉茶的概念，红色王老吉和竞争对手无法明确地区分开来，这就导致产品无法走出饮料行业列强的阴影，这就使红色王老吉面临一个极为尴尬的境地：既不能固守两地，也无法在全国范围推广。

3）企业宣传概念模糊，并不能够体现红色王老吉的独特价值。

（2）市场创意与定位

品牌重新定位在“预防上火的饮料”，其竞争对手是其他饮料，产品应在“饮料”行业中竞争，其自身独特的价值在于——喝红色王老吉能预防上火，让消费者无忧地尽情享受生活（煎炸、香辣美食、烧烤、通宵看球赛……）

（3）市场定位战略

1）走出广东、浙南。由于“上火”是一个全国普遍性的中医概念，而不再像“凉茶”那样局限于两广地区，这就为红色王老吉走向全国彻底扫除了障碍。

2）形成独特区隔。“预防上火的饮料”品牌定位的准确与新颖，使产品曾相互矛盾的双重身份得到完全有机的结合。使产品和竞争者能有效地区分开来。肯德基已将王老吉作为中国的特色产品，确定为其餐厅现场销售的饮品。

3）将产品的劣势转化为优势。① 淡淡的中药味，成功转变为“预防上火”的有力支撑；② 3.5 元的零售价格，因为“预防上火的功能”，不再“高不可攀”；③ 王老吉的品牌名、悠久的历史，成为预防上火“正宗”的最好的证明。

4）利于加多宝企业与国内王老吉药业合作。

2. 市场创意战略

（1）创意构成与要点

1）电视广告选用消费者认为日常生活中最易上火的五个场景：吃火锅、通宵看球赛、吃油炸食品薯条、烧烤和夏日阳光浴，画面中人们在开心享受上述活动的同时，纷纷畅饮红色王老吉。

2）结合时尚、动感十足的广告歌反复吟唱“不用害怕什么，尽情享受生活，怕上火，喝王老吉”，促使消费者在吃火锅、烧烤时，自然联想到红色王老吉，从而导致购买。

3）宣传主要突出王老吉是“预防上火的饮料”，其独特的价值在于——喝红色王老吉能预防上火，让消费者无忧地尽情享受生活。

（2）创意应用与说明

主要运用广告传播，包括中央电视台和地方电视台的强势传媒，也注重开发多种的宣传渠道。确定了品牌要在消费者心智中占据什么定位，接下来的重要工作就是要推广品牌，让它真正地进入人心，让大家都知道其品牌的定位，从而持久、有力地影响消费者的购买决策。

红色王老吉的电视媒体选择从一开始就主要锁定覆盖全国的中央电视台，并结合原有销售区域（广东、浙南）的强势地方媒体，在 2003 年短短几个月，一举投入 4 000 多万元，销量迅速提升。同年 11 月，企业乘胜追击，再斥巨资购买了中央电视台 2004 年黄金广告时段。正是这种急风暴雨式的投放方式保证了红色王老吉在短期内迅速进入人们的头脑，给人们一个深刻的印象，并迅速红遍了全国大江南北。

在地面推广上，除了在传统渠道的 POP 广告外，配合餐饮新渠道的开拓，为餐饮渠道设计布置了大量的终端物料，如设计制作了电子显示屏、灯笼等餐饮场所乐于接受的实用物品，免费赠送。在传播内容选择上，充分考虑终端广告应直接刺激消费者的购买欲望，将产品包装作为主要视觉元素，集中宣传一个信息“怕上火，喝王老吉”。餐饮场所的现场提示，最有效地配合了电视广告。正是这种针对性的推广，消费者对红色王老吉“ 是什么”，“有什么用”有了更强、更直观的认知。目前餐饮渠道业已成为红色王老吉的重要销售、传播渠道之一。

第4部分：营销组合策略

1．产品策略

王老吉产品定位为一个功能饮料，王老吉的作用就是“预防上火” ，这就避免红色王老吉与以可口可乐、百事可乐为代表的碳酸饮料和以康师傅、统一为代表的茶饮料、果汁饮料等国内外饮料巨头产品的直接竞争，形成独特区隔，相比较而言，红色王老吉的“凉茶始祖”身份、神秘中草药配方、175 年的历史等，显然是有能力占据“预防上火的饮料”。而且红色王老吉的直接竞争对手，如菊花茶、清凉茶等由于缺乏品牌推广，仅仅是低价渗透市场，并未占据“预防上火”的饮料的定位。

2．品牌策略

品牌定位——“预防上火的饮料”，其独特的价值在于——喝红色王老吉能预防上火，让消费者无忧地尽情享受生活：煎炸、香辣美食、烧烤、通宵看球赛……

“开创新品类”永远是品牌定位的首选。一个品牌如果能够将自己定位为与强势对手所不同的选择，其广告只要传达出新品类信息就行了，而效果往往是惊人的。红色王老吉作为第一个预防上火的饮料推向市场，使人们通过它知道和接受了这种新饮料，最终红色王老吉就成为预防上火的饮料的代表，随着品类的成长，自然拥有最大的收益。

3. 定价策略

王老吉进行了成功的产品定位和品牌定位后，3.5 元的零售价格，能为广大消费者所接受。

4. 传播策略

制定了推广主题“怕上火，喝王老吉”，在传播上尽量凸显红色王老吉作为饮料的性质。在第一阶段的广告宣传中，红色王老吉以轻松、欢快、健康的形象出现，强调正面宣传，避免出现对症下药式的负面诉求，从而把红色王老吉和“传统凉茶”区分开来。

5. 渠道策略

红色王老吉的电视媒体选择从一开始就主要锁定覆盖全国的中央电视台，并结合原有销售区域（广东、浙南）的强势地方媒体。此外，加多宝还积极开拓餐饮渠道。

6. 关系策略

（1）处理好与内地王老吉药业的关系

正由于红色王老吉定位在功能饮料，区别于王老吉药业的“药品”、“凉茶”，因此能更好地促成两家合作共建王老吉品牌。目前两家企业已共同出资拍摄一部讲述创始人王老吉行医的电视连续剧——《药侠王老吉》。

（2）处理好与消费者的关系

在频频的促销活动中，同样注意围绕“怕上火，喝王老吉”这一主题进行。如最近一次促销活动，加多宝公司举行了“炎夏消暑王老吉，绿水青山任我行”刮刮卡活动。消费者刮中“炎夏消暑王老吉”字样，可获得当地避暑胜地门票两张，并可在当地度假村免费住宿 2 天。这样的促销，既达到了即时促销的目的，又有力地支持巩固了红色王老吉“预防上火的饮料”的品牌定位。

（3）处理好与中间商的关系

同时，在针对中间商的促销活动中，加多宝除了继续巩固传统渠道的“加多宝销售精英俱乐部”外，还充分考虑了如何加强餐饮渠道的开拓与控制，推行“火锅店铺市”与“合作酒店”的计划，选择主要的火锅店、酒楼作为“王老吉诚意合作店”，投入资金与他们共同进行节假日的促销活动。由于给商家提供了实惠，红色王老吉迅速进入餐饮渠道，成为主要推荐饮品，同时加多宝可以根据现场的特点布置多种实用、有效的终端物料。

第5部分：营销计划与执行

1．营销目标

重塑红色王老吉的品牌形象，突出红色王老吉独特的价值，为品牌建立起独特而长期的定位，真正建立起品牌。

2．营销活动的时间

1）各目标市场的开始时间2003年。

2）营销活动的持续时间2003—2004年。

3）营销活动的结束时间2004年。

3．营销活动计划

1）主题活动计划（略）

2）派生活动计划（略）

4．营销费用预算

具体的费用管理。

（1）费用预算

王老吉营销费用采取预算制，从大区到办事处到联络站，每个季度都有相应的费用进行推广活动。

（2）费用使用

王老吉的费用使用很灵活，各大区、办事处、联络站的主管可根据自己的市场状况，因地制宜地制定方案进行使用，与其他公司一样，都按“提案—批复—执行—核销”的流程进行。

（3）策划费用

2003年，广告投放4 000万元人民币；2004年，广告投放达到1亿元。

5．营销活动的效果预测和监控

（1）营销效果的预测

通过营销活动迅速提升企业产品的销量，实现企业巨大的利润，形成品牌的新形象，利于拓展自身在全国范围内的市场，最终实现自身的品牌定位。

（2）营销效果的监控

2003年红色王老吉的销售额比去年同期增长了近4倍，由2002年的1亿多元猛增至6亿元，并以迅雷不及掩耳之势迅猛冲出广东。2004年，尽管企业不断扩大产能，但仍供不应求，订单如雪片般纷至沓来，全年销量突破10亿元。同时，百事可乐旗下的企业肯德基，已将王老吉作为中国的特色产品，确定为其餐厅现场销售的饮品，这是中国内地目前唯一进入肯德基连锁店的中国品牌。

2002年，王老吉饮料年销量1.8亿元；

2003年，王老吉饮料年销量6亿元；

2004年，王老吉饮料年销量近15亿元；

从总体来看，营销活动在预测的范围之内，已经达到了营销策划的效果，是一次成功的营销策划活动。

（资料来源：www.5ykj.com）

【例文评析】

这是一篇营销策划书。标题由产品名“王老吉”和文种“营销策划书”两部分构成。正文介绍了营销策划的目的，从市场分析、问题诊断与目标市场选择、市场定位与营销创意、营销组合策略、营销计划与执行五方面进行研究。明确了营销策划书的预算和进度表。本文对市场、消费者的分析也较深入，通过调研来确定市场潜力、产品的定位、目标市场，尤其能做到将整合营销传播与理念融会贯通，值得借鉴。

3.5 公关策划书

3.5.1 公关策划书的含义

公关策划书即公共关系策划书，也称公关策划方案或公关策划文案，在有些公关业务书籍中又称为公关专题建议书。它是指企业或公关公司的公关策划者按照组织生存发展的需要，以及实现组织未来目标的要求，分析组织内外的软件与硬件条件，运用公关智慧策略，进行构思谋划的最佳行动计划，并以文字与图表记录表述的书面文书。

3.5.2 公关策划书的特点

1. 全面性

公共关系策划需把公共关系活动看作一个系统，要强化整体的系统控制，综合考察公共关系活动的功能和运作过程，从而从整体上寻求达到公共关系活动的最佳境界。

2．创意性

公共关系策划是创造性的智力活动，它不仅需要技巧，更需要智慧和创新。这也是证实公共关系工作富有挑战性、魅力永存的奥秘所在。

3．针对性

公共关系策划必须首先明确公共关系活动的目标，具体公共关系活动方案应紧紧围绕这个目标进行策划，这样才具有针对性和目标性。

4．可行性

公共关系策划不是纸上谈兵，而是为了给公共关系活动提供科学指导和切实可行的行动计划。其最终目的是用于解决现实中客观存在的公共关系问题，在实践中接受检验。因此公共关系策划必须有很强的可操作性。

5．效益性

公共关系策划及其方案应该追求最佳效益。没有效益的公共关系活动只是一种无端的浪费。 我们评价任何一份公关策划书，都不是在进行作文竞赛，看谁的方案写得漂亮；也不是在进行富豪榜排列，看谁的公关费用得多，而是看谁的公关带来的效益最高，而效益高的原因主要是策划的结果。

3.5.3　公关策划书的结构

1．标题

一份完整的公关策划书，必须有一个标题，使人明白这是一份活动策划书而不是一份工作小结或评估报告。

标题可以直接写成“××公司××活动策划书”，也可以采用点明某一活动主题的词语作为主标题，而将“××公司××活动策划书”作为副标题列在其下。

2．前言

前言也称背景介绍，即简略地介绍组织策划这份文案的背景情况。因为，社会组织的任何一项公关专题活动的策划、组织和实施，都不是无缘无故的，均有其特定的背景和需要。只有阐明了这一背景和需要，才能引出后面的具体策划内容（方案），也才能说明举办这一活动的迫切性和意义所在。脱离了一定的活动背景，会使策划内容（方案）让人看了不得要领。

3．调查分析

公关策划是建立在调查分析的基础上的，调查分析是公关活动策划的先期工作。调查分析主要是对组织形象做出具体分析，可以从当前组织形象存在的优势点、问题点和机会点三个方面进行分析，从而明确下一步公关工作的重点和方向。

调查分析要注重调查对象的代表性、调查手段的适用性、调查方法的科学性、资料收集的真实性和全面性、分析结论的可靠性。

4．目标战略

为了提高公关活动的效果，必须确立公关目标。应根据组织的具体情况选择目标分类，如将目标分成总目标、分目标、长远目标、阶段目标、具体目标等。

目标战略主要考虑所设目标是否符合社会组织的发展战略，是否符合组织形象的定位要求，是否符合公众需要，是否符合社会文化及其发展需要，是否针对组织存在的问题等。

5．创意说明

创意是公关活动成败的关键。创意是公关人员根据调查结论、社会组织形象特性和公众需求所进行的一种创造性思维活动，它是整个公关活动策划中的画龙点睛之笔。一个富有创意性的公关策划，能吸引和感染公众，使公关传播收到良好的效果。

创意的内容包括活动主题、活动名称和项目、标语、宣传作品等。活动主题要新颖，富有独特性和个性，有意境感和吸引力。

6．媒介策略

公共关系活动过程也就是组织向公众传播信息、双向沟通的过程，因此，正确选择传播媒介是使活动取得成功的重要一环。媒介的选择要有针对性、可行性和有效性。

7．活动计划

活动计划是对具体活动的指导。应根据各个活动项目分别制定各项活动计划。活动计划要周密、可操作和具体。

8．经费预算

正确的经费预算是实施活动的保证。经费预算要合理、全面、留有余地。

9．效果评估

正确地评估本次活动的效果，有助于组织了解公关方案的实现程度，衡量公关活动的实际效果，调动公关人员的积极性，并为下一轮公关工作提供新的信息。效果评估要依据目标，实事求是，并给出评估方法。

10．署名

公关策划书最后需写明：① 策划者名：公关公司、公关部名称或策划人员名称；② 策划书写作时间：××××年××月××日。

知识链接

公关策划书要集中传播一个卖点

公关活动是展示企业品牌形象的平台，不是一般的促销活动，要确定活动卖点（主题），并以卖点作为策划的依据和主线。很多公关活动，花了不少钱都不知是什么活动，留不下很深的印象。只有提炼一个鲜明的卖点，创造公关活动的“眼”并传播，才能把有关资源整合起来，从而完成活动目标。这里的卖点是公关活动环节设计中最精彩、最具传神的地方，活动事隔多年，情节大多被人淡忘，但仍能让人记起的一个情节。公关活动策划需要创造这样一个非常精彩的高潮，要把这个高潮环节设计得更有唯一性、相关性、易于传播性。

【例文 3.4】

“美宝莲多彩奥运”公关策划书

1．前言

法国欧莱雅集团的事业遍及 150 多个国家和地区，在全球拥有 283 家分公司及 100 多个代理商。欧莱雅集团在全球拥有 5 万多名员工、42 家工厂和 500 多个优质品牌，产品包括护肤防晒、护发染发、彩妆、香水、卫浴、药房专销化妆品和皮肤科疾病辅疗护肤品等。

1996 年，欧莱雅正式进军中国市场，1997 年 2 月，欧莱雅正式在上海设立中国总部。目前，欧莱雅集团在中国拥有约 3 000 名员工，业务范围遍布北京、上海、广州、成都等 400 多个城市。在中国销售的主要品牌包括大众品牌（巴黎欧莱雅、美宝莲、卡尼尔）、高档品牌（兰蔻、赫莲娜）、专业美发产品（卡诗、欧莱雅）及活性健康化妆品（薇姿、理肤泉）。

在欧莱雅众多品牌中，美宝莲进入中国已有 10 年历史。由于美宝莲坚持了其大众化的市场定位，凭借其较具亲和力的价格及便利性，一直保持着稳定的高销售额，占据了中国彩妆市场第一把交椅。2005 年，美宝莲在中国的销售额达 13 亿元。唇部用品的销售占美宝莲总体销售的 40%左右。美宝莲的唇部用品只有唇膏与唇线，唇膏是美宝莲的招牌产品。可见无论在巩固销售，还是深化细分市场，美宝莲唇膏用品的作用都是不可忽视的。

在唇膏的选择上，消费者较关心的是产品的颜色、保湿能力、水润程度、显色能力、持久度、价格、购买便利性等因素，而产品颜色又是消费者选择产品的首要因素。因此，对美宝莲唇膏的推广，要先从唇膏颜色入手。美宝莲现今的唇膏颜色多达数十种，但消费者能记下来并准确认知的只有几种常规颜色。所以，向消费者展现美宝莲唇膏的多种颜色，有利于加强消费者对美宝莲的认识，并可以根据自己的需要去寻找适合自己的产品。综合上述情况，我们小组策划了美宝莲的唇膏颜色推广方案，详见下文。

2. 形象分析

美宝莲来自纽约，自被法国欧莱雅收购之后，并没有任何的企业形象变动，持续了美宝莲的纽约式审美情趣。欧莱雅对美宝莲品牌的延展性、内涵性、兼容性做出了精确的定位和培养，在维持其原来文化特色的同时，根据世界各地区又推出不同的主打产品。进入中国以来，完成了美宝莲大牌与低价的完美结合。美宝莲针对化妆品消费群体比较容易受广告感染的特点，将广告作为提高品牌知名度与忠诚度的方法。通过猛烈的广告攻势，使消费者随处可见美宝莲的各种产品广告，同时，也契合了美宝莲提出的口号“美来自内心，美来自美宝莲”。美宝莲的产品中，唇膏的知名度最高，以至于有部分消费者在想到唇膏的同时，会不可避免地想到美宝莲这一品牌。与竞争对手（露华浓、宝洁等）的比较，可得出3点结论。

（1）优势

1）产品。美宝莲在消费者中知名度较高，尤其是其彩妆。而且色彩丰富性远多于其他品牌。

2）价格。价格总体来说较为实惠，从高价到低价的产品都有，定位兼顾比较全面。而露华浓价格偏高。

3）渠道。欧莱雅自从将小护士收购之后，拥有了小护士在中国市场28万个销售点，直接深入到了三四级城市甚至农村。如此广阔的渠道，若是能善加利用，必将是欧莱雅产品深入中国市场的最大优势及手段。而目前露华浓的主要销售是在高级商场专柜完成，购买的便利性低。

（2）问题

1）小护士的渠道并未得以完全利用，相对于宝洁更深入的市场渠道，美宝莲仍需要做进一步努力。

2）美宝莲的品牌定位较年轻，同比之下，露华浓的定位则为中老年妇女彩妆品牌。露华浓的唇膏色彩高达150多种，在色彩方面比美宝莲更有竞争优势。

（3）机会

1）美宝莲作为欧莱雅旗下的大众品牌，销量居国内市场榜首，有很好的知名度与流行特性，而且具有价格优势，某些产品完全可以参与国产品牌的竞争。这无疑是美宝莲优先利用该渠道进入中国较深层市场的先决条件。由此可见，美宝莲是完全有能力将其产品推广到国内其他同类产品无法到达的市场。所以美宝莲迫切需要做新一轮全国性的产品推广。

2）市场上仍未有以色彩繁多作为最大卖点的彩妆品牌，而若是能在这一细分市场上抢先占有第一品牌的地位，则对日后的销售会有极大帮助。

3）利用奥运这一超强影响性事件所创造的公众注意力，将唇膏颜色放在公共场合而不是销售终端让消费者辨别挑选，对消费者更有传播效果。

3. 目标战略

（1）总体目标

强化美宝莲作为唇膏第一品牌的地位，并辐射到全国各地。 使美宝莲唇膏在消费者心目中成为“最多颜色选择的唇膏”。

（2）具体目标

让色彩成为美宝莲的特色，在该细分市场中形成自己独有的竞争优势。

4. 创意说明

1）活动名称：“美宝莲多彩奥运”。

2）活动主题：全面的色彩，全面的支持。

3）标语：“你意想不到的颜色，不在唇上，就在身边”。

4）宣传作品：

A. 文化衫。全白文化衫，用美宝莲全部唇膏每种颜色制作出一款相同颜色的美宝莲形象LOGO，印于后面。文化衫正面留白。

B. 头巾：与文化衫背面美宝莲形象LOGO同颜色。

C. 美宝莲主要的唇膏颜色的纯色条幅：宽3～5米，长80～100米。条幅上不必印刷任何文字。

5）饰物：

A. 遮阳伞。与文化衫同，备齐所有唇膏颜色。放置各奥运会场外。同一会场不安放同色的遮阳伞。

B. 一次性签名笔。黑色和白色笔芯的签名笔，笔杆上印有美宝莲标志。与文化衫、扇子、头巾配成一套。签名笔供群众将自己希望表达的东西涂画于文化衫上。

C．各国家国旗。国旗背面有一次性贴，可贴于文化衫正面。

5．媒体策略

（1）“支持在心中”签名活动

1）报纸、电视媒体：活动安排在参加奥运会项目承办的城市，上海、天津、沈阳、秦皇岛和中国香港。奥运会开幕前一星期安排“支持在心中”全民签名活动，将宣传作品中的横幅放置于公园给群众签名，为期3天。当地报纸或电视必会报道。

2）户外媒体：签名活动完毕后，将所有条幅用大型氢气球悬挂起来，分散至城市四周的广场、公园，做成气球广告形式，每处悬挂一个颜色的条幅。

（2）“美宝莲多彩奥运”赠送活动

1）网络媒体：在各大门户网站投放广告，奥运会期间在奥运会场外及各城市的广场大屏幕电视前免费发送美宝莲“色彩两件套”（文化衫，头巾）广告中含有样品展示，文案重点突出美宝莲支持奥运会。

2）杂志：由于是小众媒体，故需要有选择性投放广告。在时尚、音乐、旅游等休闲杂志上投放整版广告。广告主体为穿着样板文化衫的模特，或者一群分别穿有不同颜色的支持者出现。文案也是以支持奥运会为主，使阅读者产生美宝莲是在支持奥运而不是做广告的想法。

3）报纸：在参与赠送活动的各城市当地的晚报或早报，投放整版广告，内容大致与杂志广告相同。

4）销售终端：在全国美宝莲销售终端，打出POP广告，内容基本与网络广告相同。

6．活动安排

1）在奥运会开幕一周前，开展“支持在心中”签名活动。

2）在签名活动开展的同时，发起“美宝莲多彩奥运”赠送活动的全面广告宣传。

3）签名结束，将签名条幅悬挂起来。

4）奥运会开幕式晚会上，在开幕式场地外开始进行宣传品赠送。所有颜色均随机发放。各国游客可选择自己国家的国旗粘贴于文化衫正面。北京、上海、天津、青岛、秦皇岛、中国香港，每个城市内征集志愿者数千人（给志愿者以一定奖励），首先穿上宣传品走上街头，在奥运会地点停留，使穿着宣传品的文化衫成为一种时尚及潮流。

5）奥运会比赛正式开始，在各奥运会比赛会场外开始全面宣传品赠送，同时在各城市的户外大屏幕电视前赠送。

7. 经费预算

宣传品：赠品一套（文化衫、头巾、国旗贴），估计成本5元，1 000万套为5 000万元。条幅广告制作、悬挂费用100万元。

广告投放：投放时间大概持续一周，网络广告50万元，杂志广告50万元（做当月一期即可），报纸广告500万元。

其他场地、饰品、杂物费用300万元。

总费用：6 000万元。

8. 效果展望

“支持在心中”签名活动效果预计：签名后条幅悬挂，远观巨型条幅上并无明显文字，清晰突出的只有条幅的色彩。不知情的群众会对条幅的所要宣传的内容产生兴趣。由于分布较广，每个城市接触的人群可达70%。条幅没有宣传文字，只有签名，印证了“支持在心中”的活动主题。而且有了众多的群众签名，也保证了不会因内容空洞引起群众反感，同时树立了企业形象。参加了签名活动的群众会口头传播该事件，媒体也会再次报道此事件。

“美宝莲多彩奥运”效果预计：宣传品发行量预定在1 000万套，按照一件宣传品平均可直接接触5人，那宣传品可直接接触的5 000万人，而根据2004雅典奥运会的国内收视率：收看人数为120亿人次，同时收看最多达4亿人。这样宣传品的间接接触的持续时间要比广告投放持续更久。效果更好。

（资料来源：www.docin.com）

【例文评析】

这是一份比较规范的公关策划书，通过调查分析美宝莲的市场现状，准确地给企业和产品定位，确立科学的公关活动目标。“美宝莲多彩奥运”公关活动的主题为“全面的色彩，全面的支持”，该主题设计简洁、大方，易于传播，并具有丰富人文内涵。该主题一方面紧扣品牌，同时与品牌概念、内涵相吻合，另一方面适应公众积极参与奥运的心理需要，主题形象、词句打动人心，具有强烈感召力。本方案公关活动内容的设计新颖、有个性，媒体策略、活动安排及费用预算具体周密，可行性和可操作性强。方案注意吸引公众与媒介的参与和互动，具广泛的社会传播性。

练 习 题

1. 名词解释

会议策划书　广告策划书　营销策划书　公关策划书

2. 简答题

（1）营销策划书的特点是什么？

（2）营销策划书的结构包括哪些？

（3）简述公关策划书的概念和特点。

3. 写作练习

"大学生创业"连锁超市经过市场调研后，拟在××大学内推出一种奶茶饮料，请据此为其撰写一份营销策划书。所需材料根据你学习的专业知识或了解的程度酌情补充。

第 4 章

财经信息文书

学习目标

◎ 掌握财经信息文书如财经消息、产品说明书、财经评论、财经广告文等文体的写作方法、写作要求及结构；

◎ 能较为熟练地拟写财经消息、产品说明书、财经评论、财经广告文。

导入案例

近日，市民徐先生致电本报新闻热线 82654321 说，他在瓜沥汇德隆商场给妻子买了一块价值 208 元的手表，使用的第二天，手表就出现了水汽，不久就不走了。后来和商场方面交涉，没能达成共识。

徐先生说，表是 4 月 20 日购买的，因家中有事耽搁，直到 6 月 8 日，他才将出了问题的手表送到瓜沥汇德隆商场维修，被告知那块不是防水手表。而徐先生认为，当时购买手表时，商场方面并没有为他提供产品说明书和产品合格证，营业员也没有告知手表是否防水，自己是在不知情的情况下才使得手表停走。双方意见发生分歧。随后，商场方面将徐先生的表送至厂方进行维修，更换了手表的机芯和面壳，相关负责人也向徐先生进行了道歉，但徐先生执意要求，手表需要更换成防水的才行，否则就退货。对于这一要求，商场方面表示无法接受。事情就此拖延了下来。

日前，记者随同徐先生一起来到瓜沥汇德隆商场协商此事。一位姓倪的经理出面解释说："防水的手表在其背面会有钢印做相应的说明，而徐先生购买的这款'SIMBOLO'女式手表是不防水的，另外，在他们商场内销售的很多手表也是没有防水功能的，无法为其退货或者维修至可防水的手表。"

而徐先生对这一说法并不认可，他认为购买手表时，没有任何标志表明这是不防水的手表，同时营业员也没有尽到告知的义务，商场方面理应给予退货并赔偿自己相应的误工费。

对此，倪经理表示，手表是正规厂家生产的，具有说明书和产品合格证，但手表出售时是否连同说明书和产品合格证一起给了徐先生，现在已经很难核实。“我们也会调查，如果真没给，我们会对当事的营业员进行处理。”

双方僵持不下，在记者的协调下，倪经理给萧山汇德隆总部相关负责人打去电话，征求意见。经过半小时的等待，汇德隆总部表示同意全额退还徐先生买手表的费用，徐先生对此表示满意。

本报在此也想提醒广大消费者，在购买商品前，一定要向商家索取产品说明书、产品合格证等，并在使用产品前认真阅读说明书。对于商家而言，在出售商品时，最好向顾客说明产品的性能等相关信息，并主动出具产品相应资料，避免不必要的纠纷。

【案例思考】

产品说明书是什么样的？在编写上它有哪些组成？它有什么用处？

4.1 财经信息文书概述

4.1.1 财经信息文书的内涵

财经信息文书是指人们对经济现象进行说明、传播、报道的一种应用文体。财经信息文书能有效地对经济信息进行说明、传播，为经济生产带来直接效益，为消费者提供消费指南。

财经信息文书包括财经消息、产品说明书、财经评论、财经广告文等。

4.1.2 财经信息文书的特点

1. 准确性和真实性

财经信息文书的写作要求必须客观真实地反映产品的内容，不允许有任何的夸张和虚构。

2. 指导性

财经信息文书是对消费者消费行为的指导，同时也对企业生产发展起到一定的指导作用。

3. 时效性

财经信息文书要求内容具有针对性，是对正在发生的经济现象进行分析评价，因此具有非常强的时效性。

4．严密性

财经信息文书的写作语言真实反映事物的本质特征，内涵准确，推理符合逻辑，能够简洁明了地对事物分析评价，避免使用容易产生歧义的笼统语言。

4.1.3　财经信息文书的写作要求

1．选用恰当表述方法

财经信息文书的不同文种有不同的表述方法，要从行文的需要选择恰当的表述方法，表述问题要恰如其分，清楚简洁。

2．结构合理规范

根据不同文种的不同功能确定不同的写作结构，通过结构的安排使读者一目了然地了解产品的信息及产品发展趋向、国家的政策等各方面信息。

3．主题鲜明集中

要围绕主题选择能反映事物本质的典型材料来组织文章，一文一事，重点突出。凡是引用人名、地名、数据、资料要查对核实，确保准确无误。

4.2　财经消息

4.2.1　财经消息的内涵

财经消息是指用简洁明快的语言，迅速及时地对经济生活中新近发生的、有意义的事进行报道的一种应用文体，是在经济新闻中应用最多，也是最基本的一种文体，能够及时、准确地对国内外经济生活中出现的新情况、新成就进行报道，或者对经济生活中的一些工作成就、典型经验与教训进行反映，从事件中引出道理、总结经验，用以指导全局性工作。

4.2.2　财经消息的种类

（1）财经动态消息

财经动态消息可以及时向社会传播国内外重大经济事件，对某部门、某单位或某一经济事件做概括性报道，如生产动态、建设成就及有价值的经营管理方面的最新消息等。动态消息有的是对刚发生的单独事件的报道，有的是对连续性事件的持续性报道。动态消息时效性最强，内容丰富多彩。

（2）财经短讯

财经短讯是财经动态消息的浓缩和简化，以内容单一，文字简洁，篇幅短小，传播迅速为最大特点，一般只用几十个字或一两百个字直截了当地把一个财经新闻事实转告读者。

（3）财经综合消息

财经综合消息是将若干地区、部门、单位或个人的有关财经工作的新情况、新成就、新经验、新问题等集中起来进行报道。财经动态消息报道的大多是一时一地一人一事，财经综合消息则是把若干相关信息集中在同一中心下进行报道，反映某一方面情况、成就、经验、动向和问题。它必须广泛采访，掌握相关的大量材料；叙述时既有概括的共性材料，又有具体的个别事例，并对报道的财经事实给出本质上的分析和解释。

（4）财经述评消息

财经述评消息是针对国内外的经济事件或者国内某一地区、部门财经工作中的某些现象、倾向、成绩或问题进行报道和述评。述评消息介于新闻和评论之间，既要报道事实，又要对所报道事实进行必要的分析、解释，或者发表意见，谈论看法。一般采用夹叙夹议或先叙述后议论的写作手法，叙事论理，分析评论，在感性认识和理性认识两个方面上指导财经工作。

4.2.3 财经消息的特点

1．真实性

真实是财经消息报道的基础。财经消息使用的材料必须是真实客观的，所写的人物、时间、地点、事情发生发展的经过、细节、数字、引语等必须准确无误。

2．时效性

与其他应用文体相比，财经消息的优势在于对事件的反应比较迅速。财经消息要及时反映经济社会各种情况，反映事件的发展和变化。

3．政策性

体现政策、渗透政策、立场正确等。

4．新鲜性

财经消息对事实的报道要有新意。

5．价值性

财经消息要报道经济事件中有价值的事实，能够对经济现象起到正确的认识指导作用，特别是能够对读者起到积极的引导作用。

6．简洁性

简洁性体现在消息的篇幅长短和文字处理上。它要求文章篇幅短小，在几句话或几百字以内完整、准确地介绍事实；要求文字表述简练、单一，不刻意追求形象生动，不刻意点缀修饰，不啰唆。

4.2.4　财经消息的结构

财经消息一般由标题、导语、主体、结尾、背景材料 5 个部分组成。

1．标题

标题是财经消息写作的重要组成部分，是全文的眉目。要求用简洁的语言概括内容的精华，以此吸引读者，激发读者的阅读兴趣。

财经消息的标题在形式上比一般文章的标题多样。一般文章大多使用单行标题，最多加一个副标题，财经消息则有单行、双行或三行标题。

（1）单行标题

单行标题只有一个标题，它是对消息内容的高度概括，简洁明了地反映消息内容的主旨。

【例 1】地方债正式开闸，专家说比国债“合算”

（2）双行标题

双行标题由两行构成，正标题是消息的主标题，反映一则消息的主要事实或中心思想。正标题可用实写的方法，即叙述新闻事实，也可用虚写的方法，即评价新闻事实，揭示其意义或隐含的观点。副标题如在正题之前则叫引题，标在正题上面，作用是交代背景，烘托气氛，引出正题，引题一般多虚写；副标题如在正题之后则叫副题，也叫子题，标在正题下面，一般用来补充、注释和说明、印证主题，一般多实写。

【例 2】市场“发烧”观点“打架”（引题）

养生术：到底听谁的？（正题）

【例 3】哈市出台全国首个搬家服务规范（正题）

搬家迟到损坏物品须赔偿（副题）

（3）三行标题

三行标题由引题、正题和副题组成，三行标题内容比双行标题内容丰富，一般用于比较重要的消息，拟制时同样要注意到三行标题之间的配合。

【例4】旅游旺季来临，火车一票难求（引题）

青藏游八月报价6 000元（正题）

因车票极难买到，个别旅行社被迫退团费（副题）

撰写消息标题，既要做到生动新颖，又要虚实结合，具体采用哪种标题形式，需要根据消息的内容和报道的需要来设计。

2．导语

导语即消息的开头，简要地摆出新闻中最重要、最新鲜、最吸引人的事实或反映出新闻事实中最主要的思想及意义。如果消息只有一段，那么开头一句话一般就是导语，如果消息有几段，那么第一段一般就是导语。有些导语有两段或两段以上，则称为复合式导语。

导语的内容主要是交代与新闻事实有关的要素，即何时、何地、何人、何事、何故、何果，合称为六要素。

导语的作用是开宗明义，“立片言以居要”，让读者看了消息的开头便知道消息的主要内容和思想倾向，为下文的展开做好铺垫。

根据财经消息的写作目的、报道内容和角度的不同，导语的形式也不同。

（1）叙述式

叙述式即用简练的文字把消息中最主要的新闻事实概括地叙述出来，这是最常用的一种形式。

【例5】在13日上午召开的“抑制部分行业产能过剩和重复建设，引导产业持续健康发展”第二次部门联合信息发布会上，国土资源部土地规划司司长董祚继表示，国土部将在近期出台惩处开发商囤地行为的措施。

（2）对比式

对比式即通过前后对比或将此事此物与彼事彼物的对比来揭示主题，突出新闻事实的方法。

【例6】财政部昨日公布数据显示，10月，全国财政收入6 844.93亿元，比去年同月增加1 515.98亿元，增长28.4%，全国财政收入连续6个月实现正增长，前10个月累计，全国财政收入58 363.8亿元，比去年同期增加4 087.99亿元，增长7.5%，离全年财政收入保八目标仅有一步之遥。

（3）描写式

描写式即以形象生动的笔法把能反映消息主要内容的场面或细节简明地描写出来，给读者鲜明、深刻的印象。消息开头若能以“六要素”中的人物和地点描述勾勒出一幅图画，使读者如临其境，如见其人，如闻其声，那么，消息的可读性就一定会大大增强。

【例7】美联社1990年6月12日电 圣海伦斯山昨晚，从烟雾笼罩的火山口喷出的巨大蘑菇状黑色烟柱升入天空，高达将近10英里。

（4）评论式

评论式即消息开头便对新闻事实进行评论，增强消息的指导性。

【例8】利用法律的漏洞，请唐国强这样的明星做铺天盖地的广告，聘请一批没有行医许可的所谓“专家”，给患者开出成本低廉而售价惊人的中药，这就是北京新兴医院的暴利模式。

（5）提问式

提问式是在导语中，先提出问题，而后用事实加以回答，更加引人注目，发人深省。

【例9】北国风光，常以恍若江南作为招牌，但真正能与江南相比的又有多少？镜泊湖景区内的石壁上有两处著名的题词，一处是邓小平所写“镜泊胜景”，一处是老帅叶剑英所写“山上平湖水上山，北国风光胜江南”——这里有真正能与江南相比甚至尤胜一筹的绝佳风景。

（6）引语式

客观、可信，说服力强。

【例10】路透社1982年11月2日电邓小平今天说:“中国没有叫台湾投降，而是希望它接受在平等的基础上就中国和平统一问题进行谈判。”

（7）“你”导语

西方新闻界称其为“第二人称导语”。

【例11】本报讯 你见过这样的医院吗?它用冰棍冷藏断指，进行再造手术成功。你相信吗?一个乡办医院居然把离体56小时的断指接活。创造这些奇迹的，是我国农村第一家治疗手外伤的医院——江苏无锡市郊区河埒乡外伤治疗中心。

3．主体

导语之后具体展开新闻事实的部分就是主体。主体的任务是对新闻事实进行具体的报道，在内容上要求有充足的、有说服力和感染力的材料表现消息主题。有些内容在导语中没有提到，或者只是概括提到的，都应该在主体中加以详细描述，以求充分突出消息的主旨。

主体结构形式和组织材料的方法一般有两种：一种是按照时间顺序安排层次，使用这种方法叙述要精心选择典型材料，突出重点；另一种是按照逻辑顺序安排层次，主体各层次间可以体现因果关系、并列关系、主次关系或点面关系等。

另外，主体的材料不要与导语重复，导语中提到的，主体就不必再写，如确实需要补充说明，也要注意变换叙述的角度。

4．结尾

结尾是消息的最后一句话或者最后一段话，是对消息主体的自然延伸或归结，并与导语相呼应。结尾的作用是结束全文，加强对主题的表达，加深读者对消息的感受。结尾的写作要避免现成的口号、空洞的议论，要根据消息的内容来决定采用何种形式。

【例 12】上海市和河南省工商联的有关领导认为，上海六百实业向中部地区输出先进管理模式的做法，加强了上海和中部地区的经济联系，带动上海产品走向全国，提高了当地商业的管理水平，体现了上海“服务全国、融入全国”的胸襟。

5．背景材料

背景，是一个新闻术语，指的是对人物、事件起作用的历史情况和现实环境的介绍等，它不属于新闻事实，却有助于读者理解新闻事实。常见的背景材料有对比性背景材料、说明性背景材料、注释性背景材料。运用背景材料应注意以下几点。

（1）针对主题

材料都是为主题服务的，写作消息要使用与主题直接关联，能够突出主题、说明主题的材料，否则材料再精彩、再生动也不应使用。

（2）详略得当

消息以叙述新近发生的事实为主，背景只是对新闻事实的补充和衬托，所以在运用背景材料时，一定要注意剪裁得体，不要喧宾夺主。

（3）实事求是

背景材料应该真实可信，数据准确，绝对不可随意夸大。

总之，背景材料要配置得体，合乎情理，把新闻事实与背景材料有机结合起来，使背景与事实自然衔接。

4.2.5 财经消息的结构安排

财经消息的结构安排，有相对固定的形式，最常见的是倒金字塔结构和金字塔结构。

1．倒金字塔结构

特点：要求头重脚轻地去搭配和排列材料，即按照新闻内容的重要程度，先重后轻地去安排，重要的放在前面，次要的靠后，最次要的放在最后，按顺序递减，像个倒过来的金字塔。

好处：对受众来说，便于阅读和收听，能在最短的时间里了解到新闻的重要内容；对于编辑来说，便于选择和删节稿件；对于记者来说，迫使自己首先必须分清楚材料的主次，稿子出手快，写得短。

【例 13】 中新社北京 9 月 5 日电　中国中青年新闻工作者的最高奖“范长江新闻奖”从今年开始进行评奖，以后每两年评选一次。

记者从中国记协和范长江新闻奖基金会今天举行的新闻发布会上了解到，凡在评选年度不超过 55 岁的中青年专业新闻工作者均可参加评选。评选范围包括正式批准登记的报纸、通讯社、广播电台、新闻时事类刊物和新闻电影等单位的新闻编辑、记者、播音员（包括节目主持人）及从事新闻理论研究、新闻教育的专业人员。

首届“范长江新闻奖”最多评选采编人员 10 名，是否设提名奖待定。评选结果将在明年第一季度公布。

据悉，海外新闻工作者参加评选的办法另行拟订。

范长江新闻奖基金会主席、新华社社长穆青任评选委员会主任。评选委员会由新闻界专家和知名人士组成。

2. 金字塔结构

特点：按事情发生、发展的自然顺序去搭配和排列材料。

好处：能把事情的来龙去脉、前因后果说得比较清楚，适合一般人尤其是文化水平较低的人的习惯和口味，写起来也比较自然，便于掌握。

不足之处：可能篇幅较长，容易造成平铺直叙，缺乏新鲜感。

【例 14】 李讷助学巨款被骗，公安破案兵贵神速

香港《星岛日报》1 月 15 日报道　北京市公安局 1995 年侦办的第一宗刑事案件是毛泽东的女儿李讷夫妇捐资助学款 5 万港元被骗案。

1993 年毛泽东诞辰 100 周年时，李讷、王景清夫妇去陕西参加纪念活动，老根据地的贫困景象令他们很痛心。于是他们商定一定要为老区人民办点实事。不久，李讷夫妇在广东普宁结识了华侨萧先生。萧氏得知李讷夫妇的心愿，当场决定捐资 15 万元港币。

去年 12 月 26 日，李讷夫妇决定将募捐来的款项送往老区。当地政府希望能换成人民币。去年 12 月 31 日，王景清先取了 5 万元港币到银行兑换。他一跨进位于万寿路的工商银行大门，身边就挤过来一男一女。他们缠着王景清，声称家有急事，急需港币，要求换给他们。王一时心软，被连哄带拖地上了一辆停在路边的黄色汽

车，其中那名女青年为表示“诚意”，还主动出示了姓名和寻呼机号码。当王景清交出 5 万元港币后，那位自称“王虹”的女青年称，帮王景清把钱存起来，拿存折安全些。王景清跟两人下了车，那一男一女却又蹿上另一辆小车逃去无踪了。情急中，王景清连汽车牌号也没看清。公安人员根据唯一的线索，案犯的寻呼机号码迅速查访寻呼台，发现朝阳区某居民楼一位名叫张素玲的人与案犯“王虹”特征相符，在本月 3 日凌晨抓获该案犯，顺利起获赃款，破获了这宗骗案。

3．综合式结构

就是二者的结合。

4.2.6 财经消息的写作要求

1．围绕经济生活选材

要求作者要了解经济学、管理学等相关知识，从专业的角度，客观、准确地对经济领域的新闻进行及时、深入的报道，能够对经济生活起到指导性的作用。

2．要素要齐全

消息不可或缺的要素是时间、地点、人物、事件、原因和结果。这六大要素缺一不可，要把这六要素交代清楚，并且每个要素都要准确真实。

3．语言要准确通俗

财经消息的目的是为公众了解经济信息、洞察经济形势、进行经济决策提供参考，因此要用准确的语言报道真实的内容，同时要通俗易懂，便于大众接受并传播信息。

【例文 4.1】

加强银行体系流动性管理，抑制货币信贷过快增长

存款准备金率上调至 12%，这已是今年第 6 次上调

中国人民银行 30 日宣布，从 2007 年 8 月 15 日起上调存款类金融机构人民币存款准备金率 0.5 个百分点。这已经是央行在一年内第 6 次动用这一货币政策工具。

央行此次上调存款准备金率，距离上次国务院 20 日宣布调减利息和央行加息，仅仅间隔 10 天。市场人士认为，最近货币政策出台之频繁，实为近年来所罕见。

此次上调存款准备金率后，普通存款类金融机构将执行 12%的存款准备金率标准。央行称，此举是为加强银行体系流动性管理，抑制货币信贷过快增长。

存款准备金率是传统的三大货币政策工具之一，一般被视为货币调控的“猛药”。不过，从去年开始，面对银行体系不断增长的流动性，央行已明确表示，如今上调存款准备金率已属于“微调”政策。此次上调存款准备金率是央行今年以来第 6 次，2006 年以来第 9 次上调存款准备金率。

【例文评析】

这是一则动态消息，报道的是央行上调存款准备金率。标题是多行的形式，内涵丰富；内容采用倒金字塔结构形式，先写最重要的材料，按材料的主次轻重排列顺序；背景材料兼有注释和补充说明的作用，一方面解释“存款准备金率是传统的三大货币政策工具之一，一般被视为货币调控的‘猛药’”，另一方面引用央行的权威说法“上调存款准备金率已属于‘微调’政策”。说明式结尾交代此次央行上调存款准备金率是“今年以来第 6 次”引人思考。本文结构完整，语言简洁，是规范之作。

4.3　产品说明书

4.3.1　产品说明书的内涵

产品说明书又称使用说明，是一种向消费者介绍产品（包括服务）的性能、特征、用途、使用和保养方法等知识的文书材料，以说明为主要表达方式，语言平易、朴实、易懂。产品说明书主要是指导消费者如何使用该产品，同时也是生产者对该产品质量保证的一种承诺。产品说明书一般随产品附送。

4.3.2　产品说明书的特点

1．实用性

产品说明书有着明确的实用目的，主要在于指导消费者对产品的使用，为方便消费者了解产品、正确使用产品而制作的，所以产品说明书必须围绕具有实用价值的内容来写作。

2．知识性

产品说明书的写作必须将产品的结构、性能、特征、功用等向消费者交代清楚，因此具有知识性的特点。

3．条理性

说明书的写作要抓住产品的具体特点，抓住其内在规律性，注意表达的顺序，做到条理清晰，层次分明，以便于消费者正确理解产品的内容。

4．科学性

要以客观的态度介绍产品的情况，必须实事求是，不得有虚假或欺骗行为。产品的功用和指标要符合国家质量标准，运用的数据要准确无误。

4.3.3 产品说明书的种类

1．根据表现形式的不同

（1）条文式

条文式就是按照商品构造的规律或操作顺序等，用条文的形式来介绍说明商品的性能、构成、使用方法等，一般日用生活品常用此法。

（2）表格式

若被说明的商品需要说明的事项较多，用文字不易说清楚，可以采用表格式的写法，如药物、食物的构成成分等。

（3）图文式

图文式就是画出要说明的事物的构图，再用文字加以指示和说明。对于构造较为复杂，又必须让用户了解其各部件的功能及使用方法的产品，一般采用图文式的写法，如家用电器、大型仪器设备等。

（4）综合式

综合式就是将条文式、表格式和图文式结合使用的说明书，它适用于机器、仪表、电器等较为复杂的产品。

2．根据传播方式的不同

（1）包装式

直接写在产品的外包装上的说明书，其说明的文字比较简短，主要适用于一些常用的普及型产品，如食品袋上、药物的包装盒上等。

（2）附件式

采用附件的形式，将产品说明书专门印制，有的甚至装订成册，装在产品的包装内，如机器、仪表、电器等。

（3）张贴式

为让广大消费者尽快了解新产品的用途和使用方法，把产品的说明书印制成适于张贴的形式，张贴在出售产品的柜台处，它适用于新推出的产品。

3．根据写作方法的不同

（1）概述型

有些产品说明书，如饮料、即食食品等的说明书并不需要向消费者介绍其饮用、食用方法和注意事项，也无须说明其性质和功能，只要做简单的概括性描述即可达到说明目的。

【例 15】雀巢咖啡的说明书：由精选自优良产地的上等咖啡豆制成，为咖啡中的极品。开瓶后香味馥郁纯正，冲调后口感醇厚柔和，带给您高品质的咖啡享受，咖啡爱好者的最爱。

（2）描述型

有些产品为了吸引消费者的注意力，介绍自身优势和特点，往往在产品说明书里采用形象生动的文字详细地对产品加以介绍。

【例 16】新飞新鲜 3 系列冰箱的产品说明书：新鲜 3 冰箱“随心控”，三独立循环制冷系统，尖端科技，可以根据季节、旅行等不同情况的使用需要，单独开启或关闭冷藏、冷冻室，灵性随心，智能更节能。钢化玻璃时尚镜面外观，人性化设计，更多舒适美妙手感。此外新鲜 3 的 BCD-269VEM 型号还具有直流变频控制的功能，可以无极变频，低噪声设计，温差波动小，保鲜更持久。

（3）说明型

日常生活中见到的产品说明书很多都是说明型的，因为产品的成分、构造、用途、保管、使用并非为消费者所熟悉。如儿童食用奶粉的说明书，一般都包括名称、配方、使用方法、功能效果、贮藏等几个方面内容，另外大多数药品的说明书也属于说明型产品说明书。

（4）释疑型

对于一些刚刚面世的新产品，由于其性能、功能大多数消费者还存在疑虑，产品说明书就要有目的地对产品加以解释。

【例 17】英特尔公司新推出的双核酷睿 2 处理器的产品说明书：英特尔酷睿 2 双核处理器可提供超凡的节能高效性能，系统速度不会再受病毒扫描、多个计算密集型程序同时运行及多媒体下载的影响，这使台式机处理器的性能提升达 40%，同时能效也有相应的提高。

这则产品说明介绍了双核处理器带来的优点，消除了消费者对新产品的疑虑，从而推动了产品的销售。

4.3.4 产品说明书的内容与结构

不同商品，说明内容和说明方法也各有侧重。有的着重说明商品功能，有的着重说明商品用法，有的则着重说明技术指标。例如，家用电器重在说明其使用与保护，药物主要说明其主治功能与用法用量，食品则重在说明其成分与食用方法。

一份比较完整的产品说明书的结构包括封面、标题、目录、前言、正文和落款 6 方面。

1. 封面

封面应该印有产品的标准名称、型号及产品使用说明书的字样，产品的实物照片、生产单位、厂址、联系方式等。

2. 标题

标题主要包括产品的名称和文种，文种是指说明书或使用说明。产品名称不但要写上产品的全称，而且还要加上产品的品牌和型号，使顾客一看就知道是关于什么产品的介绍，如红霉素软膏说明书。产品名称一般使用大号宋体，排在第一行中间的显著位置上。标题的写法有以下几种：

1）直接用产品名称做标题，如《双料喉风散》；

2）产品名称+介绍两部分组成标题，如《××介绍》；

3）产品名称+说明内容+说明书三部分组成标题，如《××电水壶使用说明书》。

3. 目录

目录标明各章节的名称和页码，方便消费者翻检查阅。如果产品说明书较为简短，也可以没有目录。

4. 前言

前言主要介绍生产单位的历史与现状、生产资质、技术力量、产品性能和用途。这一部分应简明扼要，突出特色，不要平铺直叙，面面俱到。

5. 正文

产品不同需要说明的内容也各有侧重。例如，药物重在说明基本功能和用量及构成成分；电器重在说明其使用和保养方法；食品重在说明其成分及食用方法；图书重在说明其内容；机械则重在说明其构造原理。

产品说明书的正文往往包括以下几方面的内容：

1）产品的概况（如名称、产地、规格、成分、发展史、制作方法等）。

2）产品的性能、规格、用途。

3）产品的安装方法。

4）产品的保养方法和维修方法。

5）附件、备件及其他需要说明的内容。

以上这些内容要素可视产品具体情况取舍或变动前后顺序。某些结构复杂，需要消费者全面了解的产品，对于其使用方法一般都写得比较详细，需要装订成册，如汽车的使用说明书。

正文的写法多种多样，如说明文式、条文式、对话式、表格式、故事式、解释式等。比较常见的有说明文式和条文式，比较典型的则是两者结合，即有一部分用说明文式，主要对产品的概况和发展史做出说明；后一部分用条文式，主要对产品功能、用途、特性、使用和保养方法等做出说明。

6. 落款

产品说明书的最后要标明产品生产企业的名称、地址、电话号码等，有些产品还需要写清维修地址、联系电话等及定点销售单位的地址和联系方式。

4.3.5 产品说明书的写作要求

1. 客观真实

这是产品说明书的本质特点所要求的，主要有两方面含义：其一，作者的写作态度必须客观冷静，不带任何个人感情色彩；其二，产品说明书所介绍的知识必须符合产品实际情况，不能为了扩大宣传而弄虚作假，蒙蔽欺骗消费者。如药品一般来说有治疗作用也有副作用，不可只写治疗作用而省略副作用。

2. 条理清晰

产品说明书写作应该严格按照所说明产品的自身结构和内在规律性，根据其条理性加以介绍，这样才能将其特征、性能交代清楚，便于消费者阅读理解，从而得到消费者的认同，并可能由消费者为产品免费宣传，起到事半功倍的效果。

3. 简明易懂

产品说明书面对的消费者多种多样，他们的文化水平不一，他们的接受能力各异，这就要求产品说明书的语言要简明易懂，能够适应各个层次消费者的需求。

【例文 4.2】

香雪牌抗病毒口服液使用说明书（纯中药新药）

本品系以板蓝根、藿香、连翘、芦根、生地、郁金等中药为原料，用科学方法精心研制而成的，是实施新药审批法以来通过的、第一个用于治疗病毒性疾患的纯中药新药。

本品经中山医科大学附属第一医院、第一军医大学南方医院和广州市第二人民医院等单位严格临床验证，证明对治疗上呼吸道炎、支气管炎、流行性出血性结膜炎（红眼病）、腮腺炎等病毒性疾患有显著疗效，总有效率达 91.27%。其中，对流行性出血性结膜炎（红眼病）和经病毒分离阳性的上呼吸道炎疗效均为 100%，并有明显缩短病程的作用。

本品疗效确切，服用安全、方便，尤其适用儿童患者，是治疗病毒性疾病的理想药物。

[性状]本品为棕红色液体，味辛、微苦。

[功能与主治]抗病毒药。功效清热祛湿，凉血解毒，用于治疗风热感冒、瘟病发热及上呼吸道感染、流感、腮腺炎等病毒感染疾患。

[用法与用量]口服，一次 10ml，一日 2～3 次，宜饭后服用，小儿酌减。

[注意事项]临床症状较重，病程较长或合并有细菌感染的患者应加服其他治疗药物。

[规格]每支 10ml。

[贮藏]置阴凉处保存。

【例文评析】

这是一份产品说明书。最突出的优点，是其对药品的介绍，用了名牌医科大学附属医院等单位的临床疗效以做证明，其次对消费者的需要和利益也考虑得比较周到。本文语言明晰、准确，很好地体现了产品说明书的说明性、实事求是性和指导性的特点。

4.4 财经评论

4.4.1 财经评论的概念

财经评论是对当前经济领域中出现的问题或现象，以及广为人们关注的经济方面的事实发表意见、看法的一种议论性的应用文体，它包括有关经济方面的社论、短评、述评、专论、纵横谈等。财经评论可以随时对当前经济活动中发生的事实加以评析，或者对一些不明朗的问题展开争论，提高人们对事物的看法和认识。

4.4.2　财经评论的特点

1．理论与政策性

财经评论的目的是在于指明是非，在分析评论中认识、总结规律。因此财经评论必须以事实为依据，站在理论的高度进行评论，而且财经评论还要站在正确的立场上，以党和国家的经济政策作为评论的标准与尺度。

2．新闻性

财经评论要体现出现实的针对性和实效性，用财经新闻中最新的事实作为评论的基础，要讲求事实的新和评论的快，并且要做到有的放矢，议事、谈问题都紧扣主题。

3．群众性

财经评论面向广大群众，告诉人们现在的经济状况，指出问题、总结经验，引起社会各界的广泛关注，同时财经评论还吸引和鼓励广大群众关心和参与评论工作。

4.4.3　财经评论的结构

1．标题

财经评论的标题要求简洁生动，有针对性，要把将所论的观点在标题中直接或间接地揭示出来。如《国有品牌何以流失》、《经济考核不是唱戏》等。短评的标题常用单标题，也有用双标题的，如《分歧加深、协调徒有虚名——西方各国财长和中央银行行长会议述评》，无论用何种形式的标题，都应力求新颖生动、简洁明了。

2．导语

导语是文章的开头，与标题相对应，承上启下，主要引出所要评论的事或问题。导语的写作要开门见山，避免公式化的套话或空话。如有一则评论的导语“元旦一过，整个市场的目光都注视着高价股，低价股非但长期在底部徘徊无人问津，而且成为换股平仓的对象。但我却认为，低价股中存在更大的机会。”以精练的用语，让人很快明白因何事而评论。

3．正文

正文是文章的主体部分，主要是根据导语的内容，对引出的问题展开事实依据，进行评价议论。在评论中要抓住主要矛盾，一事一议，集中观点，对人民群众关心的而又有疑惑、有争议、反映强烈的问题进行分析议论，在评议中要就事论理，不能脱离事实，空发议论，要透过现象看本质，恰如其分，适可而止。

4．结尾

评论的结尾要呼应开头，或提出呼吁，或引发思考。其写法有多样，或者是对全文作总结，再次强调所论的观点，给人深刻的印象；或者就如何解决存在的问题提出建议，希望有关方面给予重视和采纳；或者就如何改进工作，服务态度等，提出希望和要求。也有的评论没有结尾，直接在评论末结束。如何结尾或者是否需要结尾要根据写作的需要进行安排。

4.4.4　财经评论写作的注意事项

1．有的放矢

财经评论的写作必须针对经济领域中最新的、能引起人们广泛关注的某些经济现象、某些服务观念、某些经济问题、某些金融政策等进行评论，不能脱离事实而空发议论、空谈道理。通过评论，揭露经济生活中存在的问题，抨击不法的经济行为，维护国家和人民的利益，扬善抑恶。只有这样，才能评有所值，更好地为国家的经济建设服务。

2．有条理，有深度

财经评论是议论文体，要合理安排论点、论据、论证三要素，主要观点与材料要配合、统一，要做到事实确凿、论据充分、逻辑严密可靠。要结合党和国家的方针政策、有关经济法规来说明道理，阐述观点。

3．简洁生动

选用能真正说明问题的事例作为论据，要抓住问题的实质进行评论，不要高谈阔论，言之无物。评论的语言要求严谨、通俗易懂，还应尽可能做到生动有趣，以激起读者阅读的兴趣。如在文中适当使用一些成语、俗语、歇后语等，或带有哲理的精辟语句，都能起到生动有趣的效果。

【例文 4.3】

2014年2月3日 星期一 新京报社论　　完善车检制度必须防止两个极端：一个极端是在车辆检验上故意设置关卡，多拿多要；另一个是只顾收费而完全忽略检验。

今年1月，多省市人大代表、政协委员关于汽车年检制度改革的议案和提案，提高了“车检”一词的网络热度。加之春节假期与月底正好重叠，有一周时间无法检车，引发各地车主纷纷提前密集检车，这也让车辆年检耗时、费力的问题凸显，检车制度饱受诟病，改革呼声渐高，不少网友甚至呼吁取消汽车年检。

车检难的问题由来已久。依道路交通安全法及其实施条例的规定，机动车应当从注册登记之日起定期进行安全技术检验。与最广大车主息息相关的条款是，自用小型汽车6年以内每2年检验1次，超过6年的每年检验1次。

这一规定本身就是改革的产物，十余年前，自用小型汽车还是每年检验1次。多少车主吐槽、媒体聚焦与舆论不懈呼吁，才有了今天车检的相对简便。

平心而论，这些年各地在车检上所践行的简化程序与打破垄断，相较以前确是进步。于老车主而言，也能切身感受到车检的日益便捷。只是，这种“便捷”在很大程度上来自纵向的比较。

政府的改革方向永远不能是“比以前好多了”，而更要看现行制度与社会发展和民众期望能否合拍。

尤其是，最近这十年，是私家车剧增的十年。当下中国已然成了一个“车轮上的国家”，对于汽车和道路安全的管理，只能与时俱进，止步不前就是落后。

讨论车检问题，存废之争固是议题，但就多数意见而言，车检制度并非需要“取消”，而指向如何“完善”。车检的目的就在于确保车况良好，预防交通事故。这本是件人命关天的大事，因此车检才成为绝大多数国家的选择，只是在具体制度上各有不同。不能因为车检中的一些问题，而否定了车检本身。

就“车检难”而言，首在找到“难”处。如果只是特定时段年检车辆太多，给予一定的时间宽限或实施更彻底的车检社会化，这一问题不难解决。更重要的问题在于，现在有些地方的车检，已彻底沦为一项“收费”。一辆车不管有没有问题，都能一手交钱一手交检验单。至于车检的初衷，早就被抛到了九霄云外。这才有了网友关于要取消车检的呼吁。

因此，完善车检制度必须防止两个极端：一个极端是在车辆检验上故意设置关卡，依靠垄断地位向车主制造麻烦、多拿多要；另一个是只顾收费而完全忽略检验，依靠垄断地位向车主提供“方便”、但不提供必要的服务。

当下，简政放权已成为趋势。其要旨就在于，社会和市场能办的就交给社会和市场。对于汽车年检来说，从技术层面看，很多4S店就能进行车辆检验，应允许更多的社会化机构来承担检车职责。早在2012年，公安部交通管理局车管处就表示，将逐步在全国各家4S店推广建立“零警力”上牌检验服务站，实现车辆购车后上牌、保养、检验一体化服务，使4S店的服务增加上牌、年检两项，升级为“6S”。

作为直接面对广大车主的窗口单位，车管部门既不能错位，也不能越位，更不能缺位。该放权的要放，该疏导的要疏，该服务的要做，该解释的要说。

只有充分尊重民意，汲取民意，并与民意保持良好互动，才能让制度保持活力，才能赢得公众的理解与支持。

【例文评析】

本文是一篇经济短评。标题直接表明主题；导语部分承接标题引出所要评论的问题；正文中引用了相关的数字及国家的政策规定对事实进行分析，结尾再一次表明主题，提出呼吁。

4.5 财经广告文

4.5.1 财经广告文的含义

财经广告文是指经济广告作品中的语言文字部分，它能够详细、准确、直接地传递产品信息，并能够补充和加强广告作品中非语言文字要素的表现力。

4.5.2 财经广告文的作用

1. 传递信息

财经广告文能够有效地把商品信息传递给消费者，引导消费者接受企业生产的产品、提供的服务。

2. 传播知识

伴随高新技术的发展，功能复杂的新产品层出不穷，财经广告文可以向消费者传播产品的性能、用途、使用及保养方法等知识。

3．开拓市场

财经广告文的传播可以帮助产品在较短时间内占有一定的市场份额，并为进一步地扩展市场打下基础。

4．指导消费

广告是影响消费者消费的主要手段之一，通过对产品的性能、用途等各方面的介绍，影响消费者的消费。

4.5.3　财经广告文的特点

1．真实性

真实性是广告生存的基础。语言真实才能赢得消费者的信赖，哗众取宠不仅损害了消费者的利益，而且也破坏了广告在人们心目中的形象。

2．独创性

独创性是广告的生命力所在，广告文的大忌是人云亦云。广告的创意表现在两个方面：一是发现商品独特之处与消费者心理契合点；二是有独特的表现手法。

3．简明性

用尽可能简洁的语言为受众提供尽可能丰富的产品相关信息，使其在短暂的瞬间获得鲜明深刻的印象，这是广告方案的目的。

4．效益性

广告文案的效益性包括经济效益和社会效益两方面的内容。

4.5.4　财经广告文的结构

1．标题

标题即广告的题目，它点明广告的主旨，是广告的“灵魂”。出色的广告标题不仅能诱发消费者阅读全文，而且还起着画龙点睛的作用。

广告标题可分为直接标题、间接标题、复合标题。

1）直接标题是直接体现广告中心或点明广告的主题，可以直接以景点、商品、劳务的名称为标题。

【例 18】“璀璨明珠——张家界”、“北京，迷人的城”。

2）间接标题不直接揭示广告的主题，采用间接的方式宣传商品或劳务。

【例 19】“中国人旅行 找中国旅行”——中国旅行总社精品线路广告标题；“想

更多地了解中国，我们来帮您”——招商局西安国际旅游公司广告标题。

3）复合广告标题是将直接标题和间接标题的表述方式结合起来，包括引题、正题、副题三部分。

引题又叫眉题或肩题，说明信息的意义或背景，置于正题之前的位置。

正题又叫主题或主标题，用来点明广告的主要内容或事实，处于正中的位置。

广告标题的写作要求：① 体现主题，不论形式如何，广告标题均应体现广告的主旨；② 言简意赅，广告标题一般较短小，表达内容应力求丰富，一目了然；③ 含义确切，广告标题含义要明确，不可模棱两可，以免造成歧义或误解。

2．正文

广告正文是广告文字的中心部分。其主要作用是说明或描述广告的信息内涵，树立产品、劳务的形象，推动促销。广告正文的写法不一，有新闻式、布告式、简介式、论说式、描写式、小说式、戏剧式、诗歌式、问答式、证书式、表格式等。

如何撰写正文，美国广告专家大卫·欧吉沛提出了12项原则，主要有：不要期待消费者会阅读令人心烦的散文；要直截了当地述说要点，不要有迂回的表现；避免“好像”、“例如”的比喻；最高级的词句、概括性的说法、重复的表现，都是不妥当的，因为消费者会打折扣，也会忘记；不要叙述商品范围外的事情，事实即事实；要写得像和人谈话，而且是热心而容易记忆的，像在宴会上对着邻座人讲话似的；不要用令人心烦的语句；要写得真实，而且要使这个真实加上魅力的色彩；利用名人推荐，名人的推荐比无名人的推荐更具有效果；讽刺的笔调不会推销东西，除了生手，卓越的撰文家不会利用这种笔调；不要怕写长的文体；照片底下，必须附加说明。

3．标语

广告标语又称广告口号，它是广告制作中根据商品的长远销售需要，在一定时期反复使用的、特定的宣传语句。它可以加深人们对某一商品或观念的理解与记忆，维持良好的印象，具有鼓动与诱导作用。广告标语以立意新颖、特点突出、朗朗上口、便于记忆为佳，其撰写方法多样，常用的有赞扬式、号召式、情感式、提示式、夸张式、含蓄式、比喻式、比较式、双关式、幽默式、标题式等。

【例20】九寨沟的魅力 期待你的体验（情感式）

珠江——岭南文化的摇篮（比喻式）

冬游到大连体验新浪漫（揭示式）

斯里兰卡——菩萨凝视的岛屿（赞扬式）

4．随文

广告随文是跟随在广告正文之后的有关文字，是对正文的必要补充和说明。一般包括注意事项，广告单位名称、地址、电话和邮政编码、银行账号、单位的负责人或联系人姓名等。

4.5.5　财经广告文写作的注意事项

1．准确规范、点明主题

准确规范是广告文案中最基本的要求。要实现对广告主题和广告创意的有效表现和对广告信息的有效传播。

首先，广告文案中语言表达要规范完整，避免语法错误或表达残缺。其次，广告文案中所使用的语言要准确无误，避免产生歧义或误解。再次，广告文案中的语言要符合语言表达习惯，不可生搬硬套。最后，广告文案中的语言要尽量通俗化、大众化，避免使用冷僻及过于专业化的词语。

2．简明精练、言简意赅

广告文案在文字语言的使用上，要简明扼要、精练概括。首先，要以尽可能少的语言和文字表达出广告产品的精髓，实现有效的广告信息传播。其次，简明精练的广告文案有助于吸引广告受众的注意力和迅速记忆广告内容。最后，要尽量使用简短的句子，以防止受众因冗长语句对广告产生反感。

3．生动形象、表明创意

广告文案中的生动形象能够吸引受众的注意，激发他们的兴趣。国外研究资料表明，文字、图像能引起人们注意的百分比分别是 22%和 78%；能够唤起记忆的文字是 65%，图像是 35%。这就要求在进行文案创作时采用生动活泼、新颖独特的语言的同时，辅助以一定的图像来配合。

4．动听流畅、上口易记

广告文案是广告的整体构思，对于由其中诉之于听觉的广告语言，要注意优美、流畅和动听，使其易识别、易记忆和易传播，从而突出广告定位，很好地表现广告主题和广告创意，产生良好的广告效果。同时，也要避免过分追求语言和音韵美而忽视广告主题，生搬硬套，牵强附会，因文害意。

【例文 4.4】

正标题：慷慨的以旧换新

副标题：带来你的太太，只要几块钱……我们将给你换一位新女人

正文：为什么你硬是欺骗自己，认为你买不起最新的与最好的东西?在奥尔巴克百货公司，你不必为买美丽的东西而付高价。有无数种衣物供你选择——一切全新，一切使你兴奋。

现在就把你的太太带给我们，我们会把她换成可爱的新女人——仅仅花几块钱而已。这将是你有生以来最轻松愉快的付款。

奥尔巴克　纽约纽渥克

口号：做千百万的生意，赚几分钱的利润

【例文评析】

此则广告文美国当代广告大师威廉·伯思巴克为奥尔巴克百货公司做的广告，标题由正、副标题组成，突出主题，具有较强感染力；正文语言风格轻松幽默，标语简洁、朗朗上口。

练 习 题

1．名词解释

财经消息　财经评论　导语　背景材料

2．简答题

（1）简述财经消息与财经评论的相同点与不同点。

（2）产品说明书在写作中要注意哪些问题？

（3）广告文案有什么特点？

3．分析题

（1）根据所提供的材料，写一则报纸广告文案。要求：广告标题、口号、正文、附文格式完整，正文字数不少于 200 字。

东湖藕粉食用说明：

食用方法：撕开包装袋，把速溶藕粉倒入容器内，一次性加入 90°C 左右的开水（藕粉与开水比例为 1∶6），搅拌至透明糊状即可食用。

配料表：莲藕粉（藕粉纯度 100%）

保质期：常温下 12 个月。

净含量：162 克（18 克×9 包）

地址：东湖市石桥路 30 号。

（2）下面是一份产品说明书，试分析其存在的问题，并改正。

××口服胶囊是最新出产的抗菌药。本产品疗效好，使用方便，无毒副作用。

使用方法：成人口服每次 150 毫克，每日两次。体重 20～40 千克的儿童每次 100 毫克，每日两次。体重 12～20 千克的儿童每次 50 毫克，每日两次。

产品规格：150 毫克/粒。

产品有效期：有效期暂定 1 年半。

生产厂家：××××制药厂

地址：××市××街××号

电话：×××××××××

4．写作练习

根据下列材料写一则消息，要求消息六要素齐全，有关公司等细节可参考报纸的类似报道。请采用倒金字塔结构写，要有背景材料。

佳尔快速消费品公司聘请了香港著名歌星刘德华为其形象代言人，并将出资为刘德华在广州举办演唱会。举办这场演唱会之前，刘德华已经在香港成功地举办了十几场个人演唱会。佳尔快速消费品公司欲为这次活动撰写一份消息稿，请代为拟就。

第 5 章

常用公务文书

学习目标

◎ 了解常用公务文书的特点和写作注意事项；

◎ 掌握几种常用公务文书的构成要素和结构；

◎ 掌握公告、通告、通报、通知、请示、报告、批复、函、会议纪要等常用公务文书的写法。

导入案例

远达公司总务部门要求改建职工食堂并新购置一辆三轮机动货车，写了一份报告，分别送交公司总经理办公室和党委办公室，却被退了回来。虽然总经理同意办理，但需总务部门重新行文。这是为什么呢？

【案例思考】

1．结合案例思考总务部门的报告为什么会被退回来？原因何在？

2．总务部门应如何行文？

5.1 公务文书概述

5.1.1 公文的含义

公务文书，简称公文，一般是指在管理国家、治理社会的实践活动中用来办理公务，有法定效力和规范格式的应用文。关于公文的处理，《党政机关公文处理工作条例》（中办发[2014]14 号）对机关公文的种类、格式、行文规则、归档与保密等进行了规范。本章关于机关公文写作的有关知识也以此作为基本依据。

知识链接

《党政机关公文处理工作条例》注重继承保留，文种数量相对减少。原《条例》和原《办法》共 18 个文种；最终《条例》确定党政机关公文主要文种 15 个，去掉了"指示"、"条例"、"规定"。原则上不区分党政机关文种适用对象。只有命令（令）、议案两个文种例外。15 个文种适用范围表述的变化：对决议、决定、命令（令）、公报、通告、通知、通报、报告、纪要等 9 个文种适用范围做出了修改。

5.1.2 公文的特点和作用

1．公文的特点

（1）由法定作者制发

公文的法定作者，是指依法成立并能以自己名义行使职权和承担义务的国家机构与其他社会组织（以下统称为机关），公文必须以这些机关的名义或其法定代表人的名义制发。发文机关必须依照法定权限和职能制发公文，不能越权行文、违法违章行文。

（2）法定的现实执行效用

执行效用指信息对有关方面行为的强制性影响。公文直接形成于内容所针对的现实公务活动中，对受文者及其他有关方面的行为将产生为法律法规所规定的不同程度的强制性影响，如在规定的时间、空间范围和机构、人员范围内，强制执行内容，强制阅读、办理，强制复文等。

（3）具有规范的体式

为了维护公文的权威性、准确性与有效性，方便公文的写作与处理，国家有关机构以法规、标准等形式，对公文的文体、结构、格式进行了统一规范，公文制发者必须认真遵循这些规范。

（4）履行法定程序

为保证公文的有效性，国家有关机构规定了各类公文的生成程序，必须履行这些程序，公文才能产生法定效用。

2．公文的作用

公文是能够逾越时间与空间的限制，有效传递公务活动所需信息的重要工具，这一功能主要表现在下述 6 个方面：

1）公文用于传达贯彻党和国家的方针政策和各项指令，在公务活动中发挥领导和指导的作用，是加强集中领导，维护政令统一，保证工作步伐整齐一致的有效形式。

2）公文是下级机关请示、报告工作，反映情况，自下而上沟通、纵向联系的基本手段。通过公文，使下情上达，为领导机关制定决策提供依据，同时，有利于对发生的问题予以及时处理。

3）公文用于发布行政法规与规章，在国家行政管理与维护社会主义建设秩序方面发挥着规范作用。它使国家各项管理活动有法可依，有规可循，从而逐步实现法制化、规范化。

4）公文是沟通机关之间横向联系的纽带。它比其他信息沟通形式具有更强的精确性、权威性与凭证性。通过公文，机关之间能够相互交流信息、商洽事务，在工作中取得协调与配合。

5）公文具有较强的政策性和理论性，在各项事业中发挥着阐明事理、启发觉悟和提高认识水平的宣传教育作用，是教育干部和群众的好教材。

6）公文是社会活动的真实记录。它印证了公文作者的合法身份，记录了各项管理活动的性质、状态，因此具有重要的凭证作用。

5.1.3 公文的种类

1. 按内容性质及其作用划分

（1）专用公文

专用公文是一定的工作部门在一定的业务范围内，根据公务特殊的需要专门使用的公文。如外交部门使用的文书、照会、备忘录、护照、条约等；司法部门使用的起诉书、公诉书、笔录、开庭通知书、判决书、调解书等；经济部门使用的经济合同、经济分析报告、商品广告等。

（2）技术公文

技术公文是指在教学、科研、生产、基建等领域，根据公务办理的需要使用的公文，如说明书、图纸、图表等。

（3）通用公文

通用公文是机关、单位根据公务活动的需要使用的公文，如计划、总结、大事记、办法、规定、条例等。《党政机关公文处理工作条例》在《国家行政机关公文处理办法》的 13 个文种基础上，增加了党委的“决议”和“公报”两个文种，共 15 个文种，即命令、决定、公告、通告、通知、通报、议案、报告、请示、批复、意见、函和纪要、决议、公报。

2．按行文方向划分

（1）下行文

下行文即上级机关单位向下级机关单位的行文，如命令（令）、议案、决定、通知、批复等。

（2）平行文

平行文即平级机关单位、不相隶属的机关单位之间互相行文，如函。

（3）上行文

上行文即下级机关单位向上级机关单位的行文，如报告、请示、议案。

公文讲究的是"对号入座"，即根据发文目的和内容该用哪种文种行文，就用哪种文种行文，不能用错。比如说，向上行文，该用请示的，用了报告，发文目的就可能达不到。因为请示是请求上级批准或指示，而报告则是用来向上级机关汇报工作，反映情况，答复上级机关的询问，不允许夹带请示事项，而上级机关对下级机关的报告不做批复。又如，平级机关单位、不相隶属的机关单位沟通情况、商洽工作，应该用函，如果用了通知或批复，就可能引起对方的误解，从而影响公务办理。选准文种是公文规范化的一个重要内容。因此，行文时，应从行文目的、内容和机关单位的职权范围及隶属关系等方面去考虑，选择一个恰当的文种，不能错用文种。错用文种，往往会影响公务办理。

5.1.4　公文的结构

1．文头部分

文头又叫眉首，由文件名称、发文字号、秘密等级、紧急程度、文件份号和上行签发人等内容构成。

（1）文件名称

公文的首页上方一般都印有发文机关的名称，它是公文制发机关单位的标识。发文机关名称应当写全称或规范化的简称。联合行文、主办机关应排列在前。发文机关名称通常用大号红字，下行文的发文机关名称后常加"文件"字。

（2）发文字号

发文字号即发文单位的代号和文件的登记编号，又称发文号。发文字号由"机关代字"、"年份"、"序号"三部分组成。机关代字是发文机关的代称，年份是发文的年度，序号是发文的顺序号，如"沪府办发［2007］1 号"其中"沪府办"即"上海市人民政府办公厅"的代称。发文字号置于公文名称之下正中位置。

（3）秘密等级和保密期限

对于保密性很强的公文应当在首页右上角标明秘密等级。秘密等级分三等：绝密、机密和秘密。绝密性公文是指国家核心秘密内容的文件，如泄密，将会严重损害国家的安全和利益。机密性公文是指具有国家重要秘密内容的文件，如泄密，将会使国家的安全和利益受到较大的损害。秘密性公文是指具有国家一般性秘密内容文件，如泄密，将会使国家的安全和利益受到一定程度的损害。绝密、机密公文的制发，还应当标明份数和序号。

有的公文需标注密级和保密期限，如“绝密★30 年”、“机密★20 年”、“秘密★10 年”。

（4）紧急程度

对一些急需处理的公文，应当在首页的右下角（秘密等级之下）标明紧急程度。紧急程度分“特急”和“急件”两种。其中，电报应当分别标明“特急”、“加急”、“急件”、“平急”，有的则在公文的标题中加以表示，如《××市关于严禁××××的紧急通知》。

（5）文件份号

这是指同一文稿印制出来的若干份正本，一份一份地编排出来的顺序号码，也称“编号”。如果一个文件印发 1 000 份，份号就是从 1 号到 1000 号。其目的是便于发文和查对。份号位置为文头的左上角，一般的写法是“编号 00028”或“No：00028”。

（6）上行签发人

上行签发人是指在核准公文文稿后同意发文的机关单位负责人的签名。上行文应当注明签发人姓名，签发人姓名印在发文字号的同行右端。

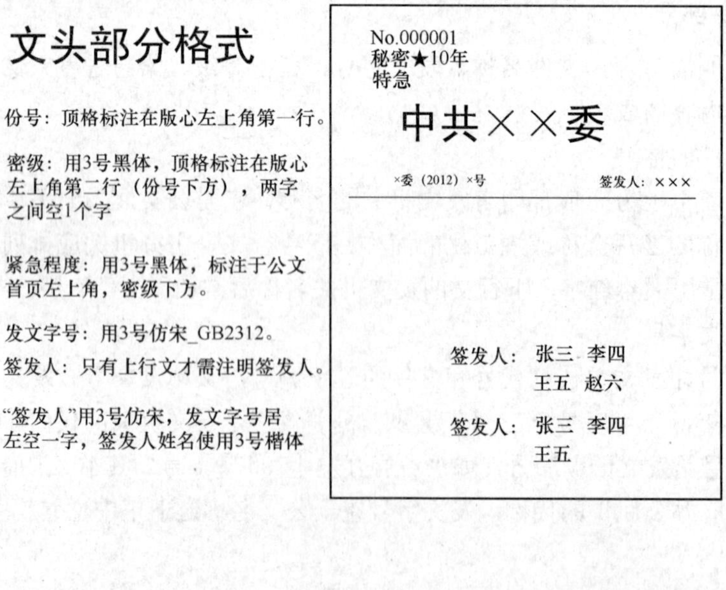

2. 主体部分

主体部分是公文的核心部分，由公文的标题、主送机关、正文、附件说明、发文机关、成文日期、印章、发文范围等内容构成。

（1）标题

公文的标题一般由发文机关、发文事由及文种三部分组成，如《国务院办公厅关于印发全国打击传销专项行动方案的通知》（国办发［60］号）。其中“国务院办公厅”是发文机关，“关于印发全国打击传销专项行动方案”是发文的事由，“通知”是文种。发文事由一般由介词“关于”引出，并应当准确、简要地概括公文的内容。标题中除法规、规章名称加书名号及并列的几个机关名称之间可加顿号外，一般不用标点符号。

梯形标题

中共中央办公厅　国务院办公厅
关于印发《党政机关公文处
理工作条例》的通知

中共××委员会

×委（2012）×号　　　　签发人：×××

（空二行）

关于××××请示

（空一行）

××××：

　　××××××××××××
××××××××××××××
××××××××××××××
××××××××××××××

（2）主送机关

主送机关是指公文的主要受理机关，应当使用全称或规范的简称、统称。上行文和非普发性的下行文一般只写一个主送机关。而普发性的下行文，如通知、通报等则可写若干个主送单位。主送机关的名称通常置于标题之下正文之上，顶格写。

（3）正文

正文是公文的核心部分。一篇公文的质量如何，正文是关键。正文的结构通常包括缘由、事项、结尾三部分。

缘由主要是说明发文原因，开宗明义，极其概括地交代行文的基本意向，并提起下文。事项围绕行文的基本意向展开内容、叙述情况、分析问题、说明做法、提出要求。结尾是正文的结束。因文种和行文关系不同，其结语也有所区别。如请示一般用“以上请示，当否，请批示”；函一般用“特此函告”等。有的公文，事项说完即结束，没有独立的结尾部分。

中共中央办公厅　国务院办公厅
关于印发《党政机关公文
处理工作条例》的通知

各省、自治区、直辖市党委和人民政府，中央和国家机关各部委，解放军各总部、各大单位，各人民团体：

《党政机关公文处理工作条例》已经党中央、国务院同意，现印发给你们，请遵照执行。

中共中央办公厅

国务院办公厅

2012年4月16日

（此件发至县团级）

— 1 —

（4）附件说明

附件说明是公文正件附属材料名称和件数的标注。如“附件：《××××》”，位于正文的左下侧，顶格书写。如果标注的文字较多，向右一般也不超过公文文面的竖向中分线，可以提行空两格续写。但要注意，不要将附件说明写在签署和署时之下，应是正文和签署之间。

（5）发文机关

由发文机关全称或者规范化简称加“文件”二字组成，也可以使用发文机关全称或者规范化简称。联合行文时，如需同时标注联署发文机关名称，一般应当将主办机关名称排列在前；如有“文件”二字，应当置于发文机关名称右侧，以联署发文机关名称为准上下居中排布。

（6）成文日期

成文日期又称署时，是指公文生效的法定时间，一律用阿拉伯数字写全称，如“2009年3月9日”。

公文成文日期：一般性文件以实际发出的日期为准，具体地说，本单位单独制发的公文，以本单位领导人签发的日期为准；联合行文的，以最后一个机关负责人的签发日期为准。领导同志签发后，因故不能及时发文时，成文日期可请示签发人重新确定或由发文机关秘书部门提出意见报领导确定。

一般署会议通过日期或领导同志签发日期。两位以上领导人审签，署最后一位的签发日期；　联合行文，署最后签发机关领导同志的签发日期。

（7）印章

印章指压盖于署时之上的机关公章。它是机关最权威的代表形式，是公文效力的最权威的凭证。

除会议纪要和印有版头的向下普发的公文外，公文应加盖发文机关印章。

公文中有发文机关署名的，应当加盖发文机关印章，并与署名机关相符。有特定发文机关标志的普发性公文和电报可以不加盖印章。

加盖印章的公文：

成文日期一般右空四字编排。

单一机关行文时，在成文日期之上、以成文日期为准居中编排发文机关署名。

发文机关署名和成文日期居印章中心偏下位置，印章顶端应当上距正文（或附件说明）一行之内。

印章必须盖得端正、清晰。其位置上沿不压正文，下沿要骑年盖月。

（8）发文范围

一般用来确定文件的发送范围和阅读对象，如“此件发至县团级”、“此件可登报”等。位置一般在文件末成文日期之下，主题词之上，加括号注明。

3．文尾部分

文尾部分是公文的附加部分，对文件印发情况加以说明，包括抄送机关、印发机关和印发日期、印数等几项的内容。

（1）抄送机关

抄送机关，指除主送机关外需要执行或知晓公文的其他机关，位于发至范围的下方。抄送机关要根据公文内容与性质、机关或领导人的职能与职权及工作的需要来确定。

（2）印发机关和印发日期

印发机关，指具体主办、制发公文的部门。一般是机关的办公厅（室）或秘书处（科）。它们对公文的制发全面负责。如广州市人民政府的公文，其印发机关是“广州市人民政府办公厅”。印发机关的位置在抄送机关的下方。

印发日期，指该公文送印或发出的时间。如“2012 年 10 月 17 日印”。其位置在印制部门的右边。

（3）印数

印数，指公文的实际印制份数，位于印发时间的正下方，向右不顶格。

文头、主体、文尾三部分是以主体部分的正文为核心的有机统一体。它们有主次之分，在实际操作中甚至可以省略某一部分。

5.1.5 公文写作的注意事项

1．符合党和国家的路线方针政策和法律法规

党和国家的路线方针政策和法律法规，是我们进行各项工作的依据和准绳，也是起草公文的依据和准绳。制发公文的具体目的虽各有不同，但从根本上说都是为了贯彻落实党和国家的路线方针政策。要使公文真正具备法定的执行效用，使其受到法律的有力保障，公文自身首先必须合法，符合国家法律法规和党内法规。

2．准确体会发文机关的意图

发文机关的意图，就是发文机关通过发文所要达到的目的和有关设想，是发文机关领导集体的意志。可以说，能否完整准确地体会发文机关的意图，决定了一件公文的成败。为此，公文起草人员必须熟悉本机关情况，学会从工作大局出发认识和分析问题，注意了解和听取机关领导的意见和要求。

3．全面准确地反映客观实际情况

全面准确地反映客观实际情况是实事求是精神的具体体现。只有坚持实事求是，全面准确地反映客观实际情况，才能很好地克服官僚主义、形式主义，杜绝浮夸、生搬硬套、妄下结论、草率从事、虚以应付的腐朽作风。

4．提出的政策、措施切实可行

制发公文总是为了解决一定的问题，所以有关解决问题的政策和措施，就很自然地成为公文的主体和关键。在研究确定采取什么样的政策、措施时，“符合实际”、“切实可行”就成了一条最基本的标准。要坚持一切从实际出发，而不是只从良好的主观愿望出发；要求不能太低也不能太高，必须考虑可行性和可操作性；不能凭想

当然办事，必须经过周密调查和充分论证。

5．表述准确、严密

表述准确、严密主要有 5 个方面的要求：观点明确，条理清晰，内容充实，结构严谨，表述准确。

6．文字精确、简练

要尽量用最简洁的文字顺畅而有条理地表达充实丰富的内容，做到言简意赅，切中要害，避免拖沓冗长的文风。

7．文种使用恰当

不同种类的公文具有不同的功能和作用，文种在一定程度上体现着发文机关同受文机关之间的关系。有的文种具有指示功能，适用于上级机关向下级机关行文，如决议、决定、指示、批复；有的文种具有陈述呈请的功能，适用于下级机关向上级机关行文，如请示、报告；有的文种具有周知功能，适用于公开发布或在一定范围发布事项，如公报、通报；有的文种具有规范功能，适用于对特定范围的工作或事务制定具有约束力的行为规范，如条例、规定。公文必须正确地使用文种，否则会影响公文效能，造成行文关系的混乱。

5.1.6　公文的语言特点

庄重——语言端庄，格调郑重严肃。

准确——语言真实确切，无虚假错漏，褒贬得当，语意明确，符合实际。

朴实——语言平直自然，是非清楚，明白流畅，通俗易懂。

精练——语言简明扼要，服从行文目的及表现主题的需要，当详则详，当略则略。

严谨——语言含义确切，文句严谨，细致周密，分寸得当，忌模糊含混、语意多歧。

规范——语句不仅合乎语法及逻辑原则，而且要合乎公务活动的特殊规范性要求。

5.2　公告、通告、通报、通知

5.2.1　公告

1．公告的含义、特点及种类

（1）公告的含义

公告是上至国家高级权力机关、行政机关向国内外宣布重要事项或法定事项，下至各机关部门、人民团体、企事业单位向有关方面或人民群众宣布重要事项的知照性公文。

（2）公告的特点

1）内容的规定性。公告所宣布的事项是国内外极为关注的重大事项，所宣布的内容是能够向国内外公开的重大决定，它的使用要考虑在国际国内所可能产生的政治影响。

2）发文机关的特定性。公告的发文机关仅限于国家最高权力机关、最高行政机关及其工作部门。

3）告知的广泛性。公告向国内外发布，其告知的范围相当广泛。

4）传播的新闻性。公告是通过报纸、广播、电视等新闻媒介公开发布。

（3）公告的种类

公告的种类根据内容、性质、作用和发布机关的不同，公告可以分为国家重要事项公告和法定事项公告。国家重要事项公告是宣布有关国家的政治、军事、经济等方面重要事项的公告。法定事项公告是国家公布有关法律、法令和行政法规和由司法机关依照法律有关规定发布重要事项的公告，它可以分为法定专门事项公告和法院公告。

2．公告的结构

（1）标题

公告的标题一般要求写明发文机关、事由和文种，也有一些公告的标题只写发文机关和文种，省略了事由，如《新华社公告》。有的公告连发文机关和事由都省略了，只有文种一项，如《公告》，这类公告一般内容单一，范围较窄，事项不那么重要。

（2）正文

公告的正文主要由缘由、事项两部分组成。缘由指发布公告的根据和原因，一般写得精练，简明扼要。也有的公告省略了缘由，开门见山，直接写出公告事项。公告事项要根据内容多寡确定表达方式，如果内容较多，要分列条款；反之，则不分列。文尾用“现予公告”、“特此公告”之类结束语。

（3）公告的落款和日期

公告的日期可以写在标题下方，也可写在落款下面。有的公告比较重要，落款处除签署发布机关和日期外，有的还写明发布地点。

3．公告写作的注意事项

由于公告所宣布的事件关系重大，所以，写作时要语气庄重，简明扼要，公布事项要具体准确。

【例文 5.1】

国家税务总局公告

根据九届全国人大常委会第 11 次会议的决定和国务院第 272 号令，从 1999 年 11 月 1 日开始，我国恢复对储蓄存款利息征收个人所得税。按照有关规定，储蓄机构在 12 月 20 日对活期存款结息时，应依法代扣代缴储户应纳的个人所得税。为了正确执行我国政府与有关国家政府签订的税收协定，维护协定缔约国居民的合法权益，特公告如下：

1）凡在我国境内各内资商业银行、城乡信用社、邮政储蓄机构、外资银行等储蓄机构（以下简称储蓄机构）存有人民币、外币活期存款的外籍储户，应在 2000 年 6 月 30 日前，持证明其税收协定缔约国居民身份的有效证件，到开立储蓄存款账户的储蓄机构办理确认税收协定缔约国居民身份的手续，以便在活期存款结息时，按照税收协定规定的税率计算代扣代缴储户应纳的储蓄存款利息所得个人所得税。

2）对 2000 年 6 月 30 日前，仍未到储蓄机构办理确认税收协定缔约国居民身份手续的外籍储户，各储蓄机构在对其活期存款结息时，一律按 20%的法定税率计算代扣代缴储户应缴纳的储蓄存款利息所得个人所得税。

特此公告。

——《中华人民共和国国务院公报》2000 年第 7 号

【例文评析】

这是一篇由国家税务总局发布的国家重要事项公告。“恢复对储蓄存款利息征收个人所得税”是一件国人关注的大事，所以采用公告这一文种。标题注明了发文机关和文种；正文开门见山，直接公布了“对储蓄存款利息征收个人所得税”的有关事项，层次清晰、简单明了；结尾干脆利落，落款注明发文机关名称和发文时间。全篇文字严谨、语气庄重、观点明确、结构完整。

5.2.2 通告

1. 通告的含义和特点

（1）通告的含义

通告是适用于在一定范围内公布应当遵守或周知的事项的公文。通告是机关单位广泛使用的公文。

（2）通告的特点

1）内容具体，业务性强。通告的内容重要程度比不上公告内容，而且多是业务工作方面的，因此通告的使用频率比公告要高得多。

2）有限制的行文对象。通告的告知范围是面向社会各有关方面，一般适用于国内。

3）广泛的发文机关。通告的内容是一般事项，所以发文单位比较广泛。党政机关、企业事业单位、人民团体都可发布通告。

4）独特的发布方式。一般公文是用文本形式印发，而通告一般不用文本形式印发，而是张贴或登报。

2．通告的结构

（1）标题

通告的标题通常有 3 种写法：一是写明发文机关、事由、文种；二是省略了事由，只写明发文机关和文种；三是省略了发文机关、事由两项，只写文种。一般来说，高级机关发布了比较重要事项的通告，标题使用前两种，而企事业单位、基层单位发的通告，事项比较具体，不那么重要，可用第三种。

（2）正文

通告的正文包括缘由、事项、结尾 3 部分。缘由是发布通告的原因、根据、目的，回答为什么发此通告。事项，即通告的具体内容。结尾，也叫结语。一般写“特此通告”之类的话，以示强调，提起注意。有些通告干脆不用结语，干净利落。

（3）落款

通告的落款应写明发文机关名称和发文时间。在标题中有发文机关名称的，落款处可以省略，只写年、月、日，或将发文时间年、月、日写在标题下方、正文上方。

3．通告写作的注意事项

（1）不要把通告写成通知

通告与通知是两种不同的公文，其特点、作用和受文对象范围都不相同。有的单位往往以为让人们知晓的事项都可用通告行文，结果把一些该用通知的，用了通告，该用通告的则用了通知。

【例文 5.2】

回迁通知

原住××区××街的动迁户，于明年 6 月底前回迁。请所有回迁户持动迁证、动迁协议书及交款单据，于明年 5 月底前，到我公司办理回迁手续。

具体办理时间：上午 8 时至 12 时，下午 2 时 30 分至 5 时 30 分。

特此通知

××房地产开发公司

××××年××月××日

【例文评析】

这份公文用错了文种，告知回迁户办理回迁手续，属一定范围公布遵守和周知的事项，应用通告却用了通知行文。

（2）发文目的要明确

发布通告的目的或原因一般要在缘由部分扼要地交代清楚，让人们一看就知道为什么要发此通告。

（3）通告的事项应符合法律、法令和有关政策规定

例如一家房地产公司发出通告，告知回迁户在期限内来办手续，“限期于××××年××月××日前到我公司办理进住手续，否则，视为已有住房，不予安置。”这是不符合有关政策规定的。

（4）语言要通俗简洁

通告是一种周知性公文，一般用张贴或登报的方式发布，使全社会都知道通告的内容。因此，写通告要注意语言通俗简洁，篇幅不宜过长，便于张贴和阅读。

【例文 5.3】

××市公安局关于严禁燃放烟花爆竹的通告

烟花爆竹是国家明令严格监管的民用爆炸物品，烟花爆竹的使用必须符合安全规定。近年来，个别居民和单位燃放烟花爆竹时因使用方法不当、燃放时间地点不合适，不仅造成社会治安和消防安全隐患，而且污染环境，干扰正常工作生

活秩序，严重影响市民身心健康。为了保持市区良好的社会环境，维护广大市民的正当权益，塑造文明的城市形象，特通告如下：

1）禁止在市区海榆路省民族技工学校至福安小学路口段、农林路、河北沿河西路、河南沿河西路、红旗路、解放路、爱民路、新华路、国兴路、广场路等主要街道燃放烟花爆竹。

2）禁止在公共楼梯、走廊、橱窗内燃放烟花爆竹。

3）禁止在晚上 12：00 至次日 6：30 和中午 12：30 至 2：30 的时间段内燃放烟花爆竹。

4）凡违反上述规定的，一律责令立即清除遗物遗迹，并按有关规定严厉处罚。

5）各单位、宾馆酒家和其他经营商户要教育好本单位的干部职工及其家属子女自觉遵守上述规定，不得在规定的时间和地点内燃放烟花爆竹。

6）广大市民要进一步提高觉悟，转变观念，移风易俗，倡导文明生活方式，共同创造和维护良好的工作生活环境。

7）本《通告》由市公安局和市城监管理大队负责监督实施。市公安局和市城监管理大队要认真履行职责，严格执法。

××市公安局

200×年×月×日

【例文评析】

这是一篇关于严禁燃放烟花爆竹的通告。本文属于禁止型通告，标题发文机关、事由、文种俱全；正文开头写明通告事项的目的，然后写明通告事项。落款有发文机关名称和发文时间。语言干脆有力，语气严肃。

5.2.3 通报

1. 通报的含义、特点及种类

（1）通报的含义

通报是用来表彰先进，批评错误，传达重要精神或情况的公文。通报作为一种宣传教育、通报信息的工具，有着表彰、惩戒、知照等作用。

（2）通报的特点

1）典型性。通报的事实不论是表彰性的、批评性的，还是通报情况的，都要求有典型意义。典型就是具有普遍性、代表性，事实越典型，其警示和借鉴意义越大，只有个性没有普遍意义的题材，缺乏广泛的指导价值。

2）指导性。通报内容的价值往往并不单纯在于发布动态信息、宣布事件处理结果，而是要激励先进、督促后进，树立学习榜样，或者提供反面典型，使读者能够总结经验、吸取教训，得到有益的启示和警示。

3）时效性。上级机关应该适时发布通报，通报的事实较为具体，对发生的时间、地点等要素都要进行交代，这就要求通报及时发布。通报的内容总是跟特定时期背景有着紧密的联系，通报得过于迟缓，就失去其沟通情况、宣传教育的目的。因此，通报的制发应该迅速及时，以免时过境迁，失去其积极的作用。

（3）通报的种类

1）表彰性通报。表彰性通报，就是表彰先进个人或先进单位的通报。这类通报，着重介绍人物或单位的先进事迹，点明实质，提出希望、要求，然后发出学习的号召。

2）批评性通报。批评性通报，就是批评典型人物或单位的错误行为、不良倾向、丑恶现象和违章事故等的通报。

3）情况通报。情况通报，就是上级机关把现实社会生活中出现的重要情况告知所属单位和群众，让其了解全局，与上级协调一致，统一认识，统一步调，克服存在的问题，开创新的局面。

2．通报的结构

（1）标题

通报的标题可省略发文机关，比较重要的通报则不能省略。在拟制通报标题时，要特别注意准确、简明地概括事由。如《关于必须严肃处理党员干部中的违法乱纪案件的通报》，就省略了发文机关；而《××市卫生局关于医生李××滥用麻醉品造成医疗事故的通报》则写明了发文机关、事由和文种。

（2）正文

表彰性通报的正文内容一般包括介绍事迹，分析评价事迹意义、概括主要经验、做出表彰决定、提出希望等。表彰性通报的正文大致包括叙述事迹、表彰决定、希望和要求三部分。

批评性通报将典型的不良行为、倾向或重大事故公布出来，旨在使大家从中吸取教训，受到教育。其写法与表彰性通报大致相同，正文内容主要包括错误事实、根源和教训、处理决定、希望和要求 4 部分。

情况通报往往用通报将有关情况予以公布，具有很强的针对性。

3．通报写作的注意事项

（1）通报一般不提出具体工作要求

在实践中，一部分传达上级指示精神的公文既可用通知也可以用通报。在内容上通报不同于通知的特点是一般不提出工作上的具体要求及需要具体组织实施的事项。

（2）通报文风要朴实

文字表述要简洁明快，言之有据，切忌夸张渲染。无论是表扬还是批评，都要以实事求是的态度对事实认真核查，不要拔高或扭曲。

（3）通报观点要鲜明

提倡什么，反对什么，要是非分明，忌含糊其词。在行文篇幅上要详略得当，一般以不超过两千字为宜。切忌把把表彰性通报写成报告文学，把批评性通报写成情况纪实。

【例文 5.4】

国务院安委会办公室关于近期火灾事故情况的通报

安委办明电［2011］5 号

各省、自治区、直辖市及新疆生产建设兵团安全生产委员会：

2011 年 1 月 17 日 23 时 19 分，湖北省武汉市武胜路康宏实业公司服装厂发生火灾，造成 14 人死亡、4 人受伤，过火面积约 900 平方米。根据现场勘察，起火建筑共三层，一层为商铺，二至三层储存服装，其中二层局部作为员工住宿场所，经营、储存和住宿区域未有效分隔，属于“三合一”场所，火灾原因正在调查中。

1 月 13 日 0 时 55 分，位于湖南省长沙市岳麓区西湖街道枫林一路 303 号的西娜湾宾馆发生火灾，造成 10 人死亡、4 人受伤，过火面积约 150 平方米。根据现场勘察，宾馆设置的室外疏散楼梯仅有一个出入口，影响了人员逃生，火灾原因正在调查中。

1 月 3 日 15 时 40 分，重庆市秀山县一个木材加工作坊发生火灾，造成 4 人死亡。

1 月 6 日 23 时 40 分，四川省广安市一个建材商店发生火灾，造成 5 人死亡。

1 月 13 日 23 时 31 分，广东省东莞市一个临街五金店铺发生火灾，造成 8 人死亡、1 人受伤。

1 月 17 日 22 时 40 分，内蒙古自治区鄂尔多斯市一个小型宾馆发生火灾事故，造成 4 人死亡。

上述事故的发生，暴露出部分地区消防安全工作依然存在薄弱环节，部分生产经营单位安全生产主体责任不落实，火灾隐患排查不彻底、整改不到位等突出问题。为深刻吸取事故教训，举一反三，进一步加强消防安全工作，严防类似事故再次发生，现提出以下要求：

1）严格落实消防安全责任。冬春季节火灾易发、高发，各地区、各有关部门要继续认真贯彻落实1月18日国务院第五次全体会议、1月12日全国安全生产电视电话会议精神，按照中央办公厅、国务院办公厅《关于做好2011年元旦、春节有关工作的通知》、《国务院办公厅关于进一步做好消防工作坚决遏制重特大火灾事故的通知》（国办发明电[2010]35号）和《国务院安委会办公室关于认真抓好今冬明春安全生产工作的通知》（安委办[2010]6号）要求，切实履行消防安全监管职责。要进一步明确和落实乡镇、街道办、居委会、社区的消防工作职责，督促生产经营单位做好火灾隐患排查治理和消防安全专项整治的各项工作，有效遏制火灾事故特别是群死群伤重特大火灾事故发生。

2）加强重点场所、重点时段和重点环节的监督管理。各地要根据春节即将来临，公众场所人员流量增加的特点，重点加强公共娱乐、餐饮酒店、商业购物等人员密集场所的消防安全检查。同时，针对近期火灾事故暴露出的薄弱环节，要加大对小型公共住宿场所、小型公共餐饮场所、小型公共休闲场所、小型公共娱乐场所等小型人员密集场所和“三合一”场所火灾隐患排查整治力度。对于严重超员、封堵疏散通道和安全出口、私拉乱接电气线路、违章燃放烟花、关闭火灾自动报警系统等违法违规行为，要依法严厉处罚。

3）继续深入开展消防安全宣传教育培训。各地区、各有关部门要督促生产经营单位特别是人员密集场所的经营管理单位加强对从业人员的消防安全教育培训，加强应急疏散预案的演练。要充分利用广播、电视、报纸、互联网等媒体，宣传普及安全用火、用电和逃生自救常识，不断提高社会公众消防安全意识和技能。

4）严肃查处事故，用事故教训推动事故预防工作。国务院安委会办公室依据有关规定，已将今年以来发生的两起重大火灾事故的查处列入国务院安委会重大事故挂牌督办的事项，查处结果将及时向社会公布。各地要按照“四不放过”和“依法依规、实事求是、注重实效”的原则，严格事故查处，依法依规严肃追究相关单位和人员的责任，及时向社会公布调查处理结果，并跟踪督促事故责任的落实。同时，要认真分析典型事故案例，针对暴露出的突出问题，采取切实有效的防范措施，坚决遏制重特大火灾事故发生。

国务院安全生产委员会办公室
2011年1月20日

【例文评析】

这是一份情况通报，通报全国火灾事故的情况。正文分两段，第一段利用数字和对比，说明了上半年全国火灾事故的情况；第二段针对当前频繁出现的火灾事故情况，有针对性地对今后的工作提出了意见和要求。这是一份写作规范的情况通报。

5.2.4 通知

1．通知的含义、特点及种类

（1）通知的含义

通知适用于发布、传达要求下级机关执行和有关单位周知或者执行的事项，批转、转发公文。

（2）通知的特点

1）使用范围的广泛性。在发文机关方面，上至最高领导机关和行政机关，下至基层单位、企事业单位都可使用通知。在通知的内容方面，大到全国性重大事项、法规、规章，小到单位内部告知一般事项，都可使用通知。在发布方式上，可用正式文件印发，也可以写在小黑板上，让有关人员知晓，非常灵活。

2）文种功用的指导性。上级机关和组织向下级机关、组织用通知行文，都明显体现出指导性，特别是部署布置工作、批转和转发文件，等等，都明确阐述处理某些问题的原则和方法，说明需要做什么事情，怎么做，达到什么要求等。

3）行文方向的不确定性。通知一般是下行文，是上级机关向下级机关行文。在平级单位之间或不相隶属单位之间，必要时也可用通知行文，此时的通知便是平行文。平行文的通知不能带有指示性和指导性，只能表述告知性或周知性的内容，特别重要的通知，除了下发外，还要抄送上级机关，让上级机关知道下级机关就某重大事项发了通知。

（3）通知的种类

1）转发性通知，包括转发公文的通知、批转公文的通知。前者是指转发不相隶属单位和上级机关的公文；后者是批转下级机关的公文，主要有请示、报告、意见和会议纪要等。被批转的公文里下级机关的意见实际已转为上级机关的意见。批转公文的通知与转发公文的通知同样具有指导作用。

2）事项性通知，通知的事项，指发文机关要求办理、阅知的事项。这种通知的作用主要是用来布置部署工作，安排活动，解决实际工作中某些具体问题。

3）会议通知，公文通知指组织召开会议的机关向参加会议的机关、单位行文，告知会议内容、时间、地点和会议要求的公文。这种通知内容单一，要求把参加会议的有关事项写清楚。一般包括会议名称、内容、地点、参加范围、会期、报到时间、需带的文件、材料等。

4）任免通知，按干部管理权限，由上级机关决定任免干部，然后把任免决定用通知行文，向指定的范围公布。这种通知内容单一，篇幅简短，写明决定任免的时间、机关、任免人员的具体职务即可。

2. 通知的结构

（1）标题

通知的标题有完全式和省略式两种。完全式是发文机关、事由、文种齐全的标题；省略式则是根据需要省去其中的一项或两项的标题。

1）省略发文机关。若标题太长，则可省略发文机关。这种省略发文机关的通知标题很常见。如果是两个以上机关联合发文的，一般不能省略。

2）省略文种。公文的标题一般是不能省略文种的。转发性通知的标题由“发文机关+批转（转发）+被批转（转发）标题+通知”构成，有时由于被批转、转发公文标题中已有“通知”二字，或者被批转、转发的公文标题比较长，这时，标题一般要省略文种，省去“通知”，否则会出现“……的通知的通知”的现象。如《广东省人民政府转发国务院〈关于国有企业厂长（经理）实行任期制度的通知〉》。

3）略发文机关和事由。如果通知发文范围很小，内容简单，甚至张贴都可以，这样的通知标题可以省略发文机关和事由，只有“通知”二字。

（2）正文

通知的正文包括缘由、事项、要求 3 部分，主体在事项部分。

转发性通知可以把批转通知称为“批语”，把被发布、批转的文件看作通知的主体内容，批语表明发文机关的态度，提出贯彻执行的要求，一般起提示、按语的作用。

事项性通知多数用于布置工作。事项性通知正文的写作，要使受文单位了解通知的内容，即事项，做什么、怎样做，有什么要求。正文一般分三部分：开头部分，一般是通知的缘由和目的，说明为什么要发此通知；主体部分，即事项部分，把通知的具体内容一项一项列出来，把布置的工作需周知的事项，阐述清楚，讲清目的、要求、措施、办法等；结尾部分，提出贯彻执行要求，如“请遵照执行”，“请认真贯彻执行”，“请研究贯彻”，等等，也有的通知结尾没有习惯用语。

会议通知和任免通知格式一般比较固定。

3. 通知写作的注意事项

主题单一，内容具体；有针对性；结构可灵活，但条理要清楚；语言准确、简练。

【例文 5.5】

××市环保局关于转发《××县环保局关于开展环保
自检互检工作的总结报告》的通知

各县（区）环保局，各直属单位：

××县环保局是我省环保工作的先进单位，积累了丰富的工作经验。近年来，他们通过开展环保自检和互检，有效地推动了环保工作的深入开展，并取得了良好的效果。他们的经验基本也适于我市。现将《××县环保局关于开展环保自检互检工作的总结报告》转发给你们，望参照执行，以推动我市环保工作的深入开展。

××市环保局

2009 年 2 月 16 日

【例文评析】

（1）体式规范。文中已明确写出“现将《××县环保局关于开展环保自检互检工作的总结报告》转发给你们”，故不必再于正文之后落款之前标出附件标题；“××县总结报告”也不以附件出现，而是该通知的直接发出件，即为同一件。

（2）理由充分。××县与××市无隶属关系，但××县的环保工作做得好，并是全省的先进单位，而且“他们的经验基本也适于××市”。所以，予以“转发”是正常的。

知识链接

公告、通知、通告与通报的区别

1）公告适用向国内外宣布重要事项或者法定事项。

2）通知是运用广泛的知照性公文。用来发布法规、规章，转发上级机关、同级机关和不相隶属机关的公文，批转下级机关的公文，要求下级机关办理某项事务等。

3）通告是在一定范围内公布应当遵守或周知事项时使用的文种，其主要特点是知照性、专业性、约束力。具有规范性、广泛性和业务性的特点。周知性通告：传达告知业务性、事务性事项，一般没有执行要求。规定性通告：公布国家有关政策、法规或要求遵守的约束事项，告知对象必须严格遵照执行。

4）通报是上级把有关的人和事告知下级的公文。通报的运用范围很广，各级党政机关和单位都可以使用。它的作用是表扬好人好事，批评错误和歪风邪气，通报应引以为戒的恶性事故，传达重要情况及需要各单位知道的事项。其目的是交流经验，吸取教训，教育干部、职工群众，推动工作进一步开展。

5.3 报告、请示、批复

5.3.1 报告

1. 报告的含义、特点及种类

（1）报告的含义

报告适用于向上级机关汇报工作、反映情况，回复上级机关的询问的公文。

（2）报告的特点

1）汇报性。凡是报告都是下级机关向上级机关或业务主管部门汇报工作，一般都是将做过的事情报告给上级，让上级掌握基本情况，以利于对工作进行指导。所以汇报性是报告的一大特点，这一特点决定了报告一般是上行文。

2）陈述性。因为报告具有汇报性，是向上级讲述做了什么工作，这项工作是怎样做的，有些什么情况、经验体会、存在问题和今后打算等，所以在行文上一般都用叙述的笔法，即向上级机关或业务主管部门陈述其事。

（3）报告的种类

1）呈报报告是直接向上级机关汇报工作、反映情况的报告。根据具体内容和性质又可分为综合报告与专题报告两种。

2）综合报告用来向上级汇报本单位、本部门一个时期内全面工作或几个方面工作的综合情况，往往有一文数事的特点，如《关于××市十一五规划执行情况的报告》。

3）专题报告是向上级汇报某项工作、某个问题或某一方面情况的报告，往往有一事一报、迅速及时的特点，如《关于元旦春节市场安排情况的报告》。

4）呈转报告是向上级机关汇报工作、提出意见或建议，并请求将该报告批转有关部门或地区执行的报告，如《关于加强野生动物保护管理工作的报告》。

5）回复报告是用于答复上级询问或汇报所交办事情办理结果的报告。回复报告往往是对一些重大事项的答复，对一般性事项用函作答即可，如××市民政局《关于拥军优属情况的报告》。

2. 报告的结构

（1）标题

报告的标题可根据需要省略发文机关，事由和文种是不能省略的。

（2）缘由

缘由是开头部分，又叫导语。报告的缘由是事项的依据，一般写得比较概括，但要将有关情况写清楚，说明报告的原因。导语提出观点、说明情况、摆明依据，为下文叙述报告事项设立前提，增强报告的说服力和逻辑性。

（3）事项

报告的事项是正文的主体，也是报告的核心，是向上级机关报告的具体内容。在写作时，要抓住主要内容，突出重点，有层次、有条理地展开，用最准确、最简洁的语言，把报告的事项写出来。

（4）结尾

一般报告的结尾都有提出要求的习惯用语，根据报告的不同内容使用不同的习惯用语。如常用的有"特此报告"、"以上报告如无不妥，请批转各地和各单位执行"、"专此报告"、"请审阅"、"请批示"等。

3. 报告写作的注意事项

报告写作一般要求在掌握充分材料的基础上，进行综合分析，提炼出正确和新颖的观点，然后用简洁的语言来表述。

（1）立意要新

报告应该在占有大量材料的基础上进行分析研究，归纳出新颖的观点，从而形成主题。

（2）内容要真实、具体

报告的内容必须是真实的，实事求是的，绝不能编造假情况，欺骗上级。

（3）重点要突出

报告的内容要根据主题的要求来安排，分清主次轻重。重点的、主要方面的内容，要安排在前面，应详写；非重点的、次要方面的内容，可略写；可写可不写的内容，就不写。同时，要注意处理好点和面的关系，做到点面结合，眉目清楚，说服力强。

（4）报告中不能夹带请示事项

报告属陈述性文体，或汇报工作，或反映情况，或提出建议，或答复上级的有关询问。对于报告，受文单位不用答复，如果夹带请示事项，不便处理，甚至会贻误工作。需要上级机关解决一些问题，则应该另外用请示行文。这样，才能做到一文一事，专文专用。

【例文 5.6】

关于我省清理整顿公司工作的报告

国务院：

我省于 2008 年 10 月清理整顿公司以来，坚持既坚决又稳妥的方针，抓紧清理整顿方案的拟订和实施，积极查处公司违法违纪案件，努力加强公司的建设和管理，基本完成了党中央、国务院赋予我们的任务，达到了预期的目的。现将这项工作情况报告如下：

1）撤并了一批流通领域的公司，解决了公司过多过滥的问题。（略）

2）查处了公司违法违纪案件，整顿了公司的经营秩序。（略）

3）认真做好撤并公司的各项善后工作。（略）

4）加强了公司管理和法规、制度建设。（略）

××省人民政府

××××年××月××日

【例文评析】

这是一份向上级汇报“对某一指示传达贯彻的情况”的报告，原文 2 000 多字，此为节选稿。标题由事由“关于我省清理整顿公司”和文种“报告”两部分组成。正文前言简要介绍了清理整顿公司的基本做法和效果，然后用“现将这项工作情况报告如下”过渡，从四个方面全面报告了清理整顿公司的工作情况。内容重点突出、条理清晰、结构完整、格式规范。

5.3.2　请示

1．请示的含义、特点及种类

（1）请示的含义

请示是下级机关向直属上级机关或业务主管部门请求指示、批准用的公文，是机关单位经常使用的一种请求性上行文。

（2）请示的特点

1）针对性。只有本单位权限范围内无法决定的重大事项，如重要决定、重要决策、人事安排等问题，以及在工作中遇到的新问题、新情况或克服不了的困难，才可用请示行文，请示上级给予指示、决断或答复、批准，因而请示具有很强的针对性。

2）呈批性。请示是有针对性的上行文，上级领导对于呈报的请示事项，无论同意与否，都必须给予明确的批复回文。

3）单一性。请示应一文一事，一般只写一个受文领导，即使需要同时呈送其他领导，也只能用抄送形式。

4）时效性。请示是针对本单位当前工作中出现的情况和问题，求得上级机关指示、批准的公文，如能及时发出，就会使问题得到及时解决。

（3）请示的种类

1）请求指示的请示。此类请示一般是政策性请示，是下级机关需要上级机关对原有政策规定做出明确解释，对变通处理的问题做出审查认定，对如何处理突发事件或新情况、新问题做出明确指示等请示。

2）请求批准的请示。此类请示是下级机关针对某些具体事宜向上级机关请求批准的请示，主要目的是为解决某些实际困难和具体问题。

3）请求批转的请示。下级机关就某一涉及面广的事项提出处理意见和办法，需各有关方面协同办理，但按规定又不能指令平级机关或不相隶属部门办理，需上级机关审定后批转执行，这样的请示就属此类。

2．请示与报告的区别

请示与报告都属上行文，都是为督促各级领导干部履行职责，对行文负全责，上报的报告、请示首页须注明签发人。两者的区别有如下几点。

1）行文目的、用途不同。这是两类文种最基本的区别。请示旨在请求上级批准、指示，需要上级审批，重在呈请；报告是向上级汇报工作、反映情况，提出意见或建议，答复上级询问，一般不需上级答复，重在呈报。

2）制发时间不同。报告制发时间大都在事后或事中，亦可在事前；请示必须在事前进行，不得“先斩后奏”。

3）内容结构不同。汇报工作、反映情况的报告，有时涉及的问题较多，尤其是综合性报告情况较复杂，结构变化也较多；请示则要求一文一事，结构较固定。

4）主送机关不同。请示一般只主送一个直接上级机关。不宜多头、多级主送，以免因责任不明、或互相推诿影响到办公效率和质量。即使受双重领导的机关、单位上报请示，也应根据内容分别写明主送、抄送机关，以根据主次分清承办责任，由主送机关负责答复请示的问题。而报告有时可多级、多头主送，如情况紧急需要上级领导机关尽快知道的灾情、疫情等。

5）受文机关处理方式不同。请示均属承办件，收文机关必须及时处理，明确作答，限期批复；报告多属阅知件，除需批转的建议报告外，收文机关对其他报告都不作答复。

3．请示的结构

（1）标题

请示标题一般要写明发文机关、事由和文种，发文机关有时也可以省略，如前面提到的《关于丹霞山风景名胜区列为国家重点风景名胜区的请示》。写标题时要注意不要将请示写成报告或是请示报告；缘由中也不要重复出现申请、请求之类的词语。

（2）主送机关

主送机关即接受请示的上级机关或组织，其位置在标题与正文之间，独占一行，顶格写，有时也可省略。主送机关应尽量写全称，除特殊情况外，不能越级写主送机关。

（3）正文

请示的正文包括请示缘由、请示事项、请示要求三个部分。

请示缘由是请示事项和要求的理由及依据，要写在正文的开头，先把缘由讲清楚，然后再写请示的事项和要求，这样才能顺理成章，有说服力。请示的缘由很重要，写得好不好，直接关系到请示事项能否成立，是否可行，关系到上级机关审批请示的态度。因此，缘由要写得有理有据、实事求是。写作缘由时容易出现的毛病是，缘由部分过于简单，没有把要求解决的问题及理由、根据、情况交代清楚，或写得不具体，含混不清，说不清理由和根据。

请示事项。指请求上级机关批准、帮助、解答的具体事项，一般包括方针、政策、办法、措施、主张、看法等。请示的事项要符合国家法律、法规，符合实际，具有可行性和可操作性。因此，事项要写得具体、明白。如请示的事项内容比较复杂，要分清主次，一条一条地写出来，条理清楚，重点要突出。

请示事项应该避免不明确、不具体的情况和把缘由、事项混淆在一起写，否则，受文机关不清楚究竟要解决什么问题。

请示要求是为了使请示的事项得到答复，发文机关一定要提出要求。请示要求一般有如下写法："以上请示，请批复"，"以上意见当否，请指示"，"以上请示，请审批"，等等。这些虽然是很简单的一句话，但它是请示中必不可少的一项内容，不能遗漏，更不能含糊其词。

（4）落款

落款写明发文机关和成文日期。

4．请示写作的注意事项

（1）一文一事

一份请示只能写一件事，这是《国家机关公文处理办法》的规定，也是实际的需要。如果一文多事，很可能导致受文机关无法批复，如果性质相同的几件事需写在一份请示中，必须是同一机关有权批复又可以批复的。一些单位向上级机关请示，经常把好几个问题写在一起，认为只要能解决一个问题就行了，结果一个也解决不了，因为“一文多事”牵涉的机关多，涉及的政策规定也多，任何一个上级机关都很难答复，几个问题同时答复更不可能。

（2）单头请示

一份请示只送一个上级机关或上级主管部门，不能同时主送两个或两个以上机关。如有需要，有关机关可用抄送的形式。这样，可以避免出现推诿、扯皮的现象。受双重领导的机关需向上级机关请示工作时，要根据请示内容的性质，主送一个上级领导机关，抄送另一个领导机关。

（3）不得越级请示

请示与其他公文一样，一般不得越级请示，如果因特殊情况或紧急事项必须越级请示时，要同时抄送越过的机关。请示一般不直接送领导者个人，除个别领导直接交办的事项外。如果把应由秘书部门统一办理的请示直接送领导者个人，容易误事，甚至会造成领导者之间的不协调。

（4）不得同时转发下级机关，更不能要求下级机关执行上级机关未批准和批复的事项

【例文 5.7】

关于申请对外承包劳务经营权资格的请示

××建工集团：

我公司是经国家住房和城乡建设部核定的工业与民用建筑工程施工一级资质企业，成立于××××年××月。公司注册资本××××万元，现有职工××××人，其中高级职称××人，中级职称×××人，机械设备 1 000 多台，总功率 2.2 万 kW。公司在区内外设有土建、设计、装饰、机械施工、设备水电安装、房地产、建筑工程监理、电脑软件开发等 10 多个分公司。在几内亚、冈比亚等国家设有经理部和全合资企业。20 世纪 90 年代以来，公司生产经营实现跨越式发展，主要经济技术指标位居××省内同行业前列，被评为我省最大经营规模建筑企业十强第一名、中国 500 家最大规模和最佳经济效益施工企业，连续 9 年被评为“省

重合同守信用企业”，荣获“全国先进建筑施工企业”、“全国施工技术进步先进企业”、“全国工程质量管理先进单位”、“全国建设系统精神文明建设先进单位”等称号，两次荣获中国建筑工程质量最高奖“鲁班奖”。公司现年施工能力可完成工作量××亿元，竣工面积××多万平方米。

前年，我公司通过了ISO 9002国际质量体系认证，在工作质量方面，取得了走向国内外市场的通行证，企业管理已与国际接轨。为拓展经营渠道，搞活国有企业，提高国有资产增值率，我公司现申请对外承包劳务经营权资格，申请对外经营范围为：

1）承包境外工业与民用建筑工程及境内国际招标工程。

2）建筑材料（产品）、设备出口。

3）对外派遣实施境外工程需要的劳务人员。

特此请示，请批复。

××建工集团第×建筑工程有限责任公司

××××年10月25日

【例文评析】

这是一份请求批准的请示。正文第一段和第二段第一句通过陈述公司的历史、设施设备及获得的各种荣誉表明实力，作为申请事项的依据、缘由。目的句之后提出申请的事项，即对外承包劳务经营权资格及对外经营范围。结语以请示习惯用语提出请求。本文主旨鲜明，将公司的实力作为行文重点，思路清晰，结构合理。

5.3.3 批复

1. 批复的含义、特点及种类

（1）批复的含义

批复是适用于答复下级机关请示事项的公文，由上级机关对下级机关的请示做出明确具体的批示和答复。

（2）批复的特点

1）被动性。批复必须以请示为存在条件，先有请示后有批复。任何一份批复都是因为有请示才形成的，这一点和大多数行政公文不同。

2）针对性。批复内容有很强的针对性，请示什么事项，就批复什么事项，绝不能离开请示的内容来批复。因此，批复的内容是由请示的内容决定的，批复的针对性还体现在批复的主送机关只能是请示的机关，涉及的有关机关可以抄送，但范围必须有一定限制。

3）权威性。下级机关向上级机关请示，上级机关用批复给予回复。请示的事项往往是要求批准一些政策、措施，处理一些重大问题的办法，或者要求解释、答复一些政策性的、复杂的问题。上级机关表态并回复准许怎样做，不准许怎样做。批复带有明显的权威性。

（3）批复的种类

1）是审批性批复。审批性批复主要是针对下级机关请示的公务事宜，经审核后所做的指示性答复。如关于机构设置、人事安排、项目设立、资金划拨等事项的审批。

2）指示性批复。指示性批复主要是针对方针、政策性问题进行答复。这一类批复不只是对请示机关提出请示事项的答复，而且批复的指示性内容，在其管辖范围内，具有普遍的指导和规范作用。另外，授权政府职能部门发布或修改行政法规和规章的批复，也属于指示性批复。

2．批复的结构

（1）标题

1）发文单位。批复的发文单位即行文主体，既不能不写，也不能随意略写或简化。

2）事由。批复的事由大致有两种写法，一种是用表示关联范围的介词“关于”加上请示或批复的事项来表述，如《国务院关于 2000 年全国治沙工程规划要点的批复》；另一种是在“关于”和请示或批复事项中间再插入一个表态动词“同意”来表述，如《国务院关于同意开放×××航空口岸的批复》。

（2）正文

1）引语。批复的开头通常要引述来文作为批复的依据，引述的方法有四种：第一种是结合请示的日期引述，如“××××年××月××日来文收悉”；第二种是结合来文的日期和文号引述，如“××××年××月××日×号来文收悉”；第三种是结合来文日期和来文名称，如“××××年××月××日《关于×××的请示》收悉”，第四种是结合来文日期和请示事项，如“××××年××月××日关于×××问题的请示收悉”。

2）主文。主文是批复的主体，这部分应针对下级机关请示的事项，表示同意与否的态度，有时还要阐述同意或不同意的理由。答复请示事项针对性要强，答复要明确具体，简明扼要，表达要准确无误。

3）结尾。结尾是批复正文的最后部分，它的写法有三种：第一种是提行写“此复”或“特此批复”；第二种是写希望和要求，给执行请求事项的答复指明方向；第三种是秃尾，就是请示事项答复完毕就告结束，此种结尾方法使用的频率越来越高。

（3）落款

落款一般包括署名和成文时间两个项目内容。署名写上批复机关名称，并加盖公章；成文时间写明年、月、日。

3．批复写作的注意事项

（1）全面掌握请示的内容。

批复是针对请示来写的，要求写作人员认真研究请示的事项是否符合近期的工作需要、党的方针政策、国家的法律法令等；还要研究请示事项的可行性，是否符合客观实际。

（2）态度鲜明，批复清楚。

批复的内容要简单明了。对请示的事项哪些同意，哪些不同意，有什么具体要求，都要在批复中讲清楚，不能含混不清；如果是不同意的，要简单地讲清道理。

（3）语言精练准确，篇幅短小。

批复的语言要精练准确，简明扼要，语气坚决、肯定，使请示机关一看就明白。批复一般表明态度，提出具体要求，不需长篇叙述和说理，因此篇幅不宜过长。

【例文5.8】

××县人民政府关于××乡人民政府兴建砖瓦厂问题的批复

××乡人民政府：

你乡××××年4月16日《关于兴建砖瓦厂的请示》(××发［××××］×号)收悉。经研究，现答复如下：

改革开放以来，农村盖房使用砖瓦量确实明显增加，因此各乡纷纷兴建了砖瓦厂。据调查，我县已经有40%的农户盖了新房；约30%的农户近年内不拟盖新房，砖瓦需求量相对趋于缓和。其余拟盖房户所需砖瓦的数量，我县现有砖瓦厂完全可以满足。因此，凡申报新建砖瓦厂的请求一律不予同意，以免供过于求，出现新的问题。

特此批复。

××县人民政府

2013年4月20日

【例文评析】

这是一则不批准请求事项的批复。正文首先引入请示标题及文号，以“经研究，现答复如下”引出否定新建砖瓦厂的理由。全文以“特此批复”做结尾，还附带对同类请示做了表态，具有很强的工作导向性。

5.4 函、纪要

5.4.1 函

1. 函的含义、特点和种类

（1）函的含义

函是不相隶属的机关之间相互商洽工作，询问和答复问题，请求批准和答复审批事项的公文。函也叫信函，作为公文的函是指机关使用的公函，与其他主要文种同样具有由制发机关权限决定的法定效力。

（2）函的特点

1）适用范围广泛。函可用于相互商洽工作，询问和答复问题，又可以用于向主管部门请求批准事项，也可用于答复审批事项。

2）行文方向的多向性。既可平行，又可以上行、下行，但其基本性质，应看作平行文。

3）短小精悍，简便灵活。一般的函是很短小的，内容单一，语言简洁，有的便函只有三言两语，因此，函有公文“轻骑兵”的誉称。

（3）函的种类

从行文目的及内容看，函可分为商洽函、问答函、请批函和批答函四种。

1）商洽函。商洽函是相互商洽工作的函，单位之间有事项需要联系商洽，用其他公文联系不合适的，都可用函来联系商洽，如《关于商请派车运送民工的函》。

2）问答函。问答函是机关之间用来相互询问和答复问题的函，如《××省科学技术委员会关于询问贯彻全省科学技术工作会议情况的函》。

3）请批函。请批函是向有关主管部门请求批准的函。这种函多是向业务主管部门或归口管理部门请求批准的事项。注意不要错用请示行文，如《××学校关于拨款举办艺术节的函》。

4）批答函。批答函是经主管部门授权的部门以函的形式对有关单位请求审批的

事项进行答复，既可用于批准同意的答复，也可用于不同意批准的答复，如《关于拨给大型电视连续剧×××摄制经费的复函》

2．函与请示、批复的区别

（1）函与请示的区别

函与请示都有请求批准的用途，因此函和请示容易混淆。例如，某县文化局向县财政局行文申请拨款，用请示行文，显然用错文种了，应该用函行文，因为行文单位之间是平级单位。函与请示的区别在于，函主要用于平级单位之间、不相隶属单位之间及有业务主管和被主管关系的单位之间。向主管单位请求批准有关事项，主管单位用函答复批准请求事项。请求则是用于有隶属关系的上下级机关，下级机关用请示向上级机关行文请求批准重要事项。因此，我们在使用请示和函时，要弄清发文机关和受文机关的关系，然后确定用什么文种。

（2）函与批复的区别

函有发函与复函之分，复函是用于回复来函单位商洽的事项，用于平级单位、不相隶属单位，也可回复上级单位的来函。批复则是用于批准答复下级机关的请示，批复的事项一般比较重要。从使用范围来看，函比批复更广泛，使用更灵活。

3．函的结构

函的结构与其他行政公文一样，由标题、受文机关、正文、落款等部分组成。有的函可以没有标题，有的函可以不打印，不编号，不盖印，这种函叫便函。

（1）标题

函的标题有多种写法，一种是发文机关、事由、回复函对象、文种，如《国务院办公厅关于悬挂国徽等问题给湖北省人民政府办公厅的复函》，这是较重要复函常用的标题。另一种是只写事由、文种，省略发文机关，如《关于请求增拨设备维修费的函》、《关于拨款举办“民间艺术节”的复函》，前例为发函标题、后例为复函标题。还有一种是省略事由的，如《××省高级人民法院函》，这种情形不多见。

（2）正文

函的正文包括缘由、事项、结语三部分。

缘由，指发出本函的原因，一般简明扼要。如复函的缘由一般写：“你单位××××年××月××日关于××××的来函收悉。”

事项，指函的主体内容，根据需要把内容写出来，或商洽，或请求批准，或询问，或答复。不管写哪种函，事项必须清楚、具体、明确、扼要，切忌在函中长篇大论。

结语。一般使用公文术语，如“特此函告”，“特此函达”，“请复”，“特此函复”，“此复”，等等。

（3）落款

正文右下方署名、署时并盖公章。

4．函的写作要求

（1）开门见山，直叙其事

这是函写作最基本的要求。因为函是一种比较简便的行政公文，讲究快捷，所以函一般写得很简短，简明扼要，切忌空话、套话，或者含糊其词，不知所云。

【例文 5.9】

关于召开共青团××省第××次代表大会有关问题的复函

团省委：

《关于召开共青团××省第××次代表大会的请示》收悉，省委同意于今年 12 月召开共青团××省第××次代表大会，请按有关规定做好筹备工作。并请各级党委及省直属有关单位指导团委开好团代会，认真做好推选出席第××次团代会代表的工作。

此复。

××× 办公厅

××××年××月××日

【例文评析】

这是一封批答函，标题由事由“关于召开共青团××省第××次代表大会有关问题”和文种“复函”组成。正文简明扼要地指出了发函的原因，答复了请示。结语使用了公文术语“此复”。

（2）措词得体，平等待人

函是一种多向平行文的公文，可以在任何单位之间行文，因此，语言表达非常讲究，必须有礼貌，要以诚恳合作的态度，平等待人，对上要尊重、谦敬，但不恭维逢迎；对下，要严肃，但不自傲训人；对平行单位，不相隶属单位，要以礼待人，用商量口气，不盛气凌人。

【例文 5.10】

中国科学院××研究所关于建立全面协作关系的函

××大学：

近年来，我所与你校双方在一些科学研究项目上互相支持，取得了一定的成绩，建立了良好的协作基础。为了巩固成果，建议我们双方今后能进一步在学术思想、科学研究、人员培训、仪器设备等方面建立全面的交流协作关系，特提出如下意见：

1）定期举行所、校之间学术讨论与学术交流。（略）

2）根据所、校各自的科研发展方向和特点，对双方共同感兴趣的课题进行协作。（略）

3）根据所、校各自人员配备情况，校方在可能的条件下对所方研究生、科研人员的培训予以帮助。（略）

4）双方科研教学所需要高、精、尖仪器设备，在可能的条件下，予对方提供使用。（略）

5）加强图书资料和情报的交流。

以上各项，如蒙同意，建议互派科研主管人员就有关内容进一步磋商，达成协议，以利工作。特此函达，务希研究见复。

中国科学院××研究所

××××年××月××日

【例文评析】

这是一封商洽函，标题由发文机关“中国科学院××研究所”、事由“关于建立全面协作关系”和文种“函”三部分组成。正文主要介绍关于双方加强学术等方面协作事宜。文章言简意赅，首先说明了去函的缘由，接着围绕协作，提出意见。结语使用了公文术语“特此函达”。

5.4.2 纪要

1．纪要的含义、特点及种类

(1) 纪要的含义

纪要是记载、传达会议情况和议定事项的公文。它根据会议记录、会议文件和其他会议资料分析归纳而成。它既可上呈，也可下达，被批转或转发有关单位遵照执行。它的主要作用是沟通情况、交流经验、统一认识、指导工作。

（2）纪要的特点

1）纪实性。纪要如实反映会议的内容和议定事项，不能把没有经过会议讨论的问题写进会议纪要。

2）简要性。纪要通常是通过摘要式将会议的主要内容、议定事项写出来，有条理地、有重点地、简明扼要地陈述事项，说明问题。

3）独特的发布方式。纪要没有独立行文功能，如需将纪要报送上级机关，必须用一份报送报告加以说明，随会议纪要一并上呈。如需将纪要印发下级机关，就要附一通知在前面，才能发至下级各级机关。

（3）纪要的种类

纪要的种类有很多，从内容来分，有工作纪要、座谈会纪要；从性质来分，有决策性纪要、协调性纪要和研讨会纪要；把内容性质结合起来分，有决策性纪要和研讨性纪要。

1）决策性纪要。会议经过讨论后达成共识，提出对某项具体工作的意见和建议，议定的事项要求有关单位共同遵守和贯彻执行，起决策和指导作用，同时还有行政约束力。

2）研讨性纪要。这类会议通过对有关方针政策或学术问题的探讨，起到交流经验的作用，因此，这类纪要主要是让有关方面了解会议情况，没有行政约束力。但是，如果涉及的问题对工作有指导作用，并且经领导机关批转有关单位，那它的作用就和决策性会议纪要相同。

2. 纪要与会议记录的区别

（1）性质不同

纪要是规定性行政公文，而会议记录是记录会议情况和议定事项的事务性文书。

（2）内容的繁简程度不同

纪要的内容是对会议记录进行整理提炼而形成的会议内容的要点，重点体现会议的宗旨，而会议记录是对会议情况的原始、详尽的记录，重点体现会议的过程性和具体性。

（3）形式有所不同

纪要具有公文的规范格式，而会议记录的形式则比较灵活自由。会议纪要通常采用总分式结构，而会议记录则采用顺时结构。

（4）处置方式和作用不同

纪要一般以文件的形式发布或在报刊上公开发表，用来传达会议情况和议定事项，而会议记录只作为内部资料，以备查考。

3．纪要的结构

纪要的结构一般由首部、正文和尾部三部分组成。

（1）首部

首部的主要项目是标题。有的会议纪要的首部还有成文时间等项目内容。

纪要的标题通常由会议名称和文种构成，如《全国城市爱国卫生现场经验交流会议纪要》、《关于改革××局、××局管理体制的纪要》等；也有的由发文机关、会议名称和文种构成，如《××集团公司经理办公室纪要》。

成文时间即会议通过的时间或领导人签发的时间。一般在标题下居中位置用括号注明年、月、日，也有把成文时间写在尾部的署名下面。

（2）正文

纪要正文的结构由前言、主体和结尾三部分组成。

1）前言。首先概括交代会议的名称、时间、地点、主持人、主要议程、参加人员、会议形式及会议主要的成果，然后用“现将这次会议研究的几个问题纪要如下：”或“现将会议主要精神纪要如下：”等语句转入下文。这项内容主要用以简述会议的基本情况，所以文字必须十分简练。

2）主体。主体是纪要的核心内容，主要记载会议情况和会议结果。写作时要注意紧紧围绕中心议题，把会议的基本精神，特别是会议形成的决定、决议，准确地表达清楚。对于会议上有争议的问题和不同意见，必须如实予以反映。

3）结尾。结尾属于选择性项目，一般是向受文单位提出希望和要求。有的则没有这部分，主体内容写完，全文即告结束。

（3）尾部

尾部包括署名和成文时间两项内容。署名只用于办公会议纪要，写明召开会议的机关单位名称。一般会议纪要不需要署名，不加盖公章。至于成文时间，如果在首部已注明，就不再写。

4．纪要写作的注意事项

1）要正确地集中会议的意见。没有取得一致意见的，一般不写入纪要。但对少数人意见中的合理部分，也要注意吸收。

2）例会和办公会议、常务会议的纪要，重点将会议所研究的问题和决定事项逐条归纳，做到条理清楚，简明扼要。

3）纪要用“会议”做主语，即“会议认为”、“会议确定”、“会议指出”、“会议强调”、“会议听取了”、“会议讨论了”等。

4）纪要写成后，可由会议主办单位直接印发，也可由上级领导机关批转。有的会议纪要还可由会议主办单位加按语印发。

【例文 5.11】

全国城市经济体制改革试点工作座谈会纪要

（××××年××月××日）

××××年××月××日至××日，国家体改委在××省××市召开了全国城市经济体制改革试点工作座谈会。三十一个省、自治区、直辖市体改委（办）的负责同志，五十八个试点城市的负责同志，以及中央、国务院有关部门的负责同志共 200 多人参加了会议。会上传达学习了中央领导同志最近的重要讲话，交流了试点城市改革的情况和经验，研究了在新形势下积极推进城市经济体制改革进一步开展的工作。

1）统一认识，明确今年改革的方针和主要任务。（略）

2）进一步简政放权，政企分开，搞活企业。（略）

3）充分发挥社会主义市场经济，理顺经济关系。（略）

4）精心指导，保证改革健康发展。（略）

与会同志一致表示，当前改革进入攻坚阶段，我们要坚定地贯彻党中央和国务院的部署，精心组织，精心指导，搞好调查研究，把城市经济体制改革引向深入，为建立有中国特色的社会主义市场经济做出新贡献。

【例文评析】

这是一篇专题性纪要。标题由会议名称加文种构成。正文的导言部分将会议的基本情况做了概述，主体部分用条文式把会议议定的事项分条列出来，一目了然。没有使用专门结尾用语。该会议纪要文字简练，条理清晰。

练 习 题

1. 名词解释

公告　通告　通报　通知　请示　报告　批复　函　纪要

2．简答题

（1）公文的语言特点有哪些？

（2）公文的写作要素包括哪些？

（3）公文的写作要求是什么？

（4）撰写公告应注意哪些事项？

（5）通告主要有哪些写作要求？

（6）去函与复函在写法有何不同？

（7）纪要主要有哪些写作要求？

3．分析题

要求：分析各类文书的不当之处，并改正。

（1）

关于区教育局校办企业管理科更名的请示报告

区委、区政府、区经委：

经局务会议讨论通过，决定将局校办企业管理科更名为××区校办工业总公司，原该科科长张××同志任总经理。以上请求如无不当，请即批复并转发有关单位。

××区教育区

2010 年 7 月 6 日

（2）

×××市××区工商行政管理通告

我局根据《公司登记管理暂行规定》对××商贸公司进行了清理。经过清理，已于 1996 年 12 月 11 日正式注销××商贸公司，并公告全省各地工商行政管理部门。现发现××商贸公司继续以原公司名义从事非法经营活动。为此，我局再次公告:凡所持原××商贸公司营业执照（包括营业执照副本）、印章、介绍信、合同纸、名片等一律无效。对发现使用上述无效证件者（包括复印件），请扣留交我局。

（3）

××县政府文件

××府发（1996）41 号　签发人×××

申请购买佳能 NP—2 型复印机和 AST486 型微机的请示

××县控制社会集团购买办公室：

近年来，政府机关公文印制、翻印数量激增，但办公室文印室的印刷设备和打字员人数过少，已不能适应当前工作的需要。为保证县政府机关公文处理工作的正常进行，决定购买佳能 NP-2 型复印机和 AST486 型微机（含配套装置）各一台（套），共计 3.2 万元。可否，请予批准。

××县人民政府

1996 年 5 月 31 日

4．写作练习

（1）根据下面提供的材料，请以××市商业局的名义向××省商业厅起草一份报告。

1）××年 2 月 20 日上午 9 点 20 分，××市××百货大楼发生重大火灾事故。

2）事故后果：未造成人员伤亡，但烧毁三层楼房一幢及大部分商品，直接经济损失 792 万元。

3）施救情况：事故发生后，市消防队出动 15 辆消防车，经 4 个小时扑救，大火被扑灭。

4）事故原因：直接原因是××电焊违章作业，电焊火花溅到易燃货品上引起火灾，但也与××百货公司管理部门及员工安全思想模糊，公司安全制度不落实，许多安全隐患长期得不到解决有关。

5）善后处理：市商业局副局长带领有关人员赶到现场调查处理；市人民政府召开紧急会议；市委、市政府对有关人员视情节轻重，做了相应处理。

（2）根据下述材料，拟写一份请示。

××省外资局拟于××年 12 月 10 日派（局长×××等 5 人）到美国纽约市××设备公司考察引进设备。此事须向省政府请示。该局曾与对方签订过引进设备的合同，最近对方又来电邀请前去考察。在美考察时间需要 20 天，所需外汇由该局自行解决。各项费用预算，可列详表。

第 6 章

常用事务文书

学习目标

◎ 掌握工作计划、工作总结、述职报告、工作简报的概念、特点、作用及种类；

◎ 掌握各种文种的结构和写作注意事项；

◎ 能撰写工作计划、工作总结、述职报告、工作简报等事务文书。

导入案例

耶鲁大学对毕业生进行了一次有关人生目标的调查。当被问及是否有清楚明确的目标及达成的书面计划时，结果只有 3%的学生做了肯定的回答。20 年后，有关人员又对这些毕业多年的学生进行跟踪调查，结果发现，那 3%有达成目标书面计划的学生，取得的财富是其他 97%的学生的总和。

【案例思考】

1．做事之前必须有计划吗？为什么？

2．如何行文呢？计划的内容要素包括哪些？

6.1 事务文书概述

6.1.1 事务文书的内涵、特点和作用

1．事务文书的内涵

事务文书是机关、团体、企事业单位为反映事实情况、解决问题、处理日常事务而普遍使用的文书，它具有很强的实用性、事务性和某种惯用格式。从广义上说，

事务文书也是一种公务文书，目的是处理公务和传递信息，使用事务文书这一名称，是相对于正式公文而言的。

2. 事务文书的特点

（1）对象的明确性

事务文书的写作有明确的对象、特定的读者，对对象有明显的约束力，如给所属上级单位的计划、总结、简报、调查报告等。

（2）内容的实效性

事务文书是直接用来处理事务工作的，要注意实用，讲求效率。为此，事务文书从主旨的确立、材料的使用到写作形式的运用要讲求实际和效率，便于文书内容的落实和处理。

（3）一定的程式性

事务文书一般都有一定的程式性，有约定俗成的惯用格式。虽然它不像法定公文那样有着非常严格的格式要求，但在长期的应用中，事务文书的实用性和真实性决定了它逐渐形成了较为稳定的结构层次、习惯用语、处理程序等组成要素。虽然格式上有一定的灵活性，但总体上是相对稳定的。

（4）较强的时限性

事务文书总是针对工作、生活中的具体事务而撰写的。而一项工作任务的完成，一个问题的解决，大都有一定的时间要求，虽然它没有法定公文那样紧迫，但同样也要在限定的时间内及时完成，否则很难发挥事务文书的作用。

3. 事务文书的作用

事务文书是适应管理的需要而产生的，它在行政事务管理过程中发挥着巨大的作用。它是各级机关用以安排布置工作，交流和总结经验，沟通情况信息，规范和约束行为的重要工具和手段。具体而言，其作用主要体现在以下几个方面。

（1）对领导决策具有参谋作用

事务文书具有的咨议性特征，决定了这类文书对领导决策具有参谋作用。

（2）对具体工作具有规定约束作用

事务文书是因事而制的，它的制发者可以是个人作者，也可能是法定作者。凡以法定作者名义制发的事务文书，在行政管理中具有规定约束作用。

（3）对读者具有认识作用

在行政管理中，需要借助像事务文书这样的文字材料来交流情况，而这些记录着经验、情况的文字材料，能跨越时空进行交流。

（4）留存备考，依据凭证

党政机关的一些常用事务文书，如会议记录、大事记等，是机关公务活动的原始记录，具有很高的保存价值。同时，它们又可作为落实、检查工作的依据和凭证。

6.1.2　事务文书的种类

1．计划类文书

计划类文书是单位或个人对一定时限内的工作进行筹划和部署的文书，包括规划、设想、计划、方案、安排、预案等。

2．报告类文书

报告类文书是反映工作状况和经验，对工作中存在的问题或具有普遍意义的重要情况进行分析研究的文书。这类文书包括总结、述职报告、调查报告、工作研究等。

3．简报类文书

简报类文书是记录性文书。这类文书包括简报、典型材料等。

4．会议类文书

会议类文书为专门会议所形成，主要体现会议的基本精神，包括开幕词、闭幕词、工作报告、讲话稿等。

6.1.3　事务文书的写作注意事项

1．写作目的要明确

要根据不同的具体事项选择不同的文种来写作，使事务文书具有很强的针对性。这种针对性往往体现在发文单位对开展某项工作的指导性需求上，如计划是对今后的工作提出明确的设想；总结是对前一阶段工作的经验教训做出认识，以便今后更好地开展工作；调研报告是对某些具体问题进行研究，其目的是弄清事实，解决问题，从而促进工作；简报则是要及时反映工作进展，出现的情况，存在的问题等，其目的在于了解和掌握工作的全局。

2．运用材料要真实

由于事务文书要运用于具体的工作实践当中，对工作具有很强的指导性和规约性。如果对基层工作缺少深入的研究，对某些问题缺乏真实的了解，那么所写的事务文书只能停留在工作的浅层，不可避免地会给工作带来某些缺失。写作中运用材料首先要力求占有材料具体、翔实和充分，这样才可能有选择的机会。其次是所选择的材料必须是真实的，是符合生活实际的，没有虚假或作秀的成分。最后是所选材料应尽可能具有代表性和典型的价值，这样才能使材料所提示的主旨是揭示本质的。

3．写作态度要实事求是

实事求是的态度是写好事务文书的重要求条件，对事务文书写作态度的要求，往往就是对工作态度的要求。事务文书所涉及的内容多是预见未来，发现问题，解决问题，总结经验教训或做出工作评价等诸方面。这些内容的写作往往需建立在作者对工作的一种正确认识之上，而对某些问题（情况、工作）的认识在很大程度上又取决于态度。所以无论是做好工作，还是写好事务文书，都需要有实事求是的精神。

6.2 工作计划

6.2.1 工作计划的含义、特点和种类

1．工作计划的含义

工作计划是对未来一定时期内的工作、学习、生活等拟定实现目标、方法、措施和步骤的一种文书。

2．工作计划的特点

（1）科学的前瞻性

由于计划都是在事前制定的，因此，必须具有科学的前瞻性，对未来一段时间内各种因素的变化和可能发生的问题，要有周密的考虑和足够的估计，对可能达到的目标做出实事求是的预测。

（2）独特的创新性

计划的内容一定要有自己的特点和新意，要有新目标、新措施、新思路。如果每年的计划都是老一套，那么这个计划就没有制定的必要了。

（3）行动的指导性

计划一经制定，就成为有关单位或个人一段时期内行动的方向和开展工作的依据。计划所制定的目标，鞭策人们为此奋斗；计划所列出的方法和措施，指导人们如何奋斗，因此，可避免工作的盲目性。

（4）操作的可行性

计划虽然是人们对未来工作的预测和设想，但绝不是不切实际的幻想或胡思乱

想，而是从实际出发，符合客观事物发展规律的预想。计划提出的目标，是通过努力能够实现的，其措施和方法也是切实可行的，否则，这个计划就是一纸空文。

3．工作计划的种类

计划是个统称，按照其内容特点还可细分为规划、设想、要点、打算、安排、方案等。规划是带有全局性、长远性和方向性的计划；设想是初步的、粗线条的、不太成熟的计划；要点是对工作的主要方面做出的简明扼要的计划；打算是对近期要做的事情做出的初步的、内容不够全面、具体的计划；安排是对近期要做的事情做出的内容比较具体的计划；方案是对某项工作做出的全面、具体、部署周密的计划。写工作计划的时候，可根据不同的内容要求选择恰当的种类。

6.2.2　工作计划的结构

工作计划一般由标题、正文、落款和日期三部分组成。

1．标题

工作计划一般用单行标题，常见的有两种形式：一种是完全式标题。这种标题由制定计划的单位名称、时间、内容和文种四部分组成，如《××大学 2009 年重点学科建设方案》；另一种是省略式标题，这种标题或省略制定计划单位的名称，或省略计划的时间，或同时省略上述两项，如《2009 年生产计划》、《××市公安局扫黄打黑工作方案》、《体育锻炼达标计划》。采用省略式标题的计划，必须在正文或落款里清楚明晰地写明被省略掉的内容。如果是非正式计划，要在标题后面或下方用括号注明初稿、草案、讨论稿、征求意见稿等字样。

2．正文

（1）导言（前言）

它简要地说明制定计划的背景、依据、目的和意义。

（2）目标和任务

这部分是计划的核心，它包括两个方面：一是总的目标和任务，这部分写得比较概括。二是各部门、各时段的任务，这部分要分条列项写具体。对于一些短期的或简单的计划来说，这两个方面可合在一起写。

（3）因素分析

这部分是对完成任务的各种有利因素和不利因素的分析，也是对实现计划的可行性的说明和评估。它为提出实施计划的措施和步骤奠定了基础。

（4）措施和步骤

这部分是计划的重点，它以第三部分为依据，是第二部分内容落实的保障。这部分要说明完成任务的具体措施、行动步骤和完成的时间。为了眉目清楚，一般采用以序数词列项或用小标题的形式书写。

工作计划正文的这四个部分是有着内在的联系的，不管工作计划的外在结构形式如何变化，这四项内容一般都会分布其中，只不过有详有略。当然，对于一些非常简单的计划而言，也可以略去第一项和第三项，但目标、任务和措施、步骤是任何一份工作计划都必不可少的。有的工作计划在正文的最后还提出执行计划时应注意的事项，或提出希望与号召以收束全文。

3．落款和日期

在正文的右下方注明制定计划的单位名称或个人姓名，并在署名的下方写明制定计划的年、月、日。如果在计划标题中已标明单位名称，可省略署名。

6.2.3　工作计划的写作注意事项

1．调查研究，实事求是

制定计划前，必须深入实际，认真的调查研究，既要“吃透”上级的精神，又要虚心听取群众的意见，“摸清”本单位的实际情况，分析主客观条件，尽可能预测到计划执行过程中的困难和问题，以便在计划中写明预防和解决问题的方法。制定计划时还要从本单位、本部门的实际出发，任务和指标应是经过各方面的努力可以达到的理想指标，既不要过高，也不能过低。计划切忌说假、大、空话，写得不实用。

2．内容具体明确，语言简明扼要

计划是将所要进行的工作做出的安排和打算，为收到良好的效果，计划的整体设想要明晰，并将实现目标的途径和办法一条一条地列出来。计划切忌语言含糊，职责不清。计划的内容一般要分条分项来写，叙述要平直、说明要简洁。如内容复杂，每个问题可设小标题，以示醒目。

3．内容要有针对性和灵活性

计划的内容既要全面，又要有针对性，重点要突出。一个单位、一个部门，在一定的时期内，有许多工作需要做，如果全部并列起来，平均使用力量，就会影响重要工作的完成。因此，我们在制定计划时，要针对本单位、本部门的工作重点，保证计划中能够反映出当前要解决的主要问题。计划是根据客观情况制定的，客观情况在不断地变化，所以计划还要有灵活性，应留有一定的余地，当某种未预见的因素发生时，计划能及时调整、完善和补充。

【例文6.1】

××学院20××年语言文字工作计划

20××年是全面实施我省语言文字工作“十五”规划、确保如期实现新世纪初语言文字工作目标的关键一年，根据《××省语委办20××年工作要点》和《××省普通高等学校语言文字评估指标体系》，结合我校实际情况，特制定《××学院20××年语言文字工作计划》，以下简称《计划》。

1．工作目标

1）全校上下积极准备迎接省语委的语言文字工作评估，力争达到《××省普通高等学校语言文字评估》标准。

2）继续积极推广普通话。师生在教学中使用普通话率达到100%。师生员工在教学、工作、会议、宣传和其他集体活动中使用普通话率达到100%。

3）继续搞好汉字规范化。校内标牌、指示牌、标语（牌）、印章，各级橱窗宣传栏、张贴物、布告、课堂板书，以及各种活动的会标等用字规范率达到100%。校内公文，学校出版的书、报、刊、音像、电子出版物，学校自制的奖状、证书、招生广告（简章）、处级以上干部名片，以及各种宣传资料等用字规范率达到100%。

4）争取申请建立××学院普通话测试站，面向学生进行测试。

2．具体措施

1）深入开展“第七届全国推广普通话宣传周”工作，会同有关单位多形式、多渠道地开展《国家通用语言文字法》的宣传教育，进一步拓宽宣传领域，加大宣传力度，创设良好的文字规范化舆论氛围和社会环境。

2）开展普通话水平培训、测试与辅导工作。今年继续选派3～4名青年教师参加××省普通话测试员的学习，选派1～2名青年教师参加国家级普通话测试员的学习，争取年内建立××学院普通话测试站，面向学生进行测试。

3）狠抓制度建设，健全校语言文字工作网络。教务处、团委分设语委会兼职秘书，负责协调、监督学校行文、科研、管理、教学、广播、出版、海报、网站、校内重大活动和学生社团活动等规范用语用字情况。各院、系、部、处要有专人负责语言文字规范化工作（一般由办公室主任或工会小组长兼任）；各教学班应设立语言文字规范化监督员（班级学习委员或团组织宣传委员），在校语委的统一部署下，开展部门（班级）语言文字规范化宣传、整治与监督工作。

4）在校园网主页上设置语言文字专栏，积极宣传《国家通用语言文字法》和省语委、省教委其他有关文件，及时报道学校有关工作动态、先进事例。校园内设置语言文字固定宣传栏、标志牌，定期做好布置、维护工作。在校报上不定期设立“语言文字专栏”。

5）继续贯彻“凡1954年1月1日以后出生的教师在教学活动中必须讲普通话”的规定。将普通话作为教学用语、板书必须规范用字的要求纳入学生评教、教学考核重要内容。各部门语言文字整治工作应与部门年度考核挂钩。

6）依托社科学院中文教研室，继续在《应用写作》等课程教学中，开展大学生语言文字规范化教育。组织汉语专业教师逐步开展学生普通话测试，测试成绩与学生平时考核挂钩（除少数民族学生外）。年内完成校播音员的省级普通话测试，做到持证上岗。

7）鼓励教师、学生和广大干部，尤其是汉语专业教师和文学类学生社团开展语言文字科学研究。

8）配合第七届全国语言文字“宣传周”，语委办与校党委宣传部、团委等联合起来开展形式多样的推广普通话活动，加大语言文字规范化工作的宣传力度。年内举办若干语言文字规范化师生知识竞赛、专题讲座、师生普通话演讲比赛等，增强广大师生员工的语言文字规范化意识，充分展现与弘扬中华语言美、文字美。

为保证做好本《计划》的落实，校内各部门应采取有效措施，创造性地开展工作。近期应结合学习、分解《评估指标》，找出自身不足，制定部门语言文字规范化工作计划，落实部门整改措施，并上报校语委。学校将于年内组织专家组检查本《计划》及各部门整改措施的具体落实情况，并开展“××学院语言文字工作先进单位、个人”评比表彰活动。对开展该项工作明显不力的单位（分管领导）将要求限期整改。

附：××学院20××年语言文字工作主要活动安排

【例文评析】

这是一篇专题性计划，采用了条文式写法。结构完整，语言平实、简洁、准确。标题采用了“单位名称、适用期限、计划内容和计划种类”的完整写法，正文的前言对制定计划的依据、出发点和计划事项做了总的概括，主体部分目标明确，措施得当。措施及主要活动安排规范了各部门应该完成的工作，为各部门制定详细实施计划明确了方向，操作性强，计划的结尾进一步强调了实施计划的要求。

6.3　工作总结

6.3.1　工作总结的含义、特点和种类

1．工作总结的含义

工作总结，就是把一个时间段的工作进行一次全面系统的总检查、总评价、总分析、总研究，分析成绩、不足、经验等。总结是应用写作的一种，是对已经做过的工作进行理性的思考。总结与计划是相辅相成的，要以工作计划为依据，制定计划总是在总结经验的基础上进行的。其间有一条规律：计划—实践—总结—再计划—再实践—再总结。

2．工作总结的特点

（1）自我性

总结是对自身社会实践进行回顾的产物，它以自身工作实践为材料，采用的是第一人称写法，其中的成绩、做法、经验、教训等，都有自指性的特点。

（2）回顾性

这一点总结与计划正好相反。计划是预想未来，对将要开展的工作进行安排。总结是回顾过去，对前一段的工作进行检验，但目的还是为了做好下一阶段的工作。所以总结和计划这两种文体的关系是十分密切的：一方面，计划是总结的标准和依据；另一方面，总结又是制定下一步工作计划的重要参考。

（3）客观性

总结是对前段社会实践活动进行全面回顾、检查的文种，这决定了总结有很强的客观性特点。它是以自身的实践活动为依据的，所列举的事例和数据都必须完全可靠，确凿无误，任何夸大、缩小、随意杜撰、歪曲事实的做法都会使总结失去应有的价值。

（4）经验性

总结还必须从理论的高度概括经验教训。凡是正确的实践活动，总会产生物质和精神两个方面的成果。作为精神成果的经验教训，从某种意义上说，比物质成果更宝贵，因为它对今后的社会实践有着重要的指导作用。这一特点要求总结必须按照实践是检验真理的唯一标准的原则，去正确地反映客观事物的本来面目，找出正反两方面的经验，得出规律性认识，这样才能达到总结的目的。

3．工作总结的种类

1）按照性质划分，有工作总结、生产总结、会议总结等。

2）按照范围划分，有地区总结、部门总结、单位总结、个人总结等。

3）按照时间划分，有年度总结、半年总结、季度总结、月份总结、阶段总结等。

不管哪一类总结都可以按其内容所涉及的范围，分为全面总结、专题总结、个人总结。

6.3.2 工作总结的结构

1．标题

总结的标题主要有以下几种形式。

1）直陈式标题。一般由单位名称、时限、事由和文种四个要素组成。标题的各项内容，也可根据具体情况有所省略，如标题中可省略单位名称。

2）正副标题。一般来说，正标题概括总结的主要内容或基本观点，副标题说明单位名称、时限、文种等，如《适应新的形势，努力做好财会工作——×××厂财务处2009年工作总结》。

3）不标文种式标题。写成一般文章的题目形式，虽未注明“总结”字样，但标题本身体现出总结的性质或内容。

2．正文

这是总结的重心所在。由于具体情况不同，总结的内容也不一样，但各种总结都有共同点，其内容一般包括以下几个方面。

（1）基本情况

这部分是总结的前言。一般用简洁的语言，概述完成工作的基本情况，交代清楚工作的时间、地点、背景，进行某项工作或认识某个问题的依据，工作的简单过程、基本做法，对工作完成情况的基本看法和总体评价等。有的总结还在这部分运用数据，说明工作的成绩或不足。概述的内容根据总结的不同要求有所侧重，不是千篇一律。基本情况这一部分内容要写得提纲挈领、简明扼要，以便读者对总结先有一个大概的了解，为下文具体介绍经验教训打好基础。

（2）成绩和经验

这是总结的精华和重点部分。成绩是指实践活动中所取得的物质成果或精神成果。经验是取得优良成绩的原因和条件，如正确的指导思想、积极的工作态度、科学的工作方法、坚强的意志等。这部分的结构方式，要依据总结的目的、作用来决定。旨在向上级汇报工作或向本系统、本单位职工总结工作的，多采用先谈取得的主要成绩，然后概括出几条经验体会的方法。旨在总结取得重大成绩的某项工作，并要向外介绍经验的，常采取先提问题，叙述取得的巨大成绩，然后着重谈经验体会的方法。写好这部分内容，必须力戒就事论事，要在对过去工作情况的分析研究中，提炼出带有理论色彩的观点，以指导今后的工作。要求做到材料翔实、言之有物、条理清晰、脉络分明，能给读者留下深刻的印象，使读者受到启迪。

（3）问题和教训

总结的写作，要用一分为二的观点，既总结成绩和经验，也要找出存在的问题和教训。存在的问题和教训，这两者是有区别的。存在的问题，是指在工作实践中切实感到应该解决而暂时没有解决或没有条件解决、没有办法解决的问题。教训，是由于指导思想不明、方法不当，或其他原因犯了错误，造成了损失而得出的反面经验。总结存在的问题和教训是为了进一步做好工作。因此，我们要着重分析问题和教训存在及产生的主观原因。当然，这部分内容也可视总结的重点来取舍，如果是着重反映问题的总结，则应把这一部分当作重点写；如果是专门总结成功经验的总结，也可以不涉及存在的问题和教训。这部分要根据实践活动的具体情况和总结的目的要求而灵活掌握。

（4）努力方向

这部分是在总结经验教训的基础上，针对工作中存在的问题，提出切实有效的改进措施、今后打算、努力方向，或者提出新的奋斗目标，表明决心、展望前景、鼓舞斗志。这部分在写法上要有新意，防止落入俗套。

总结的正文是重点，内容较复杂的总结一定要安排好结构层次，就一般情况而言，总结的正文部分常用的结构方式有时序式、并列式、总分式等，这些结构方式在第一章已经介绍了，这里就不再重复。

3．落款

总结的落款包括署名和日期。标题中已标明，或标题下已署名，结尾则可不写。个人总结署名，一般写在正文的右下方。

6.3.3　工作计划的写作注意事项

1．表达要叙述、议论相结合

叙述、议论是总结最常用的表达方法。叙述是总结行文的基础，它通过对过去工作情况的交代，使读者明白某单位、某个人的工作状况。议论则是指分析、综合、论证，它能把分散的、感性的材料转化为具有指导意义的理论。总结写作时应注意在说明工作过程，列举典型事例时，应以叙述为主；分析经验教训，阐明努力方向时，应以议论为主。叙述是议论的依据，议论又是叙述的分析综合和提高。

2. 总结出个性

写一个单位的总结，一定要抓住本单位最突出的、最能反映客观事物本质特点的、最具鲜明个性和特色的东西。如新的情况、新的问题和新的经验教训等，切忌人云亦云。当然，也不能无中生有的标新立异，要注意新的情况、新的问题及经验教训的代表性和普遍意义。

3. 一分为二的观点

总结不论是写成绩还是问题，都必须准确把握分寸，实事求是地叙述事物发展的全过程，用一分为二的观点，研究事物的内部联系，寻找其中的规律性。成绩不夸大，缺点不缩小。这样的总结才能指导今后的工作。

【例文 6.2】

今年以来，我局在市委、市政府的正确领导和省人事厅的精心指导下，坚持以邓小平理论和“三个代表”重要思想为指导，认真贯彻落实科学发展观，围绕建设世界旅游精品的战略目标，扎实推进各项人事人才工作，为全市经济社会稳步和谐发展做出了积极贡献。

××市人事局 2009 年人事人才工作总结

1. 2009 年主要工作

1）坚持服务发展，夯实人才强市战略基础。

2）坚持服务人才，不断提升服务质量和水平。

3）坚持服务群众，着力打造和谐阳光人事。

4）坚持服务基层，促进社会稳定和谐。

5）坚持服务企业，拓展人事服务领域。

6）深入贯彻落实科学发展观，加强人事部门自身建设。

2. 存在的问题和原因

今年以来，我局紧紧围绕全市经济社会发展大局来谋划和推进人事人才工作，取得了一定成效。但在工作中还存在一些问题和不足，与上级的要求和其他地区相比还有一定差距，主要表现在以下三个方面：

1）人事部门参政水平有待提高。

2）事业单位改革进程有待加快。

3）人事服务与企业需求缺乏有效对接。

形成以上问题的原因，一是人事人才工作政策性强，涉及面广，事关经济社会发展稳定大局，需要各有关职能部门共同参与，稳慎推进。二是我市经济社会发展水平不高，人事人才工作在载体建设、经费投入上严重滞后，制约了人事人才事业的发展。三是随着经济社会的不断发展，人事部门职能增加、任务更重与编制过紧、人手缺乏的矛盾日益突出，人事部门干部疲于应付的现状，在一定程度上制约了工作的开展。

3. 明年及后年的工作思路

围绕建设世界旅游精品这个总体目标，坚持以邓小平理论和“三个代表”重要思想为指导，深入贯彻落实科学发展观，认真贯彻实施公务员法，深化人事制度改革，加快构建人事公共服务体系，完善人才工作机制，努力维护社会和谐稳定，切实加强人事干部队伍建设，在服务大局中实现人事人才工作科学发展，为推动全市建设世界旅游精品继续做贡献。

1）不断加强人才队伍建设。

2）继续深化人事制度改革。

3）统筹推进各项综合性基础工作。

4）切实加强人事系统自身建设。

【例文评析】

这是一篇年度工作总结，标题为直陈式，简洁明了，一目了然。

总结的正文包括三部分，按主次顺序，首先交代了2009年工作完成情况，然后指出工作中存在的不足，对产生不足的原因进行客观的分析，最后围绕依据工作目标指出“明年及后年的工作思路”，层次分明，每部分使用小标题点明该部分中心，边叙述，边分析，使用材料点面结合，语言朴实简明。

知识链接

计划与总结的关系

计划是确定目标、制定实施方案，要明确时限、方法、步骤。总结是对计划完成情况的检查、回顾和反思，归纳经验、不足，以便下一步工作的实施。

两者的联系：计划是总结的前提，总结是计划的结论。

两者的区别：计划是事前的安排，总结是事后的回顾。

6.4 述职报告

6.4.1 述职报告的含义、特点及种类

1. 述职报告的含义

述职报告是各级机关、社会团体和企事业单位的领导及工作人员，向所在单位的组织人事部门、主管领导机关或本单位职工群众，陈述自己在一定时期内履行岗位职责情况而写成的书面报告。

述职报告是干部人事制度改革，引进竞争机制后兴起的一种新的应用文体。写好述职报告对于各级各类领导干部发扬成绩、纠正错误、改进工作，自觉接受上级机关审议、群众监督，都具有重要意义。

2. 述职报告的特点

（1）自述性

自述性就是要求报告人自己述说自己在一定时期内履行职责的情况。因此，必须使用第一人称，采用自述的方式，向有关方面报告自己的工作实绩。这里的所谓实绩，是指报告人在一定时期内，按照岗位规范的要求，为国家做了些什么事情，完成了什么指标，取得了什么效益，有些什么成就和贡献，工作责任心如何，工作效率怎样，实实在在地反映出来。但是，需要特别强调的是，报告所写的内容必须真实，是实实在在已经进行了的工作和活动，事实确凿无误，切忌弄虚作假。

（2）自评性

自评性就是要求报告人依据岗位规范和职责目标，对自己任期内的德、能、勤、绩等方面的情况，做自我评估、自我鉴定、自我定性。述职人必须持严肃、认真、慎重的态度，既要对自己负责，也要对组织负责，对群众负责。对工作的走向、前因后果，要叙述清楚，评析恰当；所叙述的事情要概述，让人一目了然，并从中引出自评。但要强调的是报告切忌浮泛的空谈，切勿引经据典的论证，定性分析必须在定量证明的基础上进行。

（3）报告性

报告性就是要求报告人明白自己的“身份”，以被考核、要接受评议、监督的身份，履行职责做报告。要认识到，自己是在向上级汇报工作，是严肃的、庄重的、正式的汇报，是评审自己工作的过程，因此，语言必须得体，应有礼貌、谦逊、诚

恳、朴实、掌握尺寸，切不可傲慢，盛气凌人，夸夸其谈。

3．述职报告的种类

（1）从内容上划分

1）综合性述职报告，是指报告内容是一个时期所做工作的全面、综合的反映。

2）专题性述职报告，是指报告内容是对某一方面的工作的专题反映。

3）单项工作述职报告，是指报告内容是对某项具体工作的汇报。

（2）从时间上划分

1）任期述职报告，是指从任现职以来的总体工作进行报告。一般来说，时间较长，涉及面较广，要写出一届任期的情况。

2）年度述职报告，是指一年一度的述职报告，写本年度的履职情况。

3）临时性述职报告，是指担任某一项临时性的职务，写出其任职情况。比如，负责了一期的招生工作，或主持了一项科学实验，或组织了一项体育竞赛，写出其履职情况。

（3）从表达形式上划分

1）口头述职报告，是指需要向选区选民述职，或向本单位职工群众述职的，用口语化的语言写成的述职报告。

2）书面述职报告，是指向上级领导机关或人事部门报告的书面述职报告。

要注意将工作总结同述职报告区别开来。工作总结可以是单位的、集体的，也可以是个人的，其写作角度是全方位的，即凡属重大的工作业绩，出现的问题，经验和教训，今后的工作设想等都可以写，而述职报告却不同，它要求侧重写个人执行职守方面的有关情况，往往不与本部门、本单位的总体业绩、问题相掺杂。

6.4.2　述职报告的结构

1．标题

1）文种式标题，只写《述职报告》。

2）公文式标题，姓名+时限+事由+文种名称，如《20××年至 20××年试聘期述职报告》、《20××年至 20××年任商业局长职务的述职报告》。

3）文章式标题，用正题或正副题配合，如《20××年述职报告》、《思想政治工作要结合经济工作一起抓——××造纸厂厂长王××的述职报告》。

2．抬头

1）书面报告的抬头，写主送单位名称“如××党委”、“××组织部”或“××人事处”等。

2）口述报告的抬头，写对听者的称谓如“各位代表”、“各位委员”、“各位同志”，或“各位领导，同志们”。

3．正文

（1）开头

开头又叫引语，一般交代任职的自然情况，包括何时任何职，变动情况及背景；岗位职责和考核期内的目标任务情况及个人认识；对自己工作尽职的整体估价，确定述职范围和基调。这部分要写得简明扼要，给予听者一个大体印象。

（2）主体

主体，是述职报告的中心内容，主要写实绩、做法、经验、体会或教训、问题，要强调写好以下几个方面：对党和国家的路线方针政策、法纪和指示的贯彻执行情况；对上级交办事项的完成情况；对分管工作任务完成的情况；在工作中采取了哪些措施，做出哪些决策，解决了哪些实际问题，纠正了哪些偏差，做了哪些实际工作，取得了哪些业绩；个人的思想作风、职业道德，廉洁从政和关心群众等情况；写出存在的主要问题，并分析问题产生的原因，提出今后改进的意见和措施。

这部分要写得具体、充实、有理有据、条理清楚。由于这部分内容涉及面广、量多，所以宜分条列项写出来。条、项要注意把内在逻辑关系安排好。

（3）结尾

结尾一般写结束语。用“以上报告，请审阅”、“以上报告，请审查”、“特此报告，请审查”、“以上报告，请领导、同志们批评指正”等做结。

4．落款

述职报告的落款，写上述职人姓名和述职日期或成文日期。署名可放在标题之下，也可以放文尾。

6.4.3 述职报告的写作注意事项

1．要充分反映出自己在任期内的工作实绩和问题

述职是民主考评干部的重要一环，也是干部自觉接受组织和群众监督的一种有效形式。干部做述职报告，是为了让组织和群众了解和掌握干部德才状况和履行职责的情况。因此，述职报告应该充分反映出自己任期内的工作实绩和问题，即写出自身在岗位上为国家和人民办了什么实事，结果怎么样，有哪些贡献，有哪些不足，包括工作效率、完成任务的指标、取得的效益等。工作实绩如何，是检验干部称职与否的主要标志，述职人要充分认识这一点，实事求是地把自己的工作实绩和问题反映出来。

2．要实事求是地评价自己

对自己的评价要实事求是、不夸大，不缩小，要准确恰当，有分寸，不说过头话、大话、假话、套话、空话。要做到这样，应注意处理以下几个关系。

1）处理好成绩和问题的关系，就是理直气壮摆成绩，诚恳大胆讲问题。

2）处理好集体与个人的关系，不能把集体之功归于个人，也不要抹杀了个人的作用，必须分清个人实绩和集体实绩。

3）在表述上要处理好叙和议的关系，就是以叙述为主，把自己做过的工作实绩写出来，不要大发议论，旁征博引，议论也只是对照岗位规范，根据叙述的事实，引出评价，不能拔高。

述职报告，如果用口头报告表述，一般宜占用 30 分钟，如果用书面报告表述，一般以 3 000 字以内为宜。因此，表述的内容应抓住重点，抓住最能显示工作实绩的大事件或关键事写入述职报告。凡重点工作、经验、体会或问题等，一定要有理有据，充实具体，而对一般性、事务性工作，宜概括说明，不必面面俱到。抓住重点，突出中心，还应突出自己的特色，突出自己独有的气质、独有的风格、独有的贡献，让人能分辨出自己在具体工作中所起的作用。

【例文 6.3】

市政府秘书长办公室主任年度述职报告

各位主任、委员：

1999 年 8 月，市人大常委会任命我为市政府办公室主任，至今已有十个年头；2006 年 5 月，又任命我为市政府秘书长。自任职以来，我在市委、市政府的正确领导下，在市人大常委会各位主任、委员的督促、关心和支持下，团结带领市政府办公室全体干部、职工，认真学习、努力实践邓小平理论和“三个代表”重要思想，牢固树立和认真落实科学发展观，围绕富民强市、“两个率先”目标，以服务为宗旨，以协调督查为手段，开拓进取，扎实工作，较好地履行了岗位工作职责，为全市经济社会的全面、协调、可持续发展，发挥了应有的作用。现就任职以来，特别是本届任期三年来的工作情况向市人大常委会述职，请予评议。

1．主要工作情况

市政府办公室是市政府的综合协调部门，岗位特殊，责任重大，唯有尽心、尽力、尽职，才能不辜负领导的期望和人民的重托。

1）强化服务意识，积极主动做好协调服务工作。

2）加强调研、信息和督察工作，当好市政府领导的参谋和助手。

3）严格行文规范，切实提高办事工作效率和质量。

4）认真做好建议提案、信访办理和值班工作，积极发挥桥梁纽带作用。

5）加强队伍建设，不断提高办公室人员的综合素质。

2. 存在问题和今后努力方向

（1）存在问题

回顾以往工作，虽然取得了一些成绩，但由于自己能力和水平有限，离市委、市政府的要求，与人大常委会对我的期望还有较大差距，自己还有很多不足：

（2）今后努力方向

1）加强学习，不断提高自身素质。

2）开拓进取，不断提升工作成效。

3）加强队伍建设，树立良好形象。

各位主任、委员，这次市人大常委会安排我述职并对我进行评议，给我提供了一次难得的学习提高的机会，对此我将十分珍惜。我绝不辜负市人大常委会的期望，虚心听取评议意见，及时落实整改。我将与时俱进，开拓进取，为全市加快实现“两个率先”，为构建和谐社会做出自己应有的贡献。

××××年××月××日

（资料来源：all.zcom.com）

【例文评析】

这是一篇××市政府秘书长办公室主任年度述职报告。因文面篇幅要求，略去了文中详细陈述部分。

这份述职报告全面反映了述职履行岗位职责情况。述职报告的标题使用了单行式，正文由抬头、引语、主体、结尾四部分组成。作者在引语部分向各位领导、代表致意，之后说明自己的任职时间、担任职务等情况，并极其扼要简明地对自己任职一年来的成绩进行总结评价。主体部分以“任职以来的主要工作”、“存在的主要问题和不足”和“今后的打算”为序，分条列项，一一陈述、分析，其中主要工作部分作为主体的核心，事例典型，内容翔实，数据详细具体，分析切中问题实质、要害，尊重事实，评价客观，给人印象深刻。

6.5　工作简报

6.5.1　工作简报的含义、特点及种类

1. 工作简报的含义

工作简报是国家机关、社会团体及企事业单位内部用来通报情况、交流信息的一种简短的文字材料。常见的工作动态、情况反映、简讯、内部参考、快报等，都属简报。

2. 简报的特点

（1）简

简就是内容集中，篇幅短小，文字简要。内容集中是指每份简报的内容要做到单一、集中，一事一报，不要在一份简报中写许多项内容。如果为了集中反映某种情况、某个问题，也可以把几个内容相关或有共同性的短文编在一期内。篇幅短小是指一份简报最好不超过一千字。有些综合性的简报，内容较多，但字数也应控制在 2 000 字之内为宜。文字简要是指写简报时文字要精练。

（2）真

简报的内容必须绝对真实。简报一个重要的目的是为领导机关反映情况，而领导机关有时可能根据简报所反映的情况做出决策。正是基于这个特点，决定了简报所写的事例，包括时间、地点、人物（或单位）、事情的前因后果、来龙去脉，引用的数据、人物语言等，都必须准确无误。既不以偏概全，也不以面盖点，力求准确全面，真实地反映实际情况。

（3）快

这是对简报时间上的要求。简报的时限性很强，它必须及时地把工作中出现的新情况、新问题、新典型、新动向，报告给有关上级机关和业务部门。如果简报编写不迅速及时，作用就会大大缩小，有时甚至会变成“马后炮”，失去其意义，毫无作用。

（4）准

准就是针对性强。简报应根据国家的法律、法令及各级政府的指示或上级机关的有关规定，围绕本单位工作的重点，抓住工作中的关键问题，准确地加以反映，为领导运筹决策提供依据。

3．简报的种类

（1）会议简报

会议简报主要用于报道会议情况和主要精神，反映与会人员的意见、建议。会议简报一般用于较大型会议。内容简单的会议不需要简报。

（2）专题性简报

专题性简报是就针对人们关心的、重要的某一议题专门出一期简报。专题性简报的内容集中、单一，一般是写一个问题或一件事。语言简洁，篇幅短小，时效性很强。

（3）综合性简报

综合性简报是指在内容方面对某些情况或问题做全面的、综合性的反映。这种简报的主要特点是涉及面广，情况复杂，材料丰富，带有综合性，能给人以全面的、概括性的认识。

6.5.2 工作简报的结构

1．标题

工作简报的标题和新闻的标题相似，有单行标题、双行标题和多行标题。简报无论采用哪种标题形式，都应该尽可能地概括出正文的主旨，让人见题知意。

1）单行标题，用一句话概括正文的主要内容。

2）双行标题，正标题揭示正文的内容或意义，副标题起补充说明作用，强化正标题的含义。

3）多行标题，引题交代背景或揭示意义，正题概括正文的内容，副题补充或说明正题。

2．正文

工作简报正文的内容最关键的是要抓准主要问题，一份简报效果如何，起的作用大小，主要在于反映的问题抓得准不准。写简报，要认真地研究本单位、本系统在贯彻执行国家的有关法令、方针、政策及上级的指示，开展各项工作中出现的新情况、新经验、新问题。抓住这些重要的、关键性的问题及时地反映出来，有利于我们做好工作。简报的正文一般分为三个部分。

（1）前言部分

一般用简洁、明确的一段话（有时仅一句话），总括全文的主要事实，先给人一个总的印象。接着交代时间、地点、事件、原因、经过、结果。简报的开头类似新闻开头中导语的写法。

（2）主体部分

主体部分是简报的主要部分，是对开头部分概括内容的进一步具体化。这部分要选择富有说服力的典型材料，加以合理地安排，中心内容要突出、具体，条理要清楚，语言要简洁。一个自然段最好写一层意思，不要把各个方面的内容都汇集在一个自然段里。段与段之间应按照事物的内在逻辑联系层层深入，环环紧扣，使之无懈可击。

（3）结尾部分

用一句话或一段话，概括正文的主要内容，或指明事件发展的趋势，或发出号召，或提出今后的打算。事情单一、篇幅短小的，可不写结尾部分。

3．供稿单位

简报一般不署名，必要时在正文的右下方写明“×××供稿”。

4．按语

对于内容重要的简报，有时要在正文之前加写一段文字，以表示发文单位的意见，这段文字就是简报的按语。

按语常常是根据领导的意见起草，对简报的内容加以提示、说明和评注，用以表明简报编者的意向，转达有关领导的看法和意图，以引起读者注意。

6.5.3　工作简报的写作注意事项

1．材料真实，有新意

材料真实是简报写作的“生命”。工作简报是向领导和有关部门传递信息、报告情况的，上级部门将依据这些信息、情况做出相应的决策。因此，材料的真实可靠应该特别注意。简报不但要注意材料的真实，还要注意所用的材料一定要有新意。那些缺乏新意，尽人皆知的事情或过时的信息，只会使读者失望。简报所反映的问题、经验、观点、信息，都必须具有新意。只有具有新意的东西，才能给人以启发、借鉴。

2．以叙述为主，议论为辅

工作简报写作的特点在于让事实说话。工作简报有观点、倾向，但不像总结和调查报告那样由作者直接说出来，而是通过事实的叙述显示出来。因此，简报在表达方法上应以叙述为主，为读者提供反映客观情况的真实材料，把事情的来龙去脉交代清楚，不过多议论。读者自会对事实、情况加以理解分析，做出判断。

【例文 6.4】

××市旅游局旅游简报（第 11 期）

××旅游局　　　　　　　　　　　　　　　　　　××××年××月××日

××市缤纷迎国庆

今年的国庆假期恰逢传统节日中秋节，必然对假日消费产生更大的推动作用。针对这次的旅游黄金周，××市的各旅游企业早就摩拳擦掌，做足了准备工作。面对市场激烈的竞争，各企业选择自己的目标市场，八仙过海，各显神通，祈求分得一块假日消费的大“蛋糕”。

各旅行社早在一个月前就打起了价格战、线路战、品牌战，这从每周的旅游专版、广告中就可见一斑。近一个月来，旅游广告的版面明显增大，各社都加大了广告的篇幅，打造自己的品牌，显示实力。在线路的安排上，无论是价格还是活动内容都更有弹性、更灵活，既有传统的常规线路、价格较低的包机线路，也有不少精心设计的独家线路，别具新意，如有旅行社推出“自驾飞机，体验飞行”的特色线路，游客反应热烈。另外，各社也为不出远门的市民做了充分考虑，推出价格低廉，安排紧凑的广州、深圳、番禺、海岛等地的一日游、两日游等。在价格上，海南、桂林、北京、华东、云南等热门线路增幅较大，达三至六成，出境游增幅不大，短线游只有轻微的增幅。

全市各旅游景点和市政公园在国庆假期也是各出新招，以全新的姿态，丰富多彩的项目吸引更多的游客，让游客玩得开心、玩得尽兴。如圆明新园将推出清宫庙会、烟花会演、大清王朝等大型活动，让你体验老北京庙会的氛围，品尝富有民族特色的风味小吃；御温泉度假村推出独一无二的“冷雾中泡温泉”的特色项目，令你在烟雾缭绕的清凉中体验泡温泉的乐趣；农科奇观经过几个月的精心准备，国庆期间举办西瓜甜瓜节和盆景园艺展，令游客在大饱口福之余也大饱眼福；我市的各个海岛也为迎接大量的游客做了充分的准备；另外，值得一提的是，国庆期间我市又有新的景点——×××自然生态园正式对外营业，为大家提供一个观蚝、品蚝，假日休闲的好去处。

市旅游局也专门针对国庆旅游黄金周加大了宣传力度，联合有关的媒体对××国庆期间的活动及假期出游的有关事项做全方位的报道，除了常规的××市传媒、旅游专栏以外，还邀请了中央电视台四频道专门报道××市旅游的有关情况，并于 9 月 17 日和 9 月 24 日分别在影响力较大的《××都市报》和《××晚报》做了整个彩版的形象广告，吸引更多的游客来××市旅游。

××市旅游界将以满腔的热情、优质的服务、精彩纷呈的旅游活动，迎接来自国内外的游客，相信××市的美景、酒店、美食一定会给游客留下美好的回忆。

发送单位：×××

共印：××份

【例文评析】

这是一份工作动态简报。该简报格式规范，内容也很有特色：标题明确，一语中的；开头只用一句话便概括、总领了下文；主体部分选材讲究，为迎接国庆，旅游局悉心做足了充分准备，内容有新意。

练 习 题

1．名词解释

工作计划　工作总结　述职报告　工作简报

2．简答题

（1）工作计划的结构包括哪几部分？

（2）工作总结的结构包括哪几部分？

（3）述职报告的结构包括哪几部分？

（4）工作简报的结构包括哪几部分？

3．分析题

（1）阅读下文，然后回答文后问题。

××商场××××年下半年促销计划

为了繁荣商品市场，促进我市经济发展，特制定本商场今年下半年的促销计划如下：

1）按照市商业局下达的商品销售利润指标，国庆期间开展大规模的让利促销活动。

2）在此次促销期间，各部门要通力合作，凡成绩突出者，商场将予以精神和物质奖励。

3）全体商场工作人员必须认真遵守本商场制定的文明服务公约，使顾客满意率达到99%以上。

望全体职工共同努力，确保本计划的完满实现。

问题：

本计划标题存在什么问题？请修改。

本计划的前言缺少什么？请修改。

按照这个计划能否圆满实现下半年的促销工作？为什么？

（2）下面是一份基层单位的工作计划，内容不够完备，结构上也存在一些问题。请根据计划的写作要求，修改下文。

××××年××科第二季度工作计划安排

为了更好地对街道建筑施工企业进行管理，使这支队伍走上正轨，成为我行建设的一支生力军，特制定第二季度工作计划如下：

1）要严格按照市政府的文件精神，对未到我行开户的单位，会同主管部门督促尽快到我行开户。

2）对已经到我行开户的单位要全面调查，摸清基本情况，搞清楚其承包能力。

3）帮助管理制度不健全的单位建立健全各项管理制度。

4．写作练习

（1）根据下面的材料拟一份××营销公司2010年的工作计划。

要求：结构完整，详略得当，逻辑严密，语言准确流畅，不少于600字。

材料：

1）2010年工作重点：2010年，销售工作仍将是公司的工作重点，着眼公司当前，兼顾未来发展。在销售工作中坚持做到突出重点，维护现有市场，把握时机开发潜在客户，注重销售细节，强化优质服务，稳固和提高市场占有率，积极争取圆满完成销售任务。

2）销量指标：至2010年12月31日，公司销售任务560万元，销售目标700万元。

3）实施措施：技术交流、客户回访、网络检索、售后协调。

（2）试以班级干部的角色（如班长、支书、等）写一份年度述职报告。

（3）根据下面一则消息，以黑龙江省教育厅高教处的名义编发一份工作简报。（格式上所需要的项目自拟）

在基层实践中长才干

由省人事厅、教育厅联合召开的全省扎根基层建功立业优秀高校毕业生表彰暨先进事迹报告会 28 日在黑龙江大学举行。64 名扎根基层、艰苦奋斗、甘于奉献的高校毕业生受到表彰奖励。

引导高校毕业生到基层就业是一项事关国家的人才资源优化配置工作。随着经济体制改革和经济结构战略性调整，一方面高校毕业生就业面临着一些困难和问题，就业压力很大；另一方面基层特别是广大农村还存在人才匮乏的状况。近年来，我省有关部门通过完善“村村大学生计划”志愿去基层就业的后续政策，实施“三至一扶计划”，建立“见习基地”等举措，拓宽了毕业生到基层、到非公有制单位就业的渠道，对缓解基层人才匮乏问题起到了积极作用。据了解，2006 年我省到基层、非公有制经济单位和灵活就业的毕业生达到 6.7 万人，占毕业生总数的 47%。特别是去年省委、省政府出台了引导高校毕业生面向基层就业的 20 条政策措施，我省广大高校毕业生积极参加“大学生志愿服务西部计划”、“村村大学生计划”和“三支一扶持计划”等活动，在社会实践中增长了才干，在基层工作中做出了贡献。

据了解，这些高校毕业生，有的在条件艰苦的乡镇中小学任教，辛勤耕耘，转变着农村落后的教学面貌；有的在农村生产一线从事科研工作，为农业增产增收、农民脱贫致富贡献着力量；有的扎根厂矿企业，从普通的技术人员成为经营管理的骨干力量；有的把基层的村屯作为事业的起点，在艰苦的环境中锤炼自己，走上了基层党政机关的领导岗位；还有的选择了自主创业，用自己的勤奋和智慧，发展成为相关领域里的行家里手。会议对这些扎根基层建功立业的优秀高校毕业生代表给予了表彰奖励，并号召广大高校毕业生向他们学习，积极响应省委省政府的号召，到基层和艰苦地区创业，报效国家、报效社会。

副省长程幼东代表省政府向扎根基层、艰苦奋斗、甘于奉献的广大高校毕业生表示慰问和感谢。他说，引导和鼓励高校毕业生到基层就业，是必须长期坚持的战略决策和大力提倡的价值导向，必须持之以恒地抓实抓好，切实抓出成效。

（资料来源：王彦. 在基层实践中长才干［N］. 黑龙江日报，2007.）

第 7 章

财经合同文书

学习目标

◎ 掌握各类财经合同文书的内涵、特点及结构；

◎ 能撰写招标书、投标书、意向书、协议书和经济合同。

导入案例

杨××是酒店管理专业二年级学生。2011 年暑假期间，他与同班另两位同学一起去某酒店应聘。岗位有主管、前台服务、客房服务。顺利通过面试后，酒店给他们三人出示了用工合同。三人通过对合同条款仔细阅读，一致讨论通过，其中尤为令人满意的是“月薪 800 元”、“免费提供食宿”——暑假期间吃住不用愁，还可赚到下学期的学费，又可积累一定的工作经验……三人欣然签订了合同。合同签订后，酒店要求每人先付 300 元押金，并开具了“合同违约金”的收据。次日三人就参加了为期七天的短期培训。第一天，三人穿上酒店员工制服，从上午八点一直工作至晚上十点，中途只有短暂的快餐时间是自己的。工作内容是擦地板、刷盘子。第二天，一切照常进行。第三天，一切仍旧照常。第四天，三位同学商量决定不干了。找到了主管要求退还 300 元钱，却被告知是他们不干活先违约，300 元不予退回。

【案例思考】

1．合同一般具有哪些条款?

2．定金和订金有什么区别?

7.1　财经合同文书概述

1．财经合同文书的内涵

财经合同文书是指人们在管理经济运行状况、规范和约定相关经济事务时所写作的应用文。财经合同文书是协作关系的具体反映，是管理经济的有效手段。它有助于保障企业的经济利益，维护企业的合法权益，树立良好的企业的形象。

财经合同文书包括招标书、投标书、意向书、协议书和经济合同等。

2．财经合同文书的特点

（1）鲜明的政策性

作为反映和规范经济活动的应用文，财经合同文书以科学理论为指导，体现国家的方针政策，符合客观经济发展规律。

（2）情况的真实性和准确性

运用的材料要求绝对真实，不允许有丝毫的虚构和夸张，涉及的情况必须绝对准确。尤其是数字，一定要准确、可靠。

（3）行文的明确性和时效性

财经合同文书规范和约协作双方的权利与义务，理清双方的关系和保障各方的利益，写作时要有鲜明而具体的写作目的，表述内容要明确而有针对性。同时，该类文书是针对一定的经济活动而写的，有很强的时效性。

（4）体式的法定性和约定性

财经合同文书起着管理经济活动的作用，其格式是人们长期以来约定俗成的惯用格式，或国家、部门制定的法规性文件规定的格式，具有程式性，写作时应共同遵守有关格式。

（5）语言的严密性和简明性

财经合同文书规定经济活动的行为，要求严密和简明。即语言要贴切、如实反映事物的特征和本质，内涵准确，判断恰当，推理符合逻辑，能简洁明了地表达作者的意图。

7.2　招标书与投标书

7.2.1　招标与投标概述

1．招标与投标的含义

招标是由招标人发出招标通告，说明需要采购的商品或发包工程项目的具体内容，邀请投标人在规定的时间和地点投标，并与所提条件对招标人最为有利的投标人订约的一种行为。

投标是投标人应招标人的邀请，根据招标人规定的条件，在规定的时间和地点向招标人递标以争取成交的行为。

2．招投标的程序

1）发布招标广告、启事或邀请书。

2）欲投标者出示有关证件或材料，填写报名登记表，递交投标申请书。

3）招标方对投标者进行资格审查。

4）招标方宣布或通知资格审查合格者，送发招标书。

5）招标方介绍招标企业情况或商品要求。

6）投标方撰写投标书，把投标书密封送招标方。

7）组织投标方公开演讲、答辩。

8）招标方组织审标、议标、评标、定标。

9）招标方向中标者发中标通知书。

10）招标方向未中标者退投标书。

7.2.2　招标书

1．招标书的含义

招标书是招标人利用投标者之间的竞争达到优选买主或承包项目的目的，从而利用和吸收各地甚至各国的优势于一家的商品交易行为所形成的书面文件。这是订立合同的一种法律形式。一般正式招标书都采用广告、通知、公告等形式发布。

2．招标书的特点

（1）规范性

规范性即招标书的制作过程和基本内容要符合《中华人民共和国招标投标法》的基本规定和要求。

（2）公开性

公开性即招标须本着公开、公平、公正的原则进行，招标书要公开发表或向所有投标者提供，中标结果也要发表或向所有投标者通报，整个过程具有透明性和公开性。

（3）竞争性

招标书的发放就是吸引竞争者的加入，而从投标者中优选合作者的做法也决定了招标书具有竞争性。

3．招标书的种类

1）按内容及性质分，可分为企业承包招标书、企业租赁招标书、工程建设招标书、大宗商品交易招标书、科研课题招标书和技术引进或转让招标书等。

2）按范围分，可分为国际招标书和国内招标书。

3）按时间分，可分为长期招标书和短期招标书。

4．招标书的结构

招标书的结构一般包括招标公告和投标企业须知或招标广告两部分。

（1）招标公告

招标公告是公开招标时发布的一种周知性文书，要公布招标单位、招标项目、招标时间、招标步骤及联系方法等内容，以吸引投资者参加投标。其通常由标题、标号、正文和落款 4 部分组成。

1）标题。招标公告的标题是其中心内容的概括和提炼，在形式上可分为单标题和双标题。

单标题有 3 种写法：一是完整式标题，由招标单位名称、招标项目和文种组成，如《××金融职业学院新校区工程招标公告》；二是省略式标题，可省略招标单位名称或招标项目，或者二者均省略，只留下文种名称，如《××大桥工程施工招标公告》、《××公司招标公告》、《招标公告》等；三是广告性标题，以生动吸引人的语言激发人们投标的欲望，如《给您一个大展身手的机会，请君租赁××营业厅》等。

双标题包括正标题和副标题。正标题标明招标单位名称和文种的名称，副标题点明招标项目，如《××进出口公司国际招标公告——××配套工程》。

2）标号。凡是由招标公司制作的招标公告，都须在标题下一行的右侧标明公告文书的标号，以便归档备查。标号一般由招标单位名称的英文、编写年度和招标公告的顺序号组成。

3）正文。招标公告的正文应当写明招标单位名称、地址、招标项目的性质和数量、实施地点和时间，以及获取招标文件的办法等各项内容，其写作结构一般由开头和主体两部分组成。开头部分，也叫前言或引言，简要写明招标的缘由、目的或依据，招标项目或商品。主体是招标公告的核心，要详细写明招标内容、要求及有关事项。有的招标公告还带有附件，将一些繁杂的内容，如项目数量、工期、设计勘察等资料作为附件列于文后或作为另发的招标文件。

4）落款。落款主要包括单位名称、地址、联系电话、传真、邮政编码、网址等。

（2）招标邀请书

招标单位若采取邀请招标的方式，邀请有关对象参加投标，则需写招标邀请书。招标邀请书是书信体文书，由标题、称谓、正文、署名 4 部分构成。

1）标题。标题只需写明文种名称，如《招标邀请书》、《招标邀请函》。

2）称谓。开头顶格写邀请单位的名称。

3）正文。正文要写明招标的目的、依据及招标的事项。如另有招标公告，则不需就招标事项进行详细说明，只需说明随函邮寄即可。

4）署名。署名要写明招标单位名称、地址、联系人和电话。

（3）招标书

招标书是对招标公告或招标邀请书内容的扩展，用来对有关招标事项做出具体的说明，一般由标题、正文和文尾三部分组成。

1）标题。标题由招标单位名称、招标事由、文种构成，如《××钢铁公司外购大型设备招标说明书》。

2）正文。正文包括开头和主体两部分。开头简要写明招标的目的和依据（一般写招标单位主管部分的审批文号）、项目名称及招标单位的基本情况等。主体详细说明招标的有关内容和要求事项，包括招标项目的性质、数量、技术规格或技术要求，投标价格的要求及其计算方式，评标的标准和方法，交货、竣工或提供服务的时间，投标人应当提供的有关资格和资信证明文件，投标保证金的金额或其他形式的担保，投标文件的编制要求，提供投标文件的方式、地点和截止日期，开标、评标、定标的日程安排，合同格式及主要合同条款。

3）文尾。文尾包括落款和附件两部分。落款主要写明招标单位名称、地址、电话、电报、传真、邮政编码、联系人等。招标单位加盖公章，在招标单位的右下角，另起一行署上制发日期。附件是为了使正文简洁，而把繁杂的专门内容作为附件列于文后或作为另发的文件，如工程一览表、有关说明书等。

5. 招标书的写作注意事项

1）做好调查研究，制定预算、评估款项要科学合理。

2）遵循招标公告的制作要求，语言简洁、用词准确，文字、数据、图表精确无误，没有歧义。

3）合法合理，切实可行。招标书和应知事项要符合法律法规，所提各项要求应从实际出发，互惠互利。

4）标准明确，内容完整。招标文件规定的技术规格应采用国际或国内公认、法定标准。

【例文 7.1】

建筑安装工程招标书

为了提高建筑安装工程的建设速度，提高经济效益，经________（建设主管部门）批准，________（建设单位）对________建筑安装工程的全部工程（或单位工程，专业工程）进行招标。

1. 招标工程的准备条件

本工程的以下招标条件已经具备：

1）本工程已列入国家（或部、委、或省、市、自治区）年度计划；

2）已有经国家批准的设计单位出的施工图和概算；

3）建设用地已经征用，障碍物全部拆迁，现场施工的水、电、道路和通信条件已经落实；

4）资金，材料，设备分配计划和协作配套条件均已分别落实，能够保证供应，使拟建工程能在预定的建设工期内，连续施工；

5）已有当地建设主管部门颁发的建筑许可证；

6）本工程的标底已报建设主管部门和建设银行复核。

2. 工程内容、范围、工程量、工期、地质勘察单位：

____

3. 工程可供使用的场地、水、电、道路和通信等情况：

____

4. 工程质量等级、技术要求、对工程材料和投标单位的特殊要求、工程验收标准：

____

5. 工程供料方式和主要材料价格、工程价款结算办法：

____

6. 组织投标单位进行工程现场勘察、说明和招标文件交底的时间、地点：

____

7. 报名、投标日期、招标文件发送方式：

报名日期：20______年______月______日；

投标期限：20______年______月______日起至20______年______月______日止。

招标文件发送方式：

____

8. 开标、评标时间及方式，中标依据和通知：

开标时间：20______年______月______日（发出招标文件至开标日期，一般不得超过两个月）。

评标结束时间：20______年______月______日（从开标之日起至评标结束，一般不得超过一个月）。

开标、评标方式：建设单位邀请建设主管部门、建设银行和公证处（或工商行政管理部门）参加公开开标，审查证书，采取集体评议方式进行评标，定标工作。

中标依据及通知：本工程评定中标单位的依据是工程质量优良、工期适当、标价合理、社会信誉好，最低标价的投标单位不一定中标。所有投标企业的标价都高于标底时，如属标底计算错误，应按实予以调整；如标底无误，通过评标剔除不合理的部分，确定合理标价和中标企业。评定结束后五日内，招标单位通过邮寄（或专人送达）方式将中标通知书送发给中标单位，并与中标单位在一个月（最多不超过两个月）内签订______建筑安装工程承包合同。

9. 其他：

____

本招标方承诺，本招标书一经发出，不得改变原定招标文件内容，否则，将赔偿由此给投标单位造成的损失。投标单位按照招标文件的要求，自费参加投标准备工作和投标，投标书（标函）应按规定的格式填写，字迹必须清楚，必须加盖单位和代表人的印鉴。投标书必须密封，不得逾期寄达，投标书一经寄出，不得以任何理由要求收回或更改。在招标过程中发生争议，如双方自行协商不成，由负责招标管理工作的部门调解仲裁，对仲裁不服，可诉诸法院。

建设单位（招标单位）：______________________

地址：______________________________

联系人：____________________________

电话：______________________________

20______年______月______日

附：施工图纸、勘察、设计资料和设计说明书（略）

（资料来源：www.law-lib.com）

【例文评析】

这是一篇建筑工程招标书，它由标题、前言、正文、落款、附件5部分组成。

标题《建筑安装工程招标书》由招标的项目（建筑安装）和文种（招标书）两部分组成，直观、醒目。前言部分介绍了工程招标的原因、项目、具体要求等内容。正文部分是招标书的核心部分，分条介绍了招标工程的准备条件、工程内容、报名、投标日期、招标文件发送方式等，内容具体，翔实明确。最后，另附施工图纸、设计资料、设计说明书和附表做补充说明。本文总的特点是格式正确，要求合法，标准科学，内容清晰周密，语言简洁端庄。

7.2.3 投标书

1．投标书的含义

投标书又称标函，是投标者为了中标而按照招标书提出的项目、条件和要求，以求实现与招标者订立合同而提供给招标者的承诺文书。

2．投标书的特点

（1）针对性

投标书的内容皆是按照招标书提出的项目、条件和要求而写，针对性强。

（2）求实性

投标书对投标项目的分析、对己方的介绍、拟采取的措施和承诺等都具有求实、求真、忌虚假的特性。

（3）合约性

投标书以追求合作、签署合同为目的。

3．投标书的种类

投标书有各种不同的分类。按投标方人员组成情况，可分为个人投标书、合伙投标书、集体投标书、全员投标书和企业（或企业联合体）投标书等；按性质和内容，可分为工程建设项目投标书、大宗商品交易投标书、选聘企业经营者投标书、企业租赁投标书和劳务投标书等。

4．投标书的结构

（1）标题

标题一般由投标方的名称、投标项目和文种组成，如《××公司承包××学院新校区工程投标书》。也可由投标方的名称与文种两部分组成，如《××建筑工程公司投标书》，也可用文种直接做标题，如《投标书》。

（2）招标单位名称

招标单位名称，即投标书的主送机关，要顶格书写招标单位的全称，与书信的称谓和写法相同。

（3）正文

投标书的正文有的只需用简洁的文字直接表明态度，写明保证事项即可；有的也可根据需要介绍一下本单位的情况，或者写明其他应标条件及要求招标单位提供的配合条件等；必要时也可附上标价明细表。正文一般分为前言、主体和结尾3部分。

1）前言。前言又称引言，用来简明扼要地说明投标方的名称、投标的方针、目标及中标后的承诺等内容，开宗明义，提纲挈领。

2）主体。这是投标书的核心部分，要依照招标书的要求，认真细致地写好以下内容：第一，投标的具体指标。不同类型标的的投标项目需要写明的指标是不同的，若为大宗货物贸易投标，要写明投标方对应履行责任义务所做出的承诺；若为建筑工程项目投标，要写明工程的总报价及对价格组成的分析、计划开工和竣工日期，主要材料指标，施工组织和进度安排，保证达到的工程质量标准，以及拟派出的项目负责人与主要技术人员的简历、业绩和拟用于完成招标项目的机械设备等；若为承包企业投标，要写明生产指标、税金指标、费用率、利润率、周转资金等经济指标。第二，完成指标的措施。要写明实现指标、完成任务的技术组织措施，这是具体指标和任务完成的保障。第三，投标书的有效期限。投标方将按招标书的要求缴纳银行担保书和履约保证金。

3）结尾。结尾通常提出建议，即对招标单位提出予以支持和配合的要求，也可说明对招标单位不一定接受最低价和可能接受任何投标书表示理解。

4）附件。投标书一般都有附件。以建筑工程投标书为例，附件包括工程量清单或单位工程主要部分的标价明细表，单位工程的主要材料、设备标价明细表，重要的大型工程还要附上保证书。

（4）落款

投标书要写明投标单位的名称、地址、电话、传真、邮政编码等，以便招标单位进行联系，表格式投标书一般是由招标单位编制的，投标方只需按要求填写即可。

5．投标书的写作注意事项

（1）情况要了解清楚

起草投标书前一定要了解清楚各方面的情况：一是全面了解招标公告的内容，特别是其所提供的招标项目的有关情况，如招标范围、规定、招标方式等；二是全面了解招标项目的市场情况，要对招标项目进行周密的调查研究和准确分析，掌握市场信息，做到知己知彼。成本核算要合理，报价要适当，这样既能展示自身的竞争能力，又能在中标后获得一定的经济效益。

（2）要实事求是

投标者对自身条件和能力的介绍要实事求是，不虚夸，不溢美。投标书中提出的措施、办法要切实可行。

（3）内容表述要规范

投标书的内容关系到中标机会，要注意与招标书相对应，对招标条件和要求做出明确的回答和说明，数字要精确，单价、合计、总报价均应仔细核对，投标书的体式也要完整无缺。

（4）要防止出现漏洞

要防止投标书中出现漏洞，比如未密封或未加盖公章，或负责人未盖印章，或保证完成时间与招标的规定不符等问题，看似细枝末节，但若不注意，就可能成为无效投标书。

（5）要遵守法律法规

投标者不得相互串通投标报价，不得与招标者串通投标，也不得以低于成本的报价竞标。

【例文 7.2】

培训楼工程施工投标书

根据××铜矿兴建培训楼工程施工招标书和设计图的要求，作为建筑行业的×级企业，我公司完全具备承包施工的能力与条件，决定对此项工程投标。具体说明如下：

1. 综合说明

工程简况（工程名称、面积、结构类型、跨度、高度、层数、设备）：培训楼一幢，建筑面积 10 700 m^2，主体 6 层，局部 2 层。楼全长 80m，宽 40m，主楼高 28m，二层部分高 9m。基础系打桩水泥浇注，现浇梁柱板。外粉全部，玻璃马赛克贴面，内粉混合砂浆彩面涂料，个别房间贴壁纸。全部水磨石地面，教室呈阶梯形，个别房间设空调。

2. 标价（略）

3. 主要材料耗用指标（略）

4. 总标价

总标价3 408 395.20元，每平方米造价370.23元。

5. 工期

开工日期：××××年2月5日。

竣工日期：××××年8月20日。

施工日期天数：547天。

6. 工程计划进度（略）

7. 质量保证

全面加强质量管理，严格操作规程；加强各分项工程的检查验收，上道工序不验收，下道工序绝不上马；加强现场领导，认真保管各种设计、施工、试验资料，确保工程质量达到全优。

8. 主要施工方法和安全措施

安装塔吊一台、机吊一台，解决垂直和水平运输；采取平面流水和立体交叉施工；关键工序采取连班作业，坚持文明施工，保障施工安全。

9. 对招标单位的要求

招标单位提供临时设施占地及临时设施40间，我们将合理使用。

10. 坚持勤俭节约原则，尽可能杜绝浪费现象

投标单位：××建筑工程总公司（公章）

负责人：李××（盖章）

电话：××××

传真：××××

附件：本公司基本情况介绍

（资料来源：丽水人力资源网）

【例文评析】

这是一篇工程建设项目投标书。正文先介绍了工程简况，然后说明了标价、耗材指标、工期、计划进度等，对招标书做出了明确的回答。这可以说是投标单位的正式报价单，是评标、决标的依据。本投标书还包括了保证工程质量的措施和达到的等级、主要施工方法、安全措施和对招标单位的要求等。文末附上公司基本情况，让他人对己方建立信心。这是一份写得较完整、较规范的投标书。

7.3 意向书与协议书

7.3.1 意向书

1．意向书的含义

意向书是当事人双方或多方之间，在对某项事务正式签订条约、达成协议之前，由一方向另一方表明基本态度或提出初步设想的一种具有协商性的应用文书。

2．意向书的作用

意向书的主要作用是传达意向，提请对方注意或提供参考，可以约束双方的行动，保证双方的利益；意向书能反映业务工作上的关系，能保证业务朝着健康有利的方向发展；意向书可为正式签订协议或合同打下基础。

3．意向书的特点

（1）协商性

意向书多用商量的语气，不带任何强制性，有时还用假设、询问的语气。

（2）灵活性

1）意向书发出后，对方如有更好的意见，可以直接采纳，部分改变或全盘改变都是可能的。

2）在同一份意向书里可以提出多种方案供对方选择，或者对其中的某项某款同时提出几种意见，让对方比较和选择。

（3）临时性

意向书是协商过程中各方基本观点的记录，一旦达成正式协议，便完成了使命。意向书不像协议书、合同那样具有法律效力。

（4）一致性

只有具备一致性，意向书才能成为双方认可的今后谈判的基础。

4．意向书的结构

（1）标题

意向书的标题可以是项目名称+文种，也可以直接是文种。

（2）正文

1）导语：写明合作各方当事人单位的名称，双方接触的简要情况，磋商后达成的意向性意见，然后用“本着××原则，兴建××项目”作为导语的结束。

2）主体：分条款写明达成的意向性意见，可参照合同或协议的条款排列。

3）结尾：写明“未尽事宜，在签订正式合同或协议书时再予以补充”一语，以便留有余地。

（3）尾部

尾部包括意向书签订各方单位的名称、代表人姓名并加盖公章、私章及日期。

5．意向书的写作注意事项

1）注意慎重行事，撰写意向书时对关键性问题不宜贸然做出实质性承诺，以免被动。

2）注意原则性。意向书不要写有违政策法规的内容，也不要承诺属于上级部门和其他部门才能解决的问题。

3）思考要周密，用词要准确，特别是不要随便使用肯定性的词句，尤其是关系到双方权益的问题，务必慎用肯定性词句，以便留有余地。

4）注意态度要端正，不要以为意向书没有约束力就可随意签订，以损害自己的形象。

【例文 7.3】

开展技术经济合作意向书

×××对外经济办公室（甲方）与深圳××××有限公司工贸发展部（乙方），经双方协商同意，确定如下技术经济合作关系：

1．双方合作范围

1）高科技产品开发；

2）农副产品深加工与综合利用；

3）外贸出口；

4）合办第三产业；

5）技术咨询；

6）高新技术及资金等方面的引进合作。

2．双方义务

1）甲方负责提供资源、项目及资料和项目的落实。

2）乙方负责提供合作开发项目的技术资料，组织有关技术力量，协调开发项目的有关关系，协助或代理甲方的产品出口，合作项目产品的出口，甲方所需或双方合作项目所需的设备、技术的引进。

3）双方确定具体的联络人员，进行经常的联络工作。

3. 双方合作程序

由双方商定在适当时间相互考察，根据考察结果，共同商拟双方合作项目、方式、内容和步骤。

4. 双方合作方式

双方本着互惠互利、利益共享、风险共担的原则，根据不同的项目采用相应的合作方式。具体合作项目由双方另行签订合同。

5. 本意向书一式四份，各执两份

甲方：×××对外经济办公室　　代表：王××

联系地址：×××××××××××××　　电话：×××××××××

乙方：深圳××××有限公司工贸发展部　　代表：李××

联系地址：深圳市××路××大厦206室　　电话：×××××××××

时间：××××年十一月一日

【例文评析】

这是一篇开展技术经济合作的意向书。标题由项目和文种构成。导言写明了签订意向书的单位，用承上启下惯用语导出本文的主体。主体部分内容包括合作的范围、双方义务、合作程序、合作方式等方面的意向性意见。文尾写意向书份数、双方代表的签字及联系信息。

全文目标具有导向性、各条款内容注重只确定原则意向，而不涉及具体的数字等细则，可为日后签订实质性、具体性的项目合同奠定基础。这是一则写得较好的意向书，可资借鉴。

7.3.2 协议书

1. 协议书的含义

协议书是指双方（或三方以上）当事人为了共同实现一定的目的，明确相互之间的权利、义务关系，就某一事情、问题，经过协商后订立的一种具有经济关系或其他关系的书面契约。协议书的订立是双方共同努力达成的。

2. 协议书的特点

（1）灵活性

协议书一般没有固定统一的写作格式，其内容安排、条款形式等都由当事人协商决定，没有法律规定的文本格式。

（2）广泛性

协议书的范围和涉及领域相当广泛，凡不宜签订合同的合作形式，以及社会政治、文化生活中不宜使用合同来明确当事人权利义务关系的事宜，均可用协议书形式完成。

3．协议书的结构

（1）标题

标题写在协议书的上方，它是表明协议双方单位名称、协议的内容和双方之间的关系及文书类型的部分，如《赔偿协议书》，也可以直接用文种做标题。

（2）立约单位

在标题之下，正文之前，写明签订协议单位名称，并在双方单位名称之后注明一方是甲方，一方是乙方，便于在正文中称呼。

（3）正文

正文由缘由和主体组成。缘由写明签订协议书的目的、依据等内容，紧接着可用程式化的语言转入主体，如"现对有关事项达成协议如下"。主体分条列项写出协议的事项，具体有：协议要实现的共同的任务和目标的，当事人应尽的义务和享有的权利，违约责任，有效期限，协议份数和保存，仲裁办法。

（4）落款

落款应写明签订协议双方单位全称和代表签名，加盖公章，必要时还得写上鉴证单位和公证单位的名称，并加盖公章，最后写上签订协议的日期。

4．协议书的写作注意事项

1）由于协议是一种契约活动，一旦签订，就具有法律效力，因此内容必须遵守国家法律、法令、符合国家政策要求。

2）签订协议书要遵循平等互利、协商一致、等价有偿的原则。协议必须是出于当事人的真正自愿，在双方自由表达意志的基础上，经过充分协商达成协议。同时要体现协作的精神，遵循等价有偿的原则，符合价值规律的要求。

【例文7.4】

投资合作协议书

甲方：×××公司　　　　　　　　　　乙方：×××公司

法定代表人：李××　　　　　　　　　法定代表人：王××

地址：　　　　　　　　　　　　　　　　　地址：
电话：　　　　　　　　　　　　　　　　　电话：
传真：　　　　　　　　　　　　　　　　　传真：

双方本着友好协商、互利互惠的原则，就甲方于2009年9月18—19日在××市举办的“2009风险投资扶持中国企业新加坡上市双赢模式推介会”达成如下协议：

第1条　双方合作内容

甲方发起并主办“2009风险投资扶持中国企业新加坡上市双赢模式推介会”，乙方作为本次推介会的代理合作单位与甲方合作，推介会举办地点为××市，举办时间为2009年9月18—19日。

第2条　双方合作权利与义务

1）甲方负责本次推介会的招商文案策划、演讲嘉宾的联系和确认、场地的落实与布置、对会场进行总体控制与协调，并负责保障本次推介会圆满顺利完成。

2）甲方为乙方提供招商的宣传材料。

3）甲方负责合作项目的媒体支持。

4）甲方对本次推介会的招商文案及用于招商的宣传材料享有独立的知识产权。

5）乙方利用本身掌握的客户资源为本次推介会做招商工作，以付费客户为准。

6）乙方招商收入由乙方或参会人员直接以电汇形式在开会前一周内将会费汇入甲方指定账户。

7）乙方招收参会人员的会费，甲方按标准对招商价格7折与乙方进行结算（注：甲方标准的对外招商价格为人民币3 000元/人）。甲方代扣乙方收入的应缴税金。

8）乙方对外招商应保持和甲方一致或高于甲方价格，未经甲方同意乙方不得擅自降价，如甲方发现乙方有降价行为，甲方有权取消乙方合作代理资格。

第3条　法律责任

1）推介会期间如果出现质量问题受到参会代表起诉，×××杂志社负责解决有关纠纷并承担责任。

2）推介会期间如因法定的不可抗力事由或非协议约定的事由导致本次推介会无法举办或无法如期举行，则协议双方互不追究对方的违约责任，但代理方有义务协助主办方处理事宜，包括退票和协调。

第4条　保密条款

双方在合作或合作之外从对方获得任何有价值的商业信息或技术信息应予以严格保密，未经对方书面同意不得向第三人纰漏或泄露，也不得擅自许可别人使用，违反本条将视为严重违约，应承担相应的违约责任并赔偿一切由此导致的经济损失。

第5条 协议的不可转让性

本协议约定的权利义务具有不可转让性，任何一方在取得对方明确的书面同意之前，不得就本协议书部分或全部内容进行转让，否则实施转让方将视为严重违约，转让行为无效。

第6条 争议解决

双方对协议书发生争议或纠纷，应首先协商解决，协商不成任何一方有权向被告方所在地有管辖权法院提起诉讼。

第7条 其他

1）本协议书一式两份，双方各执一份，效力等同。

2）协议书未尽事宜由双方另行协商并签订补充协议予以确定。

双方签署如下：

甲方：（盖章）	乙方：（盖章）
负责人：（签字）	负责人：（签字）
签署时间：	签署时间：

（资料来源：lvshi.bj.bendibao.com）

【例文评析】

这是一份技术合作协议书。它的结构由标题、立约单位、正文和落款4部分组成，结构完整。标题由文书的内容“技术合作”和文种“协议书”组成。

7.4 经济合同

7.4.1 经济合同的含义、特点与种类

1. 经济合同的含义

根据《合同法》规定：合同是平等主体的自然人、法人、其他组织之间，设立、变更、终止民事权利义务关系的协议。

经济合同是合同的一种，它是平等民事主体的法人、其他经济组织、个体工商

户、农村承包经营户相互之间，为实现一定的经济目的，明确相互权利和义务而签订的协议。

2．经济合同的特点

（1）合法性

经济合同的合法性表现在两个方面：一是合同内容必须合法；二是当事人必须具有法人资格。

（2）约束性

经济合同是依法成立的，一经成立，便具有法律约束力。约束性主要表现在两个方面：一是对当事人的约束，当事人必须全面履行合同规定的义务，任何一方不得擅自变更或者解除合同，发生合同纠纷应及时协商解决，违反合同规定要承担法律责任；二是对其他人的约束，当事人之外的任何单位或个人，都不得对合同关系进行干预和侵害。

（3）有偿性

经济合同的有偿性也表现在两个方面：一是合同当事人双方相互享有权利和承担义务；二是如果一方违反合同，就要以违约金或赔偿金的形式，补偿违约行为给对方造成的损失。

（4）协议性

协议性体现了经济合同签订中的平等自愿原则，即合同当事人的法律地位平等，依法享有自愿订立合同的权利。

（5）时效性

经济合同的时效性非常强，这表现在合同有明确的有效期，如建设工程合同，其中开工和竣工时间、技术资料交付时间、材料设备供给时间、交工验收时间、拨款结算时间等，都要有明确的规定，并清楚地写进合同。

（6）规范性

一份有效的经济合同必须包括哪些基本条款，应如何表述，表述到何种程度，这些条款应以怎样的形式表现等，都有严格的规定。

3．经济合同的种类

1）按时间划分，有长期合同、中期合同和短期合同。

2）按结构方式划分，有条款式合同、表格式合同和条文表格组合的复合式合同。

3）按内容划分，《合同法》中列举了 15 类最常见的经济合同类型：① 买卖合同；② 供用电、水、气、热力合同；③ 赠予合同；④ 借款合同；⑤ 租赁合同；⑥ 融资租赁合同；⑦ 承揽合同；⑧ 建设工程合同；⑨ 运输合同；⑩ 技术合同；

⑪ 保管合同；⑫ 仓储合同；⑬ 委托合同；⑭ 行纪合同；⑮ 居间合同。

7.4.2 经济合同的结构

经济合同种类较多，内容各异，但是，从整体上看，经济合同的基本结构大多是由标题、首部、主体、尾部 4 部分组成。

1. 标题

合同是一种统称，具体的合同写作中，其标题一般由合同性质加文种组成，如《买卖合同》、《租赁合同》等；有的也可提到城市名称、单位名称、时间或标的物等，如《上海市机电设备租赁合同》、《2013 年下半年买卖合同》等。

2. 首部

经济合同的首部主要标明签订合同的单位名称或个人名称。该部分紧位于标题之下，一般而言应分行上下并列写出，也可左右并列连写。

单位之间签订的合同，除要注明单位名称外，还要同时注明签约代表的姓名。为了下文行文方便，立合同人一般可设定简称。如可分别在行首或行末适当注明“简称甲方（以下简称为甲方）”、“简称乙方（以下简称为乙方）”，或依照合同内容简称为“买方”、“卖方”等，为使行文清楚起见，不可简称为“我方”、“你方”。

个人之间签订的合同，应注明当事人姓名和住所。

3. 主体

（1）开头

简要交代签订合同的目的、原则或合同形成的过程。这项内容属于交代情况的文字，行文应力求简洁，表格式合同可省略这一项内容。如“根据《××××》的有关规定，为明确甲乙双方的权利和义务，按照平等自愿的原则，经双方协商一致，特签订本合同，以资共同遵守”。又如“根据《中华人民共和国合同法》、《中华人民共和国建筑法》和《某市建筑安装工程经济合同实施细则》的有关规定，经双方协商一致，签订本合同”。

（2）合同内容

这是合同的核心，其内容由当事人约定，一般应包括以下条款。

1）标的。标的是合同当事人双方权利和义务所共同指向的对象。合同种类不同，标的也不尽相同，标的可以是物，如买卖合同中买卖的产品、租赁合同中的租赁物、贷款合同中的货币等；也可以是行为，如运输合同、仓储保管合同中所提供的劳务等；还可以是智力成果，如技术转让合同的标的是技术成果。

2）数量。数量是指合同标的物的数值指标，它是衡量签约双方权利和义务大小的尺度。

3）质量。质量是检验标的的客观标准，是指标的物的内在素质与外在形态的综合性指标。合同标的的质量标准是日后履行合同的依据，因此标的的质量标准及验收、检疫标准、方法等，都必须明确规定，具体写出。

4）价款和报酬。价款是商品等价交换价值的货币表现形式，是得到属于对方的标的物所付出的代价。报酬是获得属于对方的标的物的使用权或将标的物委托给对方处置所付出的代价。价款和报酬体现了合同所遵循的等价有偿原则。因此，在合同中，无论是价款还是报酬，均应明确规定其数额。

5）履行期限、地点和方式。履行期限是双方议定的提供标的物和交付价款和报酬的期限，它与合同的有效期限密切相关。有限期限是指合同具有法律效力的时间，过了这个时间界限，合同就失效了。因此，合同必须在有效期限内履行。履行地点是指合同规定的履行合同义务和接受对方履行合同义务的地方。履行地点直接关系到履行合同的费用和时间，当事人如不能按期到履行地点履约，就要承担责任。因此，对地点的交代必须具体详细，不仅要注明省市及地区，还要注明更详细的地址。履行方式主要指当事人议定的交付方式和结算方式。

6）违约责任。违约责任是指合同当事人由于自己的过错造成合同不能履行或不能完全履行，依法必须承担的法律责任。违约责任一般由违约情况和违约处理构成，即先写违反合同达到的程度，再写相应的处置办法。违约责任主要表现为违约金和赔偿金两种形式。

7）解决争议的方法。合同在执行中若有争议，双方应本着实事求是、平等协商的原则协商解决，在协商的基础上征得对方同意，可以把解决的方法写进合同。协商不成时，可将争议提交主管部门调解、仲裁，如当事人对仲裁不服，可在规定的期限内向人民法院起诉。

8）合同的有效期限、保管情况。合同根据需要可注明有效期限、保管情况。合同保管情况包括两个方面，即合同份数和保存单位。合同有正本、副本之分，合同的正本一般为一式两份，签约双方各存一份，有时一式三份，除合同当事人双方外，鉴证机关也要持一份。合同的副本，按签约双方的需要而定，份数可多可少。正副本的情况也可在合同标题的左侧注明。

9）附件。有的合同要有必要的附件，附件一般包括表格、实样和图纸等，必须将其作为一个单独条款列于合同正文中。这一部分内容必须全面周密，明确具体，各条款之间切忌重复和相互矛盾。

4．尾部

（1）署名和印章

在主体正文之后，分别写上当事人双方单位的全称、代表人姓名及签字，并加盖法人单位印章或合同专用章。单位名称必须与其公章的全称相符，严禁使用简称或俗称。如果有主管部门签证或司法机关公证的，则还要写出签证、公证的部门、机关及代表，并签字盖章。签字盖章是合同订立完成和生效的标志，是当事人对合同负责的法律依据，必须认真对待。

（2）签约日期

签约日期关系到合同的有效期和日后的履约，所以在合同署名的正下方，应注明签订合同的具体年、月、日，也可将日期写在标题的下方。日期注意应该用汉字大小写注明，不宜用阿拉伯数字。

有的合同在尾部还注明当事人单位的地址、电话、邮政编码、开户银行及账号等，如果在合同首部立约人名称处已交代过，此处可省略。

7.4.3 经济合同的写作要求

1．撰写合同人必须熟悉与合同有关的专业和法律知识

合同写作大多是为了实现一定的经济目的，作者必须精通业务，全面了解市场动态，另外，合同作用的发挥要以内容的合法性为前提，只有熟悉相关法律知识，才能保证合同符合国家政策和计划的要求，使合同受到法律保护。比如要拟写一份涉外进口合同，不仅要对进口货物的品名、数量、品质、包装等做出明确规定，而且还要规定装运、保险、支付、检验等涉外合同所特有的条款，并考虑到执行合同中可能遇到的各种问题，如不可抗力、仲裁、索赔等问题。因此，作者必须熟悉进出口贸易的各种专业知识和有关法律知识，只有这样，才能保证合同内容明确，条款齐全。

2．格式要规范，项目条款要完备

为了强化合同的管理，实现合同规范化，我国对各类合同都推行了示范文本制度，《合同法》中对经济合同的主要条款、式样等也做出了具体规定，我们必须严格按照合同规范格式进行合同写作。

规范的格式可以保证合同主要条款在合同中显得清晰明确，一目了然，便于执行。齐备的条款保证了合同制定的科学性、合理性和严密性。这就要求合同制定者从合同洽谈开始，到议论条款，书写条款，直到形成合同文本的每个环节都要严肃、认真、细致，不得有丝毫的马虎和敷衍。

【例文 7.5】

木材购销合同

供方：

需方：

为增强供需方的责任感和确保需方的正常生产，经双方充分协商一致，特签订本合同，以供双方遵守履行。

1. 树种：

2. 成品：5 厘胶合板

3. 结算价格：每片人民币______元（含 17%增值税发票）

4. 规格（mm）、数量（片）、交货时间

交货规格	厚　度	长　度	宽　度	数量总计
	5	2 440	1 220	
批交时间及数量		月　　日交货		
总货款金额（人民币）				

5. 产品的质量要求和技术标准：

（1）胶合板的用材：杨木芯；等级：优。

（2）胶合板的湿度不得超过 12 度。

（3）胶合板不允许脱胶开裂、空洞、结疤。

（4）5 厘板的厚度在 5.0～5.2 毫米，共 7 层，中间 3 层芯板厚度各 1.4 毫米。马六甲面皮厚度各 30 条，最外面 2 层椴木面皮厚度各 30 条，椴木面皮纹向是贴横纹，椴木皮宽度在 100～250 毫米（250 毫米左右的椴木面皮集中贴一面，100～200 毫米的椴木面皮集中贴另一面）。

（5）椴木面皮拼接不可有离缝，拼接面皮颜色要一致。

（6）胶合板的承受力要达到公司的要求。

（7）胶合板不可有弯曲、变形等现象。

（8）胶合板的外表允许小色差、小活结（ϕ10 毫米以下）。

（9）5 厘胶合板的表面不得有脱胶、透胶、虫眼、表面皮开裂，炸裂、凹凸等现象，不可粘纸胶带，胶合板的两面需砂光。

（10）胶水：用环保胶。

（11）中层杨木芯板拼接部位是错接但不能出现缝隙、空洞，要严密。

6. 包装标准：（见附件一）

7. 交货地点：需方企业所在地（名世家私有限公司厂区内）

8. 验收方法：需方按上述第五条的质量要求和标准对供方交付的产品进行验收。对发现不符合质量要求和技术标准的情况应在收货后6天内进行通知供方处理。

9. 付款日期及结算方式：货到20天结账，需方以验收合格及实际数量计算货款，并在收到供方出具增值税发票后以转账的方式支付货款。对不合格的产品，不予结算，后果由供方承担。

10. 违约责任：

（1）供方不能交货的，按不能交货部分货款总值的30%向需方偿付违约金。

（2）供方逾期交货的（宽限期两天），如超过宽限期的，按不能交货的货款的日1%向需方偿付违约金。

（3）供方交货数量不足的，需方仍然需要的，供方应当照数补交，并按期交货。无法补办的，按不能交货处理。

（4）供方交货的产品不符合质量要求和技术标准的，供方应负责收回和更换，因更换导致不能交货或者交货时间延期的，按不能交货或者逾期交货处理。供方未更换或者更换的数量不足的，按交货数量不足处理。

（5）供方应负责需方在生产过程中所出现的第四条质量问题（负责胶合板的退货）；

（6）需方无故拒收供方产品或者中途无故退货的，应按拒收或者退货部分产品货款总值的15%向供方偿付违约金。另外对供方已制成的成品应按70%向供方偿付违约金；

（7）需方逾期付款的（宽限期6天），应按该货款总值的日1%向供方偿付违约金。

11. 争议的解决办法

双方对合同履行中发生的争议，应当尽量通过协商解决，协商不成时，任何一方均可向合同履行地的法院起诉。

12. 本合同自签订日起生效。合同一式两份，供、需双方各执一份

附件一、《包装标准》

供 方：（盖章）　　　　　　　需 方：（盖章）

法定代表人：（签名）　　　　法定代表人：（签名）

电 话：

传 真：

开户银行：
账　号：
税　号：
账　号：

【例文评析】

这份购销合同从总体上看符合合同的写作要求。结构完整，条款内容全面具体，清楚明确地规定了双方的权利和义务。主要条款中将购销合同的具备的标的、数量、质量、验收方法，包装标准、结算方式、价格等内容具体细致地作了规定，使合同内容十分完整、严密，责任分明，语言表达简明、清晰。

知识链接

两金界定：定金和订金

定金是在合同订立或在履行之前支付的一定数额的金钱作为担保的担保方式，它属于一个规范的法律概念，是合同当事人为确保合同的履行而自愿约定的一种担保形式。房屋交易中，买家履行合同后，定金应当抵作价款或者收回；若买家不履行合同，无权要求返还定金，卖家不履行合同的，应双倍返还定金。

我国《担保法》还规定：定金应以书面形式约定，不得超过主合同标的额的20%。当事人一旦以书面形式对定金做了约定并实际支付了定金，即产生相应的法律后果。定金合同从实际支付定金之日起生效。另外，定金作为合同履行的一种担保，《担保法》中规定:定金条款是主合同的从合同，若主合同无效，定金条款无效（另有约定的，按约定）。换言之，若买卖合同无效，定金条款亦无效，收受定金的一方应返还定金。如一方过错造成主合同无效，过错方应承担相应的民事责任，而不是没收或双倍返还定金了。

订金并非一个规范的法律概念，根据我国现行法律的有关规定，其不具有定金的性质，实际上它具有预付款的性质，是当事人的一种支付手段，并不具备担保性质。商品房交易中，如买家不履行合同义务，并不表示他丧失了请求返还订金的权力；反之，若卖家不履行义务亦不须双倍返还订金，但这并不意味着合同违约方无须承担违约责任。

在实践审判中订金一般被视为预付款，即使认定为一种履约保证，这种保证也是单方的，它只对给付方形成约束，即给付方对收受方的保证。若收受方违约，只能退回原订金，得不到双倍返还；若给付方违约，收受方会以种种理由把订金抵作赔偿金或违约金而不予退还。例如："定金"指为保证合同的履行，消费者预先向家具销售者（卖方）交纳一定数额的钱款。合同上是"定金"的，依据《合同法》相关规定，一方违约时，双方有约定的按照约定执行；如果无约定，家具销售者违约时，"定金"双倍返还；消费者违约时，"定金"不返还。"定金"的总额不得超过合同标的的 20%。

首先，"订金"在法律上并没有严格的界定，从文字的理解上来说，"订"的含义是订立、预订之意。

而"定金"在法律上有比较严格的界定。定金依法律性质不同可以有多种分类，如证约定金、成约定金、违约定金、立约定金等。我国定金在《担保法》上是债的一种担保方式，在《合同法》上是承担违约责任形式之一，其基本法律性质是违约定金，并具有担保合同履行的性质。"定金"的作用有两种情形。

1）合同正常履行时，定金充作价款或由交付方收回。

2）合同不履行时，适用定金罚则；即交付方违约的，无权收回；接受方违约的，应双倍返还。

《最高人民法院关于适用〈中华人民共和国担保法〉若干问题的解释》第 118 条规定："当事人交付留置金、担保金、订约金、押金或者订金等，但没有约定定金性质的，当事人主张定金权利的，人民法院不予支持。"

练习题

1．名词解释

意向书　协议书

2．简答题

（1）用表格说明意向书、协议书、合同的异同。

（2）经济合同有哪些条款？

（3）招标投标文书各有哪些特点？

3．分析题

（1）修改下面合同的格式。

经济合同

××汽车制造厂三车间（以下称甲方）

立合同人：
××建筑公司（以下称乙方）
第一条：甲方委托乙方建造楼房一栋。
第二条：……
第三条：……
××汽车制造厂（公章）
法人代表（盖章）
××建筑公司（公章）
法人代表（盖章）

二〇〇〇年六月八日

（2）指出下面这份合同在写作上存在的问题。

合　同

××省××县土产公司（简称甲方）
××省××综合商店（简称乙方）
兹因销方向购方订购下列货物，经双方协议订立合约如下：

规　格	品　名	数　量	单　位	单价（元/市斤）	金额（元）
纸箱×县茶	6 级珠兰烘青花茶	6 000	市斤	2.00	12 000
竹篓装	6 级烘青茶	2 000	市斤	1.50	3 000
货款共计人民币（大写）壹万伍仟元整					

收货地址：××火车站
付款办法：托收承付
交货办法：代办（运费由购方承担）
交货期限：8～10 月
附则：1. 交货期限供方按最大努力，争取 9 月交货，如产地产不出，可推迟到 10 月交货。
2. 价格升降按国家文件执行，但购方不得拒绝，凭电报通知时间为准。
3. 付款方式凭铁路运单向购方办理托收承付，但购方不得拒付。
购方单位：××综合商店（盖章）
经办人：×××（盖章）
开户银行：×××银行分理处

账号：××××××

销方单位：××县土产公司（盖章）

经办人：×××（盖章）

开户银行：××县支行

账号：××××××

（3）指出下面这份《合同》的毛病，在保留原文基本内容的前提下，改写这份合同。

合　　同

××化工厂第四车间（甲方）

立合同人：

××第二建筑公司生产科（乙方）

为建筑津东化工厂第四车间西厂房，经双方协商，订立本合同。

1）甲方委托乙方建设西厂房一座，由乙方全面负责建造。

2）全部建造费（包括材料、人工）1 270 000 元。

3）甲方在订立合同后先交一部分建造费，其余在西厂房建成后抓紧归还所欠部分。工期待乙方筹备就绪后立即开始，力争 3 月中旬开工，争取 11 月左右交活。

4）建筑材料由乙方全面负责筹备。

5）本合同一式两份，双方各执一份。

津东化工厂第四车间（公章）

主任：（私章）

津东第二建筑公司生产科（公章）

科长：（私章）

二〇〇九年二月十五日

4．写作练习

要求：根据下面的材料写一份合同。

华盛茶叶公司法人代表王志勇和红叶茶场法人代表蔡德熙于 2008 年 3 月 10 日签订了一份茶叶购销合同，具体货物是红叶特级绿茶，数量为 500 千克，每千克价格为 64 元，2008 年 6 月 20 日之前由茶场直接运往公司，运费由茶场负责，检验合格后，公司于收货 10 天以内通过银行托付货款。茶叶必须用大塑料外包，纸袋内装，外用纸箱或麻包袋装。包装费仍由茶场负责。茶场地址为：××省常清县城北区，开户银行是常清县农业银行，银行账号：0354，电话：×××××××。茶叶公司地址为海口市××路××号，开户银行为海口市工商银行，账号 667806。电话×××××××。合同签订后，如双方不履行，在正常情况下拒不交货或拒付款都须处以货款 20%的罚金，迟交货或迟付款，则每天罚万分之三的滞纳金，数量不足，按不足部分的货款计赔，仍按 20%的比例赔偿。质量不合格，则重新酌价。如遇特殊情况，则提前 20 天通知对方，并赔偿损失费 10%，本合同由常清县工商行政管理所鉴证。

第 8 章

财经诉讼文书

学习目标

◎ 了解财经诉讼文书的概念、特点和种类；

◎ 掌握起诉状、答辩状、上诉状等诉状的结构。

导入案例

看过电影《秋菊打官司》吗？它的故事是这样的：在中国西北的小山村，农民庆来与村长发生冲突，被村长踢伤下体。庆来的妻子秋菊忍不下这口气，为了讨个说法，带着六个月的身孕，踏上漫长的路去告状。她从乡里告到县里，又从县里告到市里，各级裁决都判定村长赔钱，可是村长一直不肯正式认错道歉。秋菊不服，再向市中级法院上诉。在除夕夜，秋菊难产，村长不计前嫌，组织村民连夜把秋菊送到医院，使秋菊顺利生产。秋菊以为她与村长之间的官司就此了结，不料市中级法院此时判决下来，村长因伤害罪被捕入狱。此后，“讨个说法”便成为当代社会流行词汇。十多年前秋菊为丈夫讨说法，有意无意地走了一条法制之路。21 世纪的中国社会，将是一个法制更健全更完善的社会，了解有关法律知识，掌握诉讼中常用法律文书的写作，便成为现代人之必备。

【案例思考】

秋菊打官司“告状”，应如何行文呢？

8.1 财经诉讼文书概述

8.1.1 财经诉讼文书的内涵、特点

1. 财经诉讼文书的内涵

诉讼是国家司法机关在案件当事人和其他诉讼参与人的参与下，以事实为依据，

以法律为准绳，办理刑事、民事、行政案件所进行的一种活动，即人们常说的“打官司”。诉讼一般分为刑事诉讼、民事诉讼、行政诉讼三大范畴。

诉讼文书又称诉状，是指案件当事人或公民为保护和实现自身的合法权益，依照法定程序进行诉讼活动时所制作或形成的文字材料。

财经诉讼文书是民事诉讼文书的一个组成部分，是用来处理经济事务、解决经济纠纷的诉状。

2．财经诉讼文书的特点

（1）法律性

法律性是诉讼文书制作的基础和前提，所有诉讼文书必须依法制作。首先，制作的程序要合法，不能有任何随意性；其次，诉讼的内容要合法，事实、证据、理由和处理意见等不能违反法律的要求。

（2）论辩性

诉讼文书的目的是维护国家利益、维护公民的合法权益、调整矛盾、解决争议，必须具有鲜明的立场、观点和主张，必须以法律为准绳充分说明提出诉讼主张的因由、事实、根据与法律依据，并有针对性地批驳对方当事人的错误说法，从而表明其诉讼请求的合理性与合法性，因而具有鲜明的论辩性。

（3）规范性

规范性是诉讼文书的显著特点。首先，表现为提交时间和程序的特定性。诉讼文书必须在法定的时间内提交，否则将丧失诉讼权利；必须按一定的法律程序提交，否则将无法依法执行。其次，表现为结构的固定性。诉讼文书一般都有固定的结构，要按照固定的结构写作。有的法律文书制成统一格式，写作时只需加入所需的文字即可。最后，表现为文字用语的统一性。诉讼文书的文字用语要求简单、明了、准确。

（4）特定性

诉讼文书的写作对象是司法机关（一般是人民法院），应根据诉讼性质、诉讼程序及司法管辖分工等不同，相应递交不同的司法机关。

8.2　经济纠纷起诉状、上诉状和答辩状

8.2.1　经济纠纷起诉状

1．经济纠纷起诉状的概念

起诉状是公民、法人或其他组织在其民事权益受到侵害或者与他人发生争议时，

为维护自身的合法民事权益，依据事实和法律，按照法定程序向人民法院提起诉讼，请求人民法院通过审判予以司法保护时所提出的书面请求。

经济纠纷起诉状，又称经济纠纷诉讼状，是指原告人用书面形式向人民法院提出自己的诉讼请求，并阐明提出请求的事实和理由，从而引起诉讼程序发生的一种诉讼文书。经济纠纷起诉状一般是书面形式的。对写起诉状有困难的公民，也可以口头起诉，由人民法院做出笔录，并告之对方当事人。

2. 经济纠纷起诉状的特点

（1）起诉状属于民间性质的诉讼文书

民事起诉状与公诉机关的起诉书有本质的不同，起诉书是在刑事诉讼中检察机关代表国家对被告人提起公诉时所制作的文书。而起诉状则只代表合法权益受到侵害的公民、法人和其他组织，是一种具有民间性质的起诉文书。因此，在起诉状中不能附带刑事诉讼的请求。

（2）起诉状有法定的基本内容

《中华人民共和国民事诉讼法》第110条规定，起诉状应当记明包括双方当事人的基本情况、诉讼的事实、理由、请求和证据及其来源等事项。这是法庭审理案件时必须掌握的，缺一不可。否则，或导致法庭无法立案，不予受理；或影响法庭的判断，妨碍法庭的效率。

（3）起诉状有固定的格式

起诉状的制作应该按照规范的格式，有秩序地展开，不得前后颠倒或相互混淆。

3. 经济纠纷起诉状的结构

（1）首部

1）标题。标题由内容加文种组成，如民事起诉状或起诉状，也可写为经济纠纷起诉状。

2）诉讼当事人的基本情况。当事人的基本情况按原告、被告、第三人的顺序分别列写。

原告：如果原告是具有民事行为能力的公民，依次写明原告姓名、性别、出生时间、民族、职业、工作单位和住址、邮政编码。原告是未成年人的，应在原告下一项写明法定代理人、姓名、性别、同原告的关系。如果原告有代理人，另起一行写明委托代理人的姓名和基本情况。如果原告不止一人，按享受权利的大小分别列写，各原告的代理人要分别列写在各原告后面。

被告：如果被告是公民，写法与原告相同。如果被告是法人或其他组织，则只列写单位名称、所在地址和电话。有的案件，如财产权益纠纷案件，其被告若是公民，在写明基本情况后，还须说明与原告的关系。被告不只一人的，则依其应尽义务大小列写。

如果有第三人，则列写第三人姓名（或单位名称）和基本情况，并说明与原告、被告的关系。

（2）正文

1）请求事项。这部分主要写明原告人在有关民事权益争议中的要求，如赔偿损失、清偿债务、履行合同、归还产权等。诉讼请求事项应当写得明确、具体，切忌笼统、含糊；提出要求要合法、合情、合理。

2）事实和理由。事实与理由是起诉状的核心内容，一般要分开叙写。

事实部分。事实是提起诉讼、实现诉讼请求的基础和依据，也是人民法院进行裁判的基础和依据。应写明原告、被告民事法律关系存在的具体事实，以及当事人双方权益争执的具体内容，包括时间、地点、涉及的人物、起因、发展过程、造成的结局及双方争执的焦点等。原告如在争执中也有一定过错和责任，也应实事求是地写清楚。叙述事实一般以时间为顺序，突出主要情节和关键部分。在叙述事实的同时或在叙述事实以后，要提供相应的证据如物证、书证等，以及证据的来源和证人的姓名、职业、住址等。叙写事实应注意：① 必须实事求是，既不夸大，也不缩小；② 应围绕诉讼请求叙写；③ 既要反映案件的全貌，又要突出重点。

理由部分。根据民事权益争执的事实和证据，写明提出请求事项的理由和法律依据；要论证严密，说理中肯，恰当地引用法律条文。理由是对事实的概括与评说，应当依事论理，写明被告实施的侵权行为或者双方发生争议的权益的性质、已经造成的后果及应当承担的民事责任等，然后依法论理，写明原告提起诉讼所援引的法律条款。阐述理由主要应当注意：① 依事论理应当以事实为根据，抓住重点，击中要害；② 依法论理应当有准确的原因并与相应法律条款相关；③ 理由应当与事实、诉讼请求一致，不能出现矛盾。

3）证据和证据来源。证据是证明案件事实的真实性、可靠性的依据。列写证据应当注意：① 证据的名称应当规范，必须符合法律规定；② 不仅要写明证据的名称，还要写明证据的来源；③ 涉及证人证言的，应当写明证人的姓名和住址（另起一行，顶格写）。

（3）尾部

尾部包括结尾和附件：① 写“此致”及本诉状所提交的人民法院名称；② 诉状人签名盖章，注明诉状的年、月、日；③ 附件要写清起诉状副本的份数及提交证据的名称和数量等。

4. 经济纠纷起诉状的写作要求

（1）诉讼事实要真实可靠

“以事实为依据，以法律为准绳”，是法院进行案件审理工作的基本原则。歪曲事实，弄虚作假，有碍于审判工作的顺利进行，要负法律责任。

（2）诉讼证据要确凿无误

无论是物证、书证和其他证明材料，都要在认真查对后使用；有意提供伪证是要受到法律处罚的。

（3）诉讼理由要有法律依据

诉讼理由必须依照法律和政策的有关规定，而且引用法律条款和政策条文时要具体明确，不能断章取义。

（4）语言表达要得体

诉讼文书在语言的表达上有较高的要求：一是遣词造句要准确，特别是专门的法律术语有固定的解释，在使用时应恰如其分；二是表述要简洁，用尽可能少的文字摆清事实，讲明道理，不要啰唆拖沓；三是文风要质朴庄重，言之有物，切忌故弄玄虚，卖弄辞藻，滥用文言虚词和成语。

【例文8.1】

经济纠纷起诉状

原告：张×梅，女，35岁，汉族，×省×县××村农民

被告：张×富，男，38岁，汉族，×省×县×乡×村农民

诉讼请求：要求与被告共同等额继承父母遗产4间新瓦房，各得2间。

事实与理由：

原告张×梅与被告张×富系兄妹关系，两人自幼由父母抚养成人。兄妹二人先后于1996年和1994年成婚。婚后，被告住妻子家，原告住丈夫家，均与父母分开生活。父母靠工资维持生活，退休后靠退休金养老，子女未提供经济资助。原、被告家原是4间旧瓦房，2000年父母用多年积蓄的8万元钱，将4间旧瓦房翻建成4间新瓦房，室内装修也比较讲究。新瓦房由父母居住。

2005年2月，母亲病故，办理丧事所花费用全部由父亲支付，兄妹二人均未出资。2006年8月，父亲突发心脏病住院治疗，兄妹轮流到医院护理，尽了子女孝敬父母的义务。数月后父亲去世，兄妹二人共同负责办理丧事，所花费用由二人平均负担。

父母去世后，被告一家突然搬回家居住，独占了父母遗留下来的 4 间新瓦房。原告得知后，对被告的行为提出批评，并要求与被告共同等额继承父母的遗产 4 间新瓦房，各得 2 间，同时原告自愿放弃继承父母家遗产的权利。被告断然拒绝了原告提出的要求，因此引起纠纷。

原告认为，被告独占父母遗产的做法是错误的，独占的理由是荒唐可笑的。根据《中华人民共和国继承法》第 9 条的规定：继承权男女平等。根据《中华人民共和国继承法》第 10 条的规定：原、被告都是第一顺序继承人，都有权继承父母的遗产。父亲生病住院期间，原、被告都尽了照顾老人的义务，而且平均负担了办理丧事的费用，二人所尽义务大体相当。根据权利与义务一致的原则，继承的权利应当是平等的。被告辩称，乡下人从来都是由儿子继承父母的遗产，没有女儿回娘家继承遗产的道理……这是几千年的老规矩，不能改变。这种说法是封建思想的表现，违反我国法律规定，不能成立。

证据和证据来源，证人姓名和住址：

1）×乡×村村民委员会主任王×的证明材料一份。

2）×乡×村×组长张××的证明材料一份。

3）原、被告姑母张××（×乡×村）证明一份。

以上三份材料均能证明原告所述案情属实。

根据上述事实和证据、理由和法律依据，请依法判决，以实现原告的诉讼请求。

此致

××县人民法院

附件：本起诉状副本 1 份

起诉人：张×梅

二〇〇九年八月七日

【例文评析】

这是一篇有关遗产纠纷的民事诉讼。首部包括标题、当事人基本情况。标题由内容“民事”和文种“起诉状”组成。正文讲述了诉讼的请求事项：继承父母遗产，并陈述了事实和理由。诉讼请求明确、具体、合理、合法，对纠纷发生的来龙去脉、纠纷的重要事实情节如遗产、赡养等情况及争执焦点，都交代得清楚明白，而且证据确凿，理由充分，于法有据，明确地指出了被告不让原告继承父母遗产的做法所违反的有关法律规定，为实现诉讼请求奠定了基础，提供了法律和理论上的依据。尾部简洁地交代了诉状致送的法院名称、副本份数等内容。

8.2.2 经济纠纷上诉状

1．经济纠纷上诉状的含义

经济纠纷上诉状是指诉讼当事人，不服地方人民法院第一审的判决或裁定，在法定的上诉期限内向上一级人民法院提出上诉，请求撤销、变更原审裁判或重新审理的诉讼文书。

2．经济纠纷上诉状的特点

（1）平等性

在诉讼活动中，诉讼当事人相互间、诉讼当事人与一审法院间的法律地位是完全平等的。通过上诉状提起上诉是诉讼当事人的合法权利。

（2）合法性

上诉状的提交，可以引起审判的第二审程序的发生，给诉讼当事人再次提供了保护自己合法权益的机会。

（3）限制性

上诉的时间有严格限制。在民事诉讼中，对判决的上诉期限为15天，对裁定的上诉期限为5天。

3．经济纠纷上诉状的结构

（1）首部

首部包括标题、当事人的基本情况和案由。

1）标题。同起诉状相同，居中写明“经济纠纷上诉状”或“×××上诉状”。

2）当事人的基本情况。写明上诉人和被上诉人的身份等内容，其写法与起诉状中当事人基本情况的要求相同。但在上诉人和被上诉人后面要分别用括号注明他们在原审中的地位。如上诉人（原审原告）×××、被上诉人（原审被告）×××。

3）案由。这是由一段叙述上诉原因的固定格式文字组成的，内容包括罪名、原审人民法院名称、判决或裁定的时间、文书名称、编号及上诉表述等。具体表述为“上诉人因×××（案由）一案，×××不服人民法院于××××年××月××日×法民初字第×号的判决（或裁定），现提出上诉”。

（2）正文

1）上诉请求。上诉请求是上诉人请求上一级人民法院解决具体问题，体现了上诉人的愿望。叙写上诉请求应当明确、具体、详尽，写明上诉人请求二审人民法院依法撤销或者变更原审裁判，以及如何解决本案民事权益争议的具体要求。如“请求撤销×××人民法院于××××年××月××日（200×年）×字第×号×民事判决，宣告上诉人无罪”。附带民事诉讼部分提出上诉的，应写明是否承担经济赔偿及其具体数额等。

2）上诉理由。上诉理由是上诉人根据事实和法律，针对原审裁判中的不当之处进行辩解，针对上诉人的请求进行论证，这是上诉状的核心内容。一般来说，对一审判决的异议可从以下几方面进行论述：第一，针对原审认定事实的错误进行论证；第二，针对原审适用法律的错误进行论证；第三，针对原审违反法定程序进行论证。原审法院在案件审理过程中，如果一审判决裁定的事实认定上有错误，就要用确凿的证据说明事实真相，部分或全部地否定原审裁决认定的事实；如果认为一审判决适用法律有误，就要援引具体的法律依据或用法律理论证明一审判决的错误所在；如果认为一审判决违反了法律规定的诉讼程序，造成案件处理不当，律师陈述上述理由时应当根据法律规定据实指明错误。

上诉理由应当先用概括的语言指出一审裁判的错误，然后进行反驳。原审裁判有数项错误的，可以总体指出错误，然后逐项予以反驳，也可以指出一项错误后予以反驳。

总之，上诉理由是经济纠纷上诉状的关键，是论证上诉人的上诉请求的依据。上诉理由是否充分，关系到上诉目的能否达到。律师代书上诉状，应当根据本案导致原审裁判错误的具体原因，有针对性地予以反驳。

（3）尾部

1）写明“此致”及送达人民法院的名称。

2）写明上诉状副本的份数，随送证据的名称和数量，证人的姓名、工作单位、职业、住址。

3）上诉人签名或盖章及年、月、日。

4．经济纠纷上诉状格式样本

经济纠纷上诉状

上诉人：

被上诉人：

上诉人因×××一案，不服××人民法院××××年××月××日（×）字号的一审民事判决或裁定，现提出上诉。

上诉请求：

上诉理由：

此致

人民法院

附：本上诉状副本×份

上诉人：×××

××××年××月××日

5．经济纠纷上诉状的写作要求

（1）反驳理由要确切

经济纠纷上诉状的写作一开始就应该认真对照原判与客观事实，针对原审认定事实的不实、不准、不清和不当的地方进行反驳，无论是部分还是全部否定一审判决，都要表述清晰、证据充分、观点鲜明，不可含糊其辞、牵强附会。

（2）引用法律要正确

经济纠纷上诉状还要针对原审运用法律上的疏漏，认真对照法律，恰当地引用能证明上诉状理由的法律条文，使二审人民法院做出正确的判断。

（3）说理要充分

我国法律是两审终审制，因此上诉状事关重大，必须抓住重点，充分说理，力争达到上诉的目的。

【例文 8.2】

经济纠纷上诉状

上诉人名称：北京×××广告公司

所在地址：北京市区×××路 16 号

法定代表人：徐××　　职务：总经理　　电话：×××××××

企业性质：集体

工商登记核准号：08477751

经营范围和方式：经营、代理国内和外商来华广告业务

开户银行：中国银行北京分行××支行　　账号　　08674-98

被上诉人名称：北京市××总公司

所在地址：北京市××区××大街 301 号

法定代表人：黄××　　职务：总经理　　电话：×××××××

上诉人因广告代理合同纠纷一案，不服北京市××区人民法院 2012 年 12 月 23 日（×××）初字第 142 号民事判决，现提出上诉。

上诉请求：

1）依法撤销审判决，予以改判。

2）判决被上诉人给付因其违约所欠款项人民币4万元整。

3）本案一、二审诉讼费用由被上诉人全部承担。

上诉理由：

1. 原审判决认定事实错误

2012年8月5日，上诉人与被上诉人签订广告代理合同。合同约定：上诉人自2012年8月28日起至10月18日止在×××区×××大街两侧为被上诉人悬挂印有被上诉人标志的广告吊旗，被上诉人支付广告代理费28万元。合同订立后，经上诉人报有关主管部门批准，于2012年8月28日起开始在指定路段悬挂由被上诉人总经理黄××审定认可的广告吊旗。

由于自9月7日起天气状况恶化，连日刮风下雨，使悬挂的广告吊旗破损较多，虽经上诉人一再补挂，仍不能保证持久。为此有关部门下令自9月20日停挂该广告吊旗，并摘除已挂的吊旗。

以上事实，由有关主管部门出具的证明为证。然而，原审判决却认定上诉人悬挂广告吊旗未经有关部门批准，属非法悬挂，且未能按约定的期限悬挂。这一认定违背了事实真相，是错误的。

2. 原审判决适用法律错误

原审判决在对事实认定错误的基础上，将上诉人与被上诉人之间订立的广告代理合同认定为无效合同，并适用《中华人民共和国合同法》中关于无效合同处理的规定判决上诉人承担责任，返还被上诉人交付的28万元广告代理费。这在适用法律上亦属错误的。

而事实上，上诉人与被上诉人依据各自真实的意思表示订立的广告代理合同符合《中华人民共和国合同法》基本原则，属合法、有效合同，合同订立后，上诉人又依据广告代理的规定向有关部门办理了相应的手续，并实际履行了该合同确定的义务，应当适用有关法律予以保护。

根据上述事实和有关法律，特请求依法撤销原审判决，予以改判。

此致

北京市中级人民法院

附件：本上诉状副本1份。

上诉人　北京××××广告公司

二〇一四年一月五日

【例文评析】

这是一份企业间纠纷的上诉状。标题明确规范，当事人的基本情况交代清楚简洁，不仅依次写明上诉人和被上诉人的名称、所在地址及其法定代表人的姓名、职务、电话，而且写明作为上诉人的企业的性质、工商登记核准号、经营范围和方式、开户银行和账号等，这种写法同公民提起上诉用的民事上诉状有所不同，正文包括上诉请求和上诉理由两项内容，上诉请求简明扼要，上诉理由阐述充分，请求事项明确得体。尾部简洁地交代了诉状致送的法院名称、副本份数等内容。

8.2.3 经济纠纷答辩状

1. 经济纠纷答辩状的含义

经济纠纷答辩状是指在经济纠纷诉讼活动中，被告人或被上诉人针对原告提出的诉讼请求或上诉人提出的上诉请求做出答复，并依据事实与理由进行辩驳的法律文书。

2. 经济纠纷答辩状的特点

（1）答复性

答辩状的提出是一种应诉的法律行为。诉讼程序的发生是原告人或上诉人引起的，原告人或上诉人在诉状或上诉状中对被告人进行指控，为维护自身权益，被告人或被上诉人就要对这种指控进行回答，因此，答辩状的答复性特点是很明显的。

（2）论辩性

起诉状或上诉状提出原告人或上诉人的诉讼请求，并为证明请求的合理和合法性，要陈述事实讲明理由。而起诉状和上诉状提出的请求，与被告人或被上诉人的切身利益相抵触，就要运用答辩状批驳对方，申诉自己的理由，以证明对方请求的荒谬性。这本身就是一种辩论，因此，答辩状具有鲜明的论辩色彩。

3. 答辩的条件、答辩的期限及答辩状的作用

（1）答辩的条件

答辩是应诉行为，是法律赋予被告人或被上诉人的诉讼权利。被告受到法院转来的原告起诉状副本，应写出答辩状，也可就同一问题提起反诉。答辩状可以自己写，也可请律师或其他人代写。要围绕原告起诉的内容逐一答辩。在诉讼过程中，被告也可委托诉讼代理人代为诉讼。在开庭前，原、被告双方都应做好法庭辩论的准备工作，写好辩论提纲，了解诉讼程序和法庭纪律。

（2）答辩的期限

《中华人民共和国民事诉讼法》第 113 条规定："人民法院应当在立案之日起五日内将起诉状副本发送被告，被告在收到之日起 15 日内提出答辩状。"第 150 条规定："原审人民法院收到上诉状，应当在 5 日内将上诉状副本送达对方当事人，对方当事人在收到之日起 15 日内提出答辩状。"可见，不论是对起诉的答辩，还是对上诉状的答辩，都需在收到之日起 15 日内提出。在答辩状中，提出答辩的一方称为答辩人，另一方称为被答辩人。

（3）答辩状的作用

1）答辩状有利于维护被告人或被上诉人的合法权益。被告人或被上诉人利用答辩状，可以对起诉状或上诉状提出的诉讼请求及事实、理由，充分地陈述自己掌握的有关事实、证据，明确地阐述自己的观点、主张和理由，进行针锋相对、有的放矢的答辩。在诉讼活动中，答辩状和起诉状、上诉状的法律地位和作用完全平等。

2）答辩状有利于审判机关全面了解情况，保障司法公正。人民法院为了合理、公正地审理案件，需要充分、全面地了解同案件有关的各种情况。答辩状不仅是对起诉状或上诉状的辩驳，更可以使法院了解诉讼双方当事人的意见和要求，查明事实真相，正确断案，从而有效地保护诉讼当事人的合法权益，维护法律的严肃性。

4．经济纠纷答辩状格式样本

经济纠纷答辩状

答辩人：

因×××一案提出答辩如下：

答辩的案由和理由：

此致

×××人民法院

附：本答辩状副本×份

答辩人：×××

××××年××月××日

5．经济纠纷答辩状的结构

（1）首部

1）标题。居中写明"经济纠纷答辩状"或"答辩状"。

2）答辩人的基本情况。这部分具体写法与起诉状中的当事人基本情况的要求相同。需要注意的是，不同审级的答辩状，此栏目所写的要求不同，一审答辩状只写答辩人个人基本情况，不写被答辩人。二审答辩状，除了写明答辩人的个人基本情况外，还应写明被答辩人的个人基本情况，并注明他们在原审中的诉讼地位。

3）案由。写明“因××一案，提出答辩如下”。

（2）正文

正文是答辩状的核心内容，主要写明答辩理由和答辩意见。

1）答辩理由。答辩理由指针对原告或上诉人的诉讼请求及其所依据的事实与理由进行反驳与辩解。答辩人必须针对原告或上诉人的指控，就事实、证据、理由、请求等一个方面或多方面做出明确的答复和辩驳，同时阐明自己对案件的主张和理由。一般来说，写答辩理由可从下面几方面考虑。

① 针对所叙事实不实之处进行反驳。事实是判断是非的基础，人民法院审理案件必须以事实为依据。起诉状、上诉状叙述的事实有三种情况：一是全部事实都是真实的；二是全部事实都是虚假的；三是部分事实真实、部分事实虚假。写答辩状应当针对上述三种情况，有所侧重地摘引对方的原话，据实答复，用事实进行反驳。

② 针对适用法律不当进行反驳。无理的诉讼请求难免在说理过程中出现语言逻辑混乱、观点与材料相矛盾、违背人情常理等问题。答辩状只要能够准确地指出这些问题，就可以反驳对方的主张，使对方陷入被动。

③ 针对对方违反法定程序进行反驳。如已超过诉讼时效或不具备起诉条件等，依据法律证明原告（或上诉人）不具备起诉（或上诉）的条件。

2）答辩意见。在充分阐明答辩理由的基础上，用简明的语言提出答辩意见。一方面提出对方当事人提出请求的谬误性；另一方面根据事实和法律提出自己对纠纷如何解决的主张和要求，请人民法院依法裁决。

（3）尾部

尾部包括结尾和附项。结尾写明“此致”及人民法院的名称；答辩人签名或盖章，并注明文书制作的年、月、日。附项写明答辩状副本的份数及有关证据的情况。

6. 经济纠纷答辩状的写作要求

（1）要有针对性

答辩状一定要有针对性，针对对方提出的事实和理由进行辨析和反驳，切不可抛开对方提出的问题另做文章。

（2）要尊重事实

答辩状最有力的反驳，就是揭示事实真相，列举有力证据。原告有时会采用避重就轻、为我所用的办法陈述事实，对此答辩状要准确揭露，突出不利于对方的事实部分。当然答辩人在答辩时，一定要以事实和法律为依据，实事求是、以理服人，切不可歪曲事实、强词夺理。

（3）要熟悉法律

法院判决和裁定，均以法律为准绳。撰写答辩状应当熟练掌握并运用有关法律条文，把答辩的理由和意见建立在合法的基础之上。答辩状要善于发现并揭露起诉状或上诉状中援引法律上的谬误，指出其行为的不合法性。“打官司”就是在弄清事实的基础上，让法院判断谁的行为合法，谁的行为违法。

（4）要抓住关键

答辩状是针对起诉状或上诉状的诉讼请求进行的答复和反驳，应当避开枝节，抓住案件中双方争执的焦点，在关系到胜诉和败诉的关键问题上下功夫，争取主动。因此撰写答辩状之前，应充分研究事实，掌握证据，分清主次，一语中的。

【例文 8.3】

经济纠纷答辩状

答辩人：香港××××置业有限公司　住所地：香港××××××××

法定代表人：×××，董事长

注册号：××××××××，企业性质：私人有限公司

经营范围、方式：开发、租售、物业管理

开户银行：中国银行××××分行，账号：××××××××

委托代理人：×××，该公司职员

委托代理人×××，×××律师事务所律师

被答辩人：×××市××开发有限公司　住所地：××××市××××××××

法定代表人：×××，总经理

工商登记核准号××××××××××××　企业性质：全民所有制

经营范围、方式：开发、租售、建材销售

开户银行：×××银行×××分行营业部　账号：××××××××××

答辩人就被答辩人诉请返还双方在合作开发×××花园项目所产生的欠款人民币 1.8 亿元一事，提出如下答辩意见：

1. 答辩人对起诉状中有关双方合作开发××××花园的事实没有异议；对起诉状中有关双方于 2005 年××月××日签订的《合作开发×××花园合同书》约定的双方的权利和义务的内容没有异议。

2. 答辩人对起诉状中的下列内容有异议

（1）关于案情部分

答辩人对起诉状中有关答辩人擅自处分×××花园房产的事实有异议。由于双方的合作开发行为未经政府有关主管部门批准，只有被答辩人才是名义上的开发商，答辩人根本无法自行处分×××花园的房产。根据双方于 2005 年××月签署的《会谈纪要》，被答辩人同意将×××花园交由答辩人包销，包销价为每平方米 4 500 元，包销价低于实际销售价的差额，属于答辩人所有，由答辩人负责纳税，包销价高于实际销售价，双方以包销价进行结算。随后，被答辩人向答辩人提供了盖有被答辩人公司公章的空白售房合同供答辩人售房使用，因此，被答辩人称答辩人擅自处分×××花园房产不符事实。

（2）关于诉讼请求部分

1）关于请求理由。被答辩人诉请答辩人返还欠款人民币 1.8 亿元，理由是该款是×××花园的售房款，不能由答辩人独占。答辩人认为，该款实际上是×××花园包销价与实际销售价的差额，并非答辩人对被答辩人的欠款。根据答辩人与被答辩人签署的《会谈纪要》的约定，该款属于答辩人所有，是答辩人的合法所得，故答辩人不同意被答辩人的诉讼请求。

2）关于证据。被答辩人只向法院提供了双方签订的《合作开发×××花园合同书》，以及答辩人与购房者签订的《房屋买卖合同》，而没有向法院提供双方签订的《会谈纪要》，答辩人对此有异议。答辩人认为，《会谈纪要》是本案的重要书证，特向法院提供双方签订的《会谈纪要》复印件，请法院予以认定。

3）关于请求依据。被答辩人请求的依据是《中华人民共和国民法通则》第 92 条的规定，该条是有关不当得利的规定。答辩人认为，答辩人取得的 1.8 亿元包销差价款，有双方签署的《会谈纪要》为据，答辩人的行为不属不当得利，而是有合法的依据，根据《中华人民共和国民法通则》第 72 条的规定，以及《×××市关于房地产包销的若干规定》第 248 条的规定，该 1.8 亿元包销差价款应属答辩人所有。

答辩人还认为，本案答辩人与被答辩人之间除了签订《合作开发×××花园合同书》，双方还签订了《会谈纪要》，因此，双方除了有合作开发的法律关系外，还有包销的法律关系，现被答辩人故意隐瞒双方的包销关系，目的是为自己谋取不当利益，答辩人在此请求法院全面查清本案的事实。

综上所述，答辩人认为，被答辩人的起诉缺乏事实和法律依据，请法院驳回其诉讼请求。

此致

×××高级人民法院

答辩人：香港××××置业有限公司

二〇一二年××月××日

【例文评析】

本答辩状首部书写规范，要素齐全。“答辩理由和意见”部分明确简洁，证据充分，重点突出，针锋相对，反驳有力。尾部和附项两个部分符合规范。

8.3　经济纠纷仲裁书和公证书

8.3.1　经济纠纷仲裁书

1. 经济纠纷仲裁书的含义

经济纠纷仲裁书是仲裁机关根据当事人的一方或双方提出的仲裁申请，在自己的职权范围内，依照仲裁程序，处理经济纠纷等权益纠纷所制作的具有法律效力和法律意义的文书。

经济仲裁机关一般是由国家工商管理局和地方工商行政管理局设立的经济合同仲裁委员会。仲裁委员会由主任 1 人、副主任 1～2 人和文员若干人组成。

2. 经济纠纷仲裁书的特点

（1）内容的法律性

仲裁书是仲裁机关行使职权的一种形式，是实施国家法律的工具。仲裁书的内容必须充分体现国家的法律、政策，叙述案件、阐明理由、做出裁定都必须以事实为根据，以法律为准绳，严格依法办事。

（2）执行的强制性

仲裁书一旦发生法律效力后，当事人应依照规定的期限自动履行。如一方逾期不履行，另一方可向有管辖权的人民法院申请强制执行。

（3）制作的合法性

仲裁书只能由国家仲裁机关制作，其他任何组织和个人都无权制作。非经法定程序，不能变更或撤销。

（4）格式的规范性

仲裁书必须按照一定的格式和要求制作，把应具备的内容和统一的项目，准确、扼要地反映出来。这一方面有利于仲裁书的制作、审阅、处理和执行，使人看了一目了然；另一方面也是为了保证仲裁文书的完整性、正确性和有效性。

3. 经济纠纷仲裁书的种类

1）按不同地域，可分为国内仲裁文书和涉外仲裁文书。

2）按不同作用，可分为仲裁协议书、仲裁申请书、仲裁答辩书、仲裁决定书、仲裁调解书、仲裁财产促使申请书、仲裁授权委托书等。

3）按不同制作主体，可分为当事人制作的仲裁文书和仲裁机关制作的仲裁文书。仲裁协议书、仲裁申请书、仲裁答辩书等属于当事人制作的仲裁文书；仲裁裁决书、仲裁调解书等属于仲裁机关制作的仲裁文书。

4．经济纠纷仲裁书的结构

（1）首部

1）标题。标题要求写明仲裁书的名称，如仲裁协议书、仲裁申请书等。如果属于仲裁机构制作的仲裁书，还应在文书名称上一行写明制作机构的名称，如“×××仲裁委员会”。

2）编号。在标题右下方另起一行写明年、月、日和字、号，如“（2005）××仲裁字第×号”。当事人向仲裁机构提出的仲裁协议书、仲裁申请书等，是没有编号的。

3）当事人的基本情况。当事人为自然人的，应写明其姓名、性别、出生地址、出生年月、民族、职业、职务、住址等；当事人为非自然人的，要写明其名称、地址、法定代表人或代理人职务及与当事人的关系。涉外当事人还应注明其国籍。委托代理人是律师的，要写明其姓名和所在律师事务所及职务。

（2）正文

不同类型的仲裁书，其正文内容也不一样：仲裁协议书应写明请求仲裁的意思表示、仲裁事项和选定的仲裁机构；仲裁申请书应写明仲裁请求、事实与理由、证据；仲裁答辩书应写明答辩意见和反诉要求；仲裁裁决书应写明本案案情、仲裁庭意见和裁决结果；仲裁调解书应写明申请人的仲裁请求、协议经过、协议内容和协议结果。

（3）尾部

仲裁书的种类不同，其结尾也不完全一样：仲裁协议书的尾部包括当事人各方的签名盖章、订立仲裁协议的日期；仲裁申请书的尾部包括所提交的仲裁机构名称、申请人签名盖章、提出仲裁的日期和附项；答辩仲裁书的尾部包括所提交的仲裁机构名称、答辩人签名盖章、仲裁答辩的日期和附项；仲裁裁决书的尾部包括首席仲裁员签名、制作裁决的时间和地点及仲裁机构印章；仲裁调解书的尾部包括仲裁员或仲裁庭组成人员署名、制作调解书日期并加盖仲裁机构印章、书记员署名。

5．经济纠纷仲裁协议书和仲裁申请书格式样本

（1）仲裁协议书的格式样本

仲裁协议书

甲方：×××

乙方：×××

甲乙双方就×××（写明仲裁的事由）达成仲裁协议如下：

如果双方在履行××合同过程中发生纠纷，双方自愿将此纠纷提交×××仲裁委员会仲裁，其仲裁裁决对双方有约束力。

本协议一式三份，甲乙双方各执一份，×××仲裁委员会一份。

本协议自双方签字之日起生效。

甲方：×××（签字、盖章）

乙方：×××（签字、盖章）

××××年××月××日

（2）仲裁申请书格式样本

仲裁申请书

申请人：×××

地址：××××

被申请人：×××

地址：××××

仲裁请求：

1）裁决被申请人因其违约行为向申请人支付×××元和经济损失×××元；

2）仲裁费用由被申请人负担。

事实和理由：

此致

××仲裁委员会

申请人：×××（盖章）

法定代表人：×××（盖章）

××××年××月××日

附：1）×××

2）×××

8.3.2 经济纠纷公证书

1．经济纠纷公证书的含义

经济纠纷公证书是指公证处对当事人申请公证的事项，经过审查核实，认为符合公证条件的，按照法定程序制作的，具有特殊法律效力的司法证明文书。

2．经济纠纷公证书的特点

（1）公证书是公证机关的专用文书

公证书是公证机关代表国家进行的证明活动所形成的法律文书，是遵照国家法律规定对公民的财产权利或合法权益的一种特殊保护方法。只有代表国家的公证机关在公证活动中才能使用这种特殊效力的法律文书，其他机关、组织的证明书不能代替公证书。

（2）公证书的权威性比其他证明书要大

一般的证明书只能在特定范围起作用，而公证书的可靠性及其证明能力要比一般的证明书大得多。

（3）公证书的使用范围比一般证明书广泛

公证书具有通用性、广泛性的特点，它公证的事项广泛，其效力不受国籍、地域、行政级别、行业范围的限制。

3．经济纠纷公证书的格式样本

合同公证书

（××）字第××号

兹证明××××（单位全称）的法定代表人（或法定代表人的代理人）×××与××××（单位全称）的法定代表人（或法定代表人的代理人）×××于××××年××月××日，在××××（签约地点或本公证处），签订了《××合同》。

经查，上述双方当事人的签约行为符合《中华人民共和国民法通则》第 55 条的规定；合同上双方当事人的签字、印章属实；合同内容符合《中华人民共和国××法》的规定。

中华人民共和国××省××市（县）公证处

公证员（签名）

××××年××月××日

4．经济纠纷公证书的结构

（1）首部

1）标题。标题要求写明公证书的名称，如合同公证书。

2）编号。在公证书的右下方用阿拉伯数字写年度的全称，接着写公证机关的简称和编号。如“（2003×）×公证字第×号”。

（2）正文

正文也叫证词，是公证书的核心部分和主要内容。证词应根据证明事项来写，当事人申请公证的事项不同，其证词的写法也不相同。但不论公证何种事项，都应写得清楚、准确、真实、合法。

（3）尾部

1）制作公证书的机关名称。如“中华人民共和国××省××市（县）公证处”。

2）公证书签署人的职务和签名。

3）公证书签发的年、月、日，并加盖公章。

5．经济纠纷公证书写作的注意事项

1）公证书一般应一事一证，既方便申请人使用，又方便公证员制作，同时，也避免了因公证事项过多而引起歧义。如果申请人申请公证证明的事项出于同一使用目的，也可以几事一证。

2）当事人的姓名要写准确，对曾用名、又名、别名等，根据需要，可用括号注明。对于当事人的亲属关系的称谓，在公证书上应采用全国统一的称谓，即父、母、夫、妻、儿、女等。

3）机关、团体、企事业单位的名称，在公证书上第一次出现时，应写全称，其后则可写简称。在公证书中，当事人的出生地一般只写省（自治区、直辖市）、县（市）的名称。如名称有变化，则应写出生时的名称。当事人的年龄，一律以出生年、月、日代替，出生日期一般采用公历，必要时，可用括号注明农历日期。

4）公证书均需编号。

5）公证书分原本、正本、副本三种。签发稿是原本。发给当事人的是正本，发给有关单位或个人存执的是副本。原本、正本、副本的内容必须完全一致。

6）公证文书按顺序装订好后，应当将除封面、封底以外的所有各项页合在一起，然后在左下角加盖钢印。

练 习 题

1．名词解释

经济纠纷上诉状　经济纠纷起诉状　经济纠纷答辩状　经济纠纷仲裁书

2．简答题

（1）经济纠纷起诉状与经济纠纷上诉状有什么区别？

（2）经济纠纷起诉状的正文一般要写哪些内容？

（3）经济纠纷答辩状正文包括哪些内容？

（4）经济纠纷仲裁书的特点是什么？

3．分析题

要求：根据你对经济纠纷起诉状的认识，评析下面的例文有何不妥之处。

经济纠纷起诉状

原告：××茶楼地址：××市××路64号

法定代表人：李伟经理

委托代理人：杨修××律师事务所律师

被告：××空调经营部地址：××市××路35号

法定代表人：张之经理

请求事项：

1）判令被告退还两台“华宝牌”FB型立柜式空调机价款38 600元。

2）判令被告退还空调机修理费500元。

3）本案诉讼费由被告承担。

事实和理由：

原告××茶楼于××××年2月26日与被告××空调经营部订立购销合同，原告购买被告销售的“华宝牌”FB型立柜式空调机两台，并预付了1万元货款。同年3月1日，被告将两台空调机交付原告并派人上门安装，而后原告向被告付清了全部货款共计38 600元。使用两个月后，一台空调机发生故障，原告立即通知被告，被告派人来茶楼检修，告知原告“需更换电路板”，要求原告支付500元。原告因担心不及时修好会影响茶楼的生意，遂被迫支付给被告500元。使用才半年时间，两台空调机的制冷、制热设备都出现了故障。原告又及时通知被告，被告又派人来维修过3次，一台勉强可以制冷，另一台的故障始终不能排除。原告多次找被告协商解决办法，被告不但不予解决，反而出言不逊。由于空调机不能工作，使原告茶楼客人减少，经营受到严重影响。

原告购买空调机是为了提高服务质量，改善经营状况，但由于被告销售的产品有严重质量问题，又受到维修技术的局限，使原告不但不能正常使用产品，反而为此耗费了很多时间和精力，正常经营也受到了严重影响。为此，特根据《中华人民共和国产品质量法》第28条和《中华人民共和国消费者权益保护法》第22、第35、

第 40 条的规定，依法提起诉讼，请人民法院依据事实和法律，秉公裁判，以维护原告的合法权益。

此致

××人民法院

具状人：××茶楼（盖章）

法定代表人：李伟

××××年××月××日

附：1）本状副本 1 份。

2）原告、被告购销合同 1 份。

3）被告开具 38 600 元空调机款收据原件 1 张。

4．写作练习

（1）根据下述材料，拟写一份起诉状。

2005 年 5 月，向东实业公司与市电子工业局签订合同，租赁电子工业局两间临街的办公用房做营业部铺面，租赁期限为 3 年。次年 4 月，该营业部因经营不善，关门整顿。其负责人张××外出联系新业务。5 月，电子工业局决定收回房子自用，几次去人、去函，要求向东实业公司终止合同，均因张××不在而未果。6 月上旬，电子工业局最后一次书面通知向东实业公司，声明单方面终止合同，收回房子，并自己动手把向东实业公司营业部的留存物品搬至他处代为保存。6 月下旬，张××外出归来，得知此情，几次找电子工业局商谈，要求继续租赁，未得到同意，遂向法院提起诉讼。

（2）根据上述材料，针对起诉状，代电子工业局写一份答辩状。

第 9 章

财经信函

学习目标

◎ 掌握财经信函的概念、格式及写作注意事项；

◎ 能够熟练写作询价函、报价函、还价函、订购函、索赔函、催款函、传真和电子邮件。

导入案例

2006 年 4 月 7 日晚，EMC 大中华区总裁陆纯初回办公室取东西，到门口才发现自己没带钥匙。此时他的私人秘书瑞贝卡已经下班。陆试图联系后者未果。于是在凌晨 1 时 13 分通过内部电子邮件系统给瑞贝卡发了一封措辞严厉且语气生硬的“谴责信”。陆在发送这封邮件的时候，同时传给了公司几位高管。

两天后，瑞贝卡给陆回复了一封同样措辞犀利的邮件，还将回信传给了 EMC 四个地区分公司。

不久，这封火爆邮件被转发至全国数千外企。而瑞贝卡此举最终为她在网络上赢得了“史上最牛女秘书”的称号

【案例思考】

1．什么引发了秘书的辞职事件?

2．此信件违背了财经信函什么原则?

9.1 财经信函概述

1．财经信函的概念

财经信函是指主要通过邮政递送的有关经济事务的信件。

财经信函的作用：一是索取信息或传递信息；二是处理交流中有关事宜；三是联络与沟通感情。

2．财经信函的分类

1）按发函缘由不同，可分为建立关系函、推荐聘用函、商务邀请函、商务确认函、寻价报价函、发货催货函、付款索款函、索赔理赔函。

2）按行文关系不同，可分为致函、复函。

3）按形态不同，可分为公函式商函、普通式商函。

9.2　财经信函的结构

同其他信函一样，财经信函也是一种具有习惯格式的文体。财经信函通常由信封、正文及附件和附言 3 部分构成。前两部分是必不可少的，而后者则需视具体情况而定。

9.2.1　信封

1．信封的种类

信封有横式和竖式两种。用横式信封时，将收信人地址写在信封的上方；用竖式信封时，将收信人地址写在信封的右侧。

2．信封的内容

（1）收信人地址

用横式信封时，收信人地址居上书写；用竖式信封时居右书写。信封内容包括邮政编码，省、市（县）、城区、街道、门牌号码，以及单位全称和业务部门名称。收信人的地址要写得详细具体、准确工整。注意不要只写单位名称而不写详细地址，也不要简化单位名称，以免误投。

（2）收信人姓名

一般写在中间位置，字稍大。初次联系工作时，如不知对方姓名，或有时为避免因对方业务人员调动工作（或出差）而延误书信的处理，也可把具体业务部门作为收信人，如某厂“销售科收”等。

（3）寄信人地址及姓名

用横式信封时居下书写，用竖式信封时居左书写。

（4）邮政编码

在收信人地址前填写其邮政编码，在寄信人地址及姓名后一般也要写上其邮政编码。根据邮政部门的规定，邮票一般贴在横式信封的右上角。

9.2.2 正文

正文也叫信文、信笺。它记载经济业务的具体事宜，是财经信函的核心部分。信文内容多种多样，其表达既灵活，又有一定的格式。

1．信头

信头由发函方的名称、地址、电话、传真、电子邮件地址、邮政编码、发函日期等组成。

2．标题

标题亦称事由，一般概括出函的中心内容、主旨。其位置在信头之下，居中书写。标题可以有两种形式：

1）由事由加文种名称“函”构成，前面有介词“关于”二字，如“关于接受订购××牌混纺毛毯订单的函”。

2）先写“事由”二字，后跟冒号，然后用精练的文字直接概括出该函件的内容，如“事由：装船通知”。

3．函号（编号）

函号即发函字号或发函编号，可以仿照公文发文字号的形式，如“××字［2008］57 号”，也可以直接将该函的顺序号标出，如“第 57 号”。

4．称谓

称谓即发函对象，是对收信者的称呼，在标题左下方，顶格书写，后加冒号。如“××公司××经理”。如不清楚对方职务、职称、可用先生、女士等来称呼。

5．正文主体

正文主体是信函的核心，由开头、主体、结尾 3 部分组成。

（1）开头

开头应开门见山，直截了当地切入正题，不需寒暄。初次给对方去函，可先做自我介绍；如已有合作关系，可简述合作的情况，以拉近距离。然后简明扼要地说明发函的意图、缘由。复函则要复述对方来函的日期、事由。

（2）主体

主体要具体、明确地写明发函者的意见，使对方清楚、明白地了解磋商内容。如果事项内容多可分条列写。

（3）结尾

结尾表示希望回函或提出有关要求。如“若同意我方上述报价，请速来函确认”、“希望上述答复能够满足贵方要求，并候早复”等，也可用“特此函达”或“此复”等惯用语收束全文。

6. 信尾

信尾包括落款、日期及印章。

9.2.3　附件和附言

附件是指附在信函之后的有关材料，如报价单、产品介绍或说明书、订购合同、发货通知单、产品质量检验书，用以证实信文所写的各种论点，或作为商业业务往来的确认手续。

附件标注的位置一般在落款左侧靠下方，写“附件”或“附：”字样，后面注明附件的名称和件数。

附言指补充说明的话，在信函末页左下方由“又及”、“又启”等字样引出。附言仅在正文主体部分内容有遗漏补叙时才用，它不是必备项目，大多数信函没有附言。

9.2.4　财经信函的写作要求

财经信函不同于文学创作。文学作品忌显不忌隐，忌直不忌曲，而财经信函应清楚明确，不隐不曲。财经信函的写作要求有以下几项。

1. 主题突出，观点明确

财经信函是为开展某项经济业务而写的，具有明显的目标。信文内容应紧紧围绕这一目标展开，不要涉及无关紧要的事情，以免冲淡主题；也不必像私人信函那样，写入问候、寒暄一类词语。向对方提出的问题要明确，回答对方的询问也要有针对性，不能答非所问，或故意绕弯子，回避要害。鉴于财经信函往来涉及经济责任，所谈事项必须观点明确，交代清楚。例如，答复对方订货要求时，必须将供应商品的规格、性能、供货日期、价格与折扣条件、交货方式、经济责任等，一一交代清楚，切忌含混不清，以免日后纠纷。

2. 面向对方

为促进双方经销往来，信函应给对方一个好的印象。因此，在写信之前，要设身处地想一想对方的需要，对方的处境、利益与困难；如何在互惠互利的前提下尽可能考虑对方的需求，还要考虑对方的地位、身份、专业知识、文化程度、接受能力等，使对方正确理解信中所谈内容。

3．实事求是，谦恭有礼

经商往来要求实事求是，遵守职业道德，维护企业与个人的信誉，不得蓄意欺骗对方或设下圈套诱使对方上钩，以谋求不正当利益。谦恭有礼不是仅说几句客套话，而是要尊重对方，如收到对方来函，应尽快给予答复，拖延回信的做法是不礼貌的。

4．结构严谨、首尾圆合

结构严谨，要做到这一点应在动笔之前，首先把所要写的内容有条不紊地组织起来，列成提纲或打草稿，以免结构松散，首尾脱节。

5．语气平和，用词准确

财经信函的语气要平和，不得用命令或变相威胁的语气，要做到不卑不亢。用词要准确，不要用一些晦涩的或易于引起歧义的词语。用词不当或不准确，常常会使对方误解，甚至被人利用而导致一方经济损失。例如，提请对方供货时，不要用“大量”、“许多”一类词语，应具体说明数量。同样，报价不能笼统地说“合理价格”或“市场价格”，而应说明具体价格为多少，用何种货币，怎样结算，有没有各种附加收费，尽量避免使用“大约”、“左右”一类词语。答复对方的来函，最好说明来函的日期、内容、编号，不要笼统地说“来信收到”或“上月来信”等，因为来信可能不止一封。

此外，信文用字应规范化，还要正确使用标点符号。

6．清楚简洁，注意修辞

信文内容与形式都要做到清楚简洁。做生意讲求效率与节省时间。清楚简洁的书信最受欢迎，避免使用长句冗词及不必要的修辞。

9.3　主要财经信函写作介绍

9.3.1　推销函

1．推销函的概念

推销函是向对方推销产品而使用的一种业务信函。

2．推销函的结构

（1）标题

标题可以写成“推销函”，也可以写成“推销××（产品）函”。

（2）正文

1）开端语，主要说明发函目的，要求简明扼要并有独创性。

2）产品介绍，要求文字力求生动、活泼，重点突出产品的特色。

3）提供证据，使用具体详尽的语言继续强调产品的突出特色。

4）提出保用期和免费试用。

5）价格，要求在概括产品的优点时提出，报价时要用小单位。

6）结尾语，要求能激发消费者的购买欲望。

（3）落款

落款要写明发函公司，标明年、月、日。

【例文9.1】

推销工艺品函

××公司：

从我驻意大利使馆商务处来信中获悉贵公司希望与我国经营工艺品的外贸出口公司建立业务联系。我们很高兴能在开展这类商品的贸易方面与贵公司合作。我公司经营的工艺品有绣品、草竹编、灯具、涤纶花、珠宝首饰及仿古器物和书画等。这些品种均制作精美，质量上乘。特别是涤纶花，式样新颖，色泽鲜艳，形态逼真，可与鲜花媲美。目前在欧美、亚洲等许多国家极为畅销，深受消费者的喜爱。现寄上涤纶花样照一套，供参考。欢迎来信联系。

××进出口公司

××××年××月××日

【例文评析】

这是一篇推销函。本函表明发函的目的，对本公司经营的工艺品种类及特点进行介绍，内容具体，语言简洁，是一篇较规范的推销函范文。

9.3.2 询价函

1. 询价函的概念

询价函是买方向卖方询问某项商品交易条件所写的信函。

2. 询价函的结构

（1）标题

标题一般写明“询价函”三字即可。

（2）称谓

称谓即在顶格写上受函人（公司）名称。

（3）正文

正文主要写明向卖主索要主要商品目录本、价格单、商品样品、样本等，也可以用询价单或发订单的方式询问某项商品的具体情况。

（4）落款

落款要写明发函公司和具体日期。

【例文 9.2】

询 价 函

××先生：

我公司对贵厂生产的绿茶感兴趣，欲订购君山毛尖茶。品质：一级，规格：每包 100 克。望贵厂能就下列条件报价：

（1）单价

（2）交货日期

（3）结算方式

如果贵方报价合理，且能给予最惠折扣，我公司将考虑大批量订货。

希速见复。

××副食品公司

××××年××月××日

【例文评析】

这是一封询价函。首先向对方表明了感兴趣的产品，其次说明了希望对方报价的条件，最后提出希望。此函格式完整，内容具体，行文简洁，措辞平实。

9.3.3 报价函

1. 报价函的概念

报价函是卖方向买方提供某项商品的有关交易条件所写的信函。

2. 报价函的结构

（1）标题

标题一般写明“报价函”三字即可。

（2）正文

正文包括产品价格、产品信息、结算方式、包装运输等内容。

（3）结束语

结束语如“恭候佳音”等。

（4）落款

落款要写明发函公司和具体日期。

【例文 9.3】

报价函

××购物中心：

贵中心于2009年9月30日发出的询价函收悉，感谢对我公司产品的关注。现就贵中心有关产品情况的询问，做如下回答：

商品：××牌女儿红黄酒

规格：一级（5年陈酿）

容量：每瓶275毫升

单价：每瓶18元（含运输费）

包装：50cm×30cm×45cm纸箱，每箱10瓶

结算方式：商业汇票

交货方式：由我方发货，贵方自提

交货日期：收到订单后10日内发货

我公司生产的××牌女儿红黄酒 5 年陈酿在价格上比市场同类产品要低20%，质量绝对可以保证。另外，我公司对于每次订购100箱以上的客户给予原货价的八五折优惠。

如以上报价符合贵中心的采购要求，请尽快给我公司回复，以便公司市场部门统一安排。

恭候佳音!

浙江省××酒业有限公司

二〇〇九年七月二十二日

【例文评析】

这是一篇报价函。本函的最明显特点是对公司的产品“××牌女儿红黄酒”，从

“规格”、“容量”等方面，分条列项地进行介绍，条理清晰，语言简明准确，措辞平实。

9.3.4 还价函

1．还价函的概念

还价函是收到报价函的买方对于报价中的某些条款感到不能接受，按照自己的能力提出的供对方考虑的一种商业信函。

2．还价函的结构

（1）标题

标题一般写明“还价函”三字即可。

（2）正文

正文包括还价措施，与原报价函的变动情况，还价原因及建议等。

（3）落款

落款要写明发函公司和具体日期。

【例文9.4】

还 价 函

浙江省××酒业有限公司：

贵公司于2009年7月22日发出的报价函收悉。我中心不能接受贵公司的报价，十分遗憾。

由于贵公司生产的××牌一级女儿红黄酒5年陈酿在我区市场的销量不是很大，我中心不能过长时间地积压货物，以免造成资金周转困难，因此不能接受贵公司提出的报价，我公司最高只能接受原报价的80%。

盼复。

××购物中心商品采购部

二〇〇九年七月二十八日

【例文评析】

此篇还价函结构完整，先表明态度：不能接受报价；然后表明原因：由于产品销量不大，产生货物积压，造成资金困难；最后提出自己的意见：只能接受原报价的 80%。此函做到了依据事实，说理充分，态度明朗，行文简洁，是一篇较规范的还价函。

9.3.5 订购函与接受函

1．订购函

（1）订购函的概念

订购函是指买卖双方经过反复磋商，在彼此均接受了交易条件后由买方向卖方出具的商品订购函件。

（2）订购函的结构

1）标题，写明“订购函”三字即可。

2）正文，包括订购产品的种类、规格、数量、价格、结算方式、包装运输及其他应注意事项等。

3）落款，写明发函公司和具体日期。

【例文 9.5】

订 购 函

南京××有限公司：

贵公司于 6 月 16 日的报价单收悉，谢谢。我公司认为贵公司报价较为合理，特订购以下产品：

1）××牌 9018 型手机 50 台，单价 1 200 元，总计 60 000 元。

2）××牌 9088 型手机 30 台，单价 1 000 元，总计 30 000 元。

3）××牌 9058 型手机 50 台，单价 1 600 元，总计 80 000 元。

交货日期：2002 年 7 月 10 日

结算方式：转账支票

交货地点：南京市××区××路××号

请贵公司运送货物时一并将货款发票（总计人民币 170 000 元，请注明我单位名称）带来。

我公司接到贵公司货物后将立即开具转账支票。

南京××电讯器材销售公司

二〇〇九年六月十八日

【例文评析】

这是一篇订购函，正文书写规范、工整，语言表达清楚明确，将收到对方订单的时间及将办理的事情都写得很具体，体现了此函主体重点突出，事项表述具体明确的特点。

2．接受函

（1）接受函的概念

买方或卖方对对方提出的交易条件表示接受的函件。

（2）接受函的结构

1）标题，写明“接受函”三字即可。

2）正文，包括卖方接受对方报价的具体条件，如商品名称、规格、单价及结算方式、交货方式、时间等。

3）落款，写明发函公司和具体日期。

【例文9.6】

接 受 函

河北××餐饮有限公司：

贵公司于7月15日传真过来的报价函收悉，谢谢。经研究，我公司接受贵公司的报价，并同意按照贵公司提出的有关订购条件执行。

等级：一级

规格：每袋25千克，真空包装

单价：每袋定价在52元以下（包含运输费用）

交货日期：2002年9月20日

结算方式：电汇

请尽快予以办理。

如果贵公司订购数量超过××吨以上，我公司还将酌情给予优惠。

内蒙古××食品公司

二○○九年七月二十日

【例文评析】

此篇接受函用简洁明晰的语言表达对“贵公司产品报价的接受”态度，并进一步重申“同意执行贵公司提出的有关订购条件”，然后按产品的“等级、规格”分条列项进行表述，条理清晰。此函体现了主体重点突出，事项具体明确，语气肯定的特点。

9.3.6　索赔函与理赔函

1. 索赔函

（1）索赔函的概念

索赔函是指买卖中的任何一方，以双方签订的合同条款为根据，具体指出对方违反合同的事实，提出要求赔偿损失或维护其他权利的书面材料。

（2）索赔函的结构

1）标题。标题的形式比较灵活，既可以根据实际情况写成包括索赔事由+文种的完全标题样式，如《关于××的索赔函》；也可以简明扼要地写成不包括索赔事由而只写文种的简单标题形式，如《索赔函》。

2）编号。编号是为了联系与备查用，写在右上角，一般由年号、字号、顺序号组成。

3）受函者。受函者要写受理索赔者的全称。

4）正文。正文的内容包括：缘由，提出引起争议的合同及其争议的原因；索赔理由，具体指出合同项下的违约事实及根据；索赔要求和意见，根据合同及有关国家的商法、惯例，向违约方提出要求赔偿的意见或其他权利。

5）附件。为解决争议，可以将有关的说明材料、证明材料、来往的函电作为附件。

6）落款。落款要写明发函公司和具体日期。

【例文9.7】

索 赔 函

××啤酒股份有限公司：

我公司于本月15日从贵公司购买200箱6 000罐××牌纯生啤酒，等级为一级品。但到货后，我方质检人员发现该批货中大约有6箱啤酒的质量明显低于贵公司提供的样品标准。经四川省成都市××质量监督局抽样检验，这6箱啤酒中含有明显的沉淀物，而且部分抽检样品中大肠杆菌超标，属于不合格产品。随函寄上我公司出具的质检报告。

现特向贵公司提出这6箱不符合质量标准的啤酒按照《食品卫生法》的有关规定做销毁处理，同时贵公司需对我公司造成的损失做全部赔偿。

特此致函，盼复。

成都市××连锁超市有限公司

二〇〇九年九月二十八日

附件：成都市××质量监督局质量检验报告

【例文评析】

此索赔函写法上简洁有力，事实部分表述充分、具体，有理有据。

2．理赔函

（1）理赔函的概念

理赔函是指合同争议或纠纷产生后，违约一方受理遭受损失一方的赔偿要求的信函。

（2）理赔函的结构

1）标题。标题的写法与索赔函相同。

2）正文。正文包括引述来函要点，表明己方态度，提出处理意见三部分内容。

3）落款。落款要写明发函公司和具体日期。

【例文9.8】

质量不符理赔函

××百货公司：

贵方××月××日的索赔函及货样收悉。信中提到部分玻璃茶具的质量与样品不符一事，我方立即进行了调查，发现是由于装箱时误装了部分二等品。这是我方工作的疏忽，对此，我们深表歉意。因此，我方愿意接受贵方的要求，部分质量不符的产品按降低原成交价30%的扣价处理。

我方保证以后将不再出现类似失误。

特此函复。

××茶具厂

××××年××月××日

附件：××市××检验所检验报告一份

【例文评析】

此篇理赔函就主要的理赔依据、理赔标准做出清楚的表述。以“我方保证以后将不再出现类似失误。特此函复”做结束语，表明态度。此函在写法上内容明确，层次清楚，语言简洁，用词礼貌、有分寸。

9.3.7 催款函

1. 催款函的概念

催款函是一种催交款项的文书，是交款单位或个人在超过规定期限，未按时交付款项时使用的通知书，即有商务性质又有法律内涵。

2. 催款函的结构

（1）标题和编号

如果催收的是紧急的款项，可在标题前写上“紧急”二字。标题一般要注明编号，便于查询和联系。

（2）催款和欠款单位的名称和账号

催款函要清楚、准确地写上双方单位的全称和账号，必要时，要写明催款单位的地址、电话及经办人的姓名，若是银行代办催款的，还必须写明双方开户银行的名称及双方账号名称和账号。

（3）催收内容

这是催款函的主体部分，应清楚、准确地写明双方发生往来的原因、日期、发票号码、欠款的金额及拖欠的情况，以便使受文单位明确情况，及时地交款。

（4）处理意见

催款方在催款函上提出处理办法和意见。这种意见一般都是从以下三个方面予以说明：① 要求欠款户说明拖欠的原因；② 重新确定一个付款的期限，希望对方按时如数交付欠款；③ 再次逾期不归还欠款将采取的罚金或其他措施。

（5）落款

落款要写明催款单位的全称，并加盖公章，然后注明发文日期。

【例文 9.9】

催 款 函

××公司：

贵公司自××××年××月××日至××××年××月的××日止尚欠我公司货款共××元，根据贵我双方所签署的合同（或约定），贵公司应在××××年××月××日付清该款。现贵公司已逾期×天仍未支付，严重影响了我公司的资金周转和生产安排。请贵公司收到此通知书后×天内将上述逾期未付的货款汇付我公司账户（户名：×××× 开户行：×××× 账号：××××）。否则，本公司将遵循法律途径或委托相关追收人员上门催收解决，届时可能给贵公司造成不良影响并将有损贵公司的诚信形象。

故特此通知。

×××公司

××××年××月××日

【例文评析】

此篇催款函最明显的特点有两点：一是简明，所欠款数额及应付款时间，及逾期未支付对公司的影响，和接到通知应付的货款及汇款账户表述得很清晰；二是态度明朗，“否则，本公司将遵循法律途径或委托相关追收人员上门催收解决，届时可能给贵公司造成不良影响并将有损贵公司的诚信形象”，但措辞适当。

9.4 传真和电子邮件

9.4.1 传真

1．传真的概念

传真是把记录在纸上的文字、图表、图像等通过扫描从发送端传输出去，再在接收端的记录纸上重现的通信手段。也就是说，传真通信实际是一种传送静止图像的“记录通信”，有人把它称为“远程复印”。

2．商务传真的结构

传真与信函的结构大致相同，由传真头、标题、称谓、正文、祝颂语和落款组成。

（1）传真头

传真头包括名称、接受传真方的有关条目、发出传真方的有关条目等内容。接受传真方的有关条目包括接受人姓名、单位名称、地址、传真号等；发出传真方的有关条目包括单位名称、所在部门、姓名、电话号码等，如图 9-1 所示。

（企业名称、相关信息和标识）

收件人 To________			发件人 From	
传真号 Fax________			日期 Date	
电话 Photo________			页数 Pages	
主题 Re________			抄送 Cc	
紧急 Urgent	审阅 For Review	批注 Comment	答复 Reply	传阅 Recycle

图 9-1　传真头

（2）标题

标题无固定要求，需要时可在文头下撰写标题，意在引起收件人的注意或重视。

（3）称谓

称谓置于正文开头左上方。如何称谓，要视对方的身份、性别而定。

（4）正文

正文是传真的主体部分，其内容及写法与财经信函基本相同。

（5）祝颂语

祝颂语与其他财经信函基本相同。

（6）落款

【例文 9.10】

新华科技有限公司传真

收件人：王刚　　传真号：12346758　　收件人单位：国际饭店市场部

发件人：张军　　传真号：67583425　　电话：76656789

主题：会议所需设备　　页数：5

抄送：　　日期：2009 年 10 月 26 日

□ 紧急　□ 请审阅　□ 请批注　□ 请答复　□ 请传阅

尊敬的王先生：您好！

遵照贵方要求，现将我公司下周末在贵饭店举行的大型技术研讨会所需各类音像辅助设备等的具体要求传递给您。我们是分别按照各分会场的需求提出的，请贵方收到该件后做好会议准备工作。如有问题，请速与我方联系。

顺颂

商祺！

附件：设备要求

张军敬上

【例文评析】

此传真格式规范，内容表述清晰，语言简洁。

9.4.2　电子邮件

1. 电子邮件的概念

电子邮件（E-mail，也被大家昵称为“伊妹儿”）是 Internet 应用最广的服务。电子邮件系统可以非常低廉的价格、快速的传递文字、图像和声音等各种文本。同时，用户还可以得到大量免费的新闻、专题邮件，并实现轻松的信息搜索。这是任何传统的方式也无法相比的。正是由于电子邮件的使用简易、投递迅速、收费低廉，易于保存、全球畅通无阻，使得电子邮件被广泛地应用，它使人们的交流方式得到了极大的改变。

2．电子邮件的结构

电子邮件主要是由两部分构成，即收件人的姓名和地址、信件的正文。在电子邮件中，所有的地址信息称为信头，而邮件的内容称为正文。在邮件的末尾，还有一个可选的部分，即用于进一步注明发件人身份的签名。

一般来说，信头包含下列内容（具体情况可能随有关邮件程序而有所不同）：收件人（To），即收信人的 E-mail 地址；抄送（Cc），即抄送者的 E-mail 地址；主题（Subject），邮件的主题。一般地说，只需在“收件人”这一行填写收件人完整的 E-mail 地址即可，“主题”这一行可填可不填，但是，正式的电子邮件要填写主题，以便收件人了解信件的主要内容。

电子邮件的正文，根据要求要尽量使用普遍的非装饰性字符，以保证无论收件人使用何种计算机和软件都可以正常地阅读电子邮件的内容。E-mail 签名的位置总是在信的最末尾。它与普通信件中的签名一样简单。然而，在 Internet 上，人们总是喜欢以尽量少的文本行来告诉读者有关事情。尽管签名是一个可选可不选的项，但是在使用它时是要担负一定责任的。

【例文 9.11】

发件人：shala@sohu.com

收件人：huangbe@sina.com

主题：会议邀请函

内容：

黄先生：您好！

我省每年一届的企业人力资源交流会议定于 4 月 8 日（星期六）早上 9：00 在某饭店举行，会期一天。您作为贵公司多年的人力资源总监，是从事企业人力资源研究的专家，我们将真诚地邀请您在会议上做一个 60 分钟的发言，建议内容围绕员工的绩效考核工作。

我们衷心希望您能接受这项邀请，并进一步向您提供有关细节，请尽快给我们回音。

会议联系人：王××　　　　　　　　　　　　　　　　电话：

盼望您的光临。

恭祝近祺！

省企业人力资源研究中心主任

【例文评析】

这是一封较为完整的电子邮件，包括发件人、收件人、主题和内容，格式完整，主要内容的撰写言简意赅。

知识链接

财经信函写作七“C”原则

1．清楚（Clearness）

清楚原则包括两个方面的内容，一是写信者在拟文前知道自己要写什么；二是对方收到信函时可以完全了解写信者要表达的意思，不会产生误解。这就要求写信者头脑清楚、条理清晰、表达准确，避免使用一些含混不清、模棱两可的词汇。

2．简洁（Conciseness）

简洁是指用最少的语言表达最丰富完整的内容，并且不影响信函的礼貌性。简洁使信函更加简明有力。商务英语信函的格式要简明扼要，语言要通俗易懂，内容要精练丰富。这就要求写信者在行文过程中尽量选用易懂、朴素的词汇，采用简洁、直接的句子。

3．准确（Correctness）

财经信函与买卖双方的权利、义务、利害关系、企业形象等息息相关，是制作各种商业单据的依据，以及进行商业活动往来的重要凭证。准确无误是信函写作中最重要的原则。准确原则不仅仅指单词拼写、标点符号无误，语法使用、结构格式正确，还应确保信函所涉及的信息、数字、事实准确无误。因此，在进行信函写作中应反复审核相关信息，如收信人的职称、姓名、地址、交货时间、地点、货物品质、颜色、尺码、单价、总价、包装等。

4．具体（Concreteness）

具体原则是指信函中涉及的内容要言之有物，信息要翔实具体、丰富生动，表达要完整。

5．礼貌（Courtesy）

为了建立、保持友好贸易关系，礼貌原则不仅仅体现在使用“请”、“谢谢”等词汇上面，而且要做到礼节不卑不亢、得体大方。具体的礼貌原则基本包括这样几个方面：遵守国际商务往来惯例；尊重对方风俗习惯；语言表达要客气有分寸，避免使用命令口气；多用友好、肯定的语气，尽量用委婉语气指出对方不尽如人意的地方，复信要及时。

6．体谅（Consideration）

体谅是指以对方利益为出发点，站在对方的立场周到、细致地考虑问题，以便得到对方的好感而达到所预期的目的。体谅原则是商务交往中为了促成交易所使用的一种技巧。

7．完整（Completeness）

一封完整的商业信函应该是对对方提出的问题逐一回答而且对自己要表达的重要信息说清楚。信函的完整性有助于建立良好的企业形象，节省双方的商务往来时间而达到预期的效果，避免因重要信息不全而引起不必要的纠纷。

练习题

1．名词解释

财经信函　推销函　询价函　报价函　还价函　订购函　索赔函　理赔函　催款函

2．简答题

（1）询价函、报价函、还价函、订购函和索赔函、理赔函的结构有何不同？

（2）传真的结构是什么？

（3）你认为电子邮件和信件有什么区别？

3．分析题

阅读下面询价函，判断是否完整，找出其病因。

询　价　函

××××：

我们从九龙商厦获悉，贵公司日前用上好的原料生产了一种供出口的手工制鞋。这种类型的高档商品，工艺精美，颜色也相当鲜艳。我方十分需要。今请贵方给我们寄份资料。

盼赐复

××××年××月××日

错误及改正：

（1）________________

（2）________________

（3）________________

4．写训练习

2009 年 5 月，张家口通达商贸公司的总经理赵允成在北京天雅仿古家具公司以该公司合同承诺的同类产品市场最低价格，购进了一批红木仿古桌椅，作为本公司的办公家具。然而，同年 10 月中旬，赵允成在广交会上意外地发现该公司所销售的红木仿古桌椅与卖给自己的那一批规格、样式完全相同，但售价却比卖给自己的低了 30%。赵允成认为该公司在与自己的交易中有价格欺诈行为，是在 10 月 20 日致函北京天雅仿古家具公司，要求该公司退回多收的货款。北京天雅仿古家具公司于 10 月 28 日复函，称本方在交易中不存在价格欺诈，两批规格、样式相同的红木仿古桌椅存在价差另有原因，对方感到吃亏纯属误会所致，委婉地拒绝了来函的退款要求；但承诺对所售家具终身保修，如再次购买仍给予最优惠价格。

要求：以案例提供的信息为基本依据，加上对细节的合理推测，按财经信函的格式和写法，先为张家口通达贸易公司拟一份致函，再为北京天雅仿古家具公司拟一份复函。

第 10 章

财经论文

学习目标

◎ 了解财经论文的含义、选题原则和选题方法；

◎ 掌握财经论文的结构和写作注意事项。

导入案例

大学生广场：毕业论文的尴尬

本期聊友：武汉理工大学刘同学、湖南大学石同学、武汉大学潘同学、中央民族大学王同学

本期嘉宾：北京语言文化大学人文学院教授石定果

主持人：眼下已经到了大部分毕业生完成论文、准备答辩的时候，与找工作和考英语四、六级的热情与投入精力相比，大学生对待毕业论文的态度相对冷淡。网络的发展为学生写论文提供了便利，有的同学从网上下载几篇文章拼拼凑凑不到一个小时就可“写”出一篇论文。毕业论文是学生经过四年学习后专业水平的体现，对待论文的态度很大程度上也代表着学生对待学问的态度。还是听听学生们自己的观点吧。

刘同学：说实话，一些毕业论文中“抄”的成分很大，这已经是公开的秘密了，上万字的文章全部是自己的观点比较困难。毕业设计的指导教师是学校指定的，每个老师都有几个课题，我们 8 个人一个指导教师，挑选了课题也就选好了导师。每篇论文近 2 万字，还要附上 9 篇以上的英文参考资料，并翻译出来。这几天图书馆的外文期刊阅览室坐满了我的同学。我周围大多数人做论文都是在应付，抄袭现象非常严重，能否从写论文的过程中学到东西，这就看个人了。有的人抄，但要经过自己的思考，所以还能从别人的成果中学到不少东西，也有人什么也学不到。在大学主要学到了一些思维方式和一种学习习惯，这种习惯和方式对以后的工作和学习都有很大的影响。

石同学：我们毕业论文的理论性很强，借鉴他人的观点成了大家普遍采取的方法。老师对学生的期望值很高，所以为了不让老师失望，也为能顺利过关，我们做了努力，但最终发现，自己的能力实在有限，心有余而力不足，只有参考他人的论文。我很想好好写一下，事实上我也做到了，但现在的文章已被改得面目全非，不新颖，也不深入。自己下了很大的工夫，但结果不佳，有的同学借鉴了他人的观点得到了很好的成绩，心理有些不平衡。

潘同学：论文题目是从学院发的几十个题目中自己选的，我挑选题的原则是兴趣优先，老师是学院安排的，根据所选的题目而定。周围抄袭现象非常严重，本科生写毕业论文不大量引用材料是不可能的。或许这不叫抄袭。

王同学：我论文的完成过程比较仓促，大部分的精力也投在了找工作上。但我将来很想从事新闻工作，所以我选择了与新闻写作有关的选题，参考了不少书目，我想这不是抄袭。整个过程中我学到了很多：看了很多好的、不好的例文，也理顺了几种文体的基本写作要求。

嘉宾点评：做毕业论文对本科毕业生很重要，这是对他基本知识和能力的总结。因为本科生的理论水平有限，所以在论文的内容上可以不要求创新，但要达到整合并学会考察，学会关注科学前沿的内容。做论文是对学风的锻炼。另外，我建议本科生的论文选题应具体一些，选择有具体资料、结合专业、有针对性的题目。大四阶段，学生要完成学业，也要准备继续深造或找工作，论文的重要性不可置疑，学生对待论文的态度既要靠学校的管理，也要靠学生个人。

【案例思考】

1．毕业论文的重要性是什么?

2．毕业论文写作前的准备有哪些?

3．毕业论文的结构包括哪些因素?

10.1　财经论文概述

10.1.1　财经论文的含义

财经论文是研究经济现象，揭示经济规律的学术论文。它是经济科学研究成果的表述，是研讨经济理论，推广研究成果，开展学术交流的工具。

10.1.2　财经论文的选题

1．财经论文的选题原则

选题是写作经济论文的第一步，也是决定论文价值高低和成败的关键。显然，从写作角度来看，财经论文的写作不外乎是“写什么”和“怎样写”两个方面，而“写什么”则首当其冲。因此，论文写作必须首先把握好选题这一环节。

（1）合理性原则

合理性原则是在选题的学术价值的基础上提出的，有价值的必合理。财经论文的价值也就是它能满足某种社会需要的属性。只要是对社会经济发展有利的选题，都应当视为是合理的，理所应当受到社会的认可与赞同。

（2）必要性原则

必要性原则指关系国计民生或学科发展的选题要优先考虑；反之，有些选题或前人已有定论，近期又无开拓性发现，或现阶段研究条件尚不成熟，其必要性就不大，不宜盲目选择。

（3）建设性原则

选题要有新意，要力求开拓新的领域，涉猎新的问题，揭示新的规律，从而对推动学科的发展具有建设性的作用。

（4）可行性原则

可行性原则指从主观条件和客观条件两方面考虑选题的可能性。主观条件包括研究者本人的文化素养、科研能力、爱好兴趣、研究方向等。客观条件包括科研经费、科研的时间、考虑实验的条件，必要的仪器设备，充足的文献资料、导师的指点等，这些条件欠缺，选题再好，也难以展开研究。

2. 财经论文的选题方法

选题不单纯是写作目标、写作方向的问题，还包含着丰富复杂的“选”的原则和“择”的方法，这些方法大体归纳如下。

（1）怀疑法

怀疑法即对已有的研究成果大胆质疑，否定和纠正其中的谬误。孔子曾经说过“疑思问”，问题的提出，首先在于发现问题，而发现问题的关键，又往往在于怀疑。怀疑是问题形成的决定性因素之一，也是探寻真理的开端。在社会上或某一学术领域普遍流行、被多数人所认可的观点，由于受某种形势的影响或条件的限制，这些观点的错误一时还难以被人辨别，以致形成一种流行趋势，形成“通说”。对这种通说，大胆质疑，匡正其失误，自然就有科学价值。

（2）寻隙法

寻隙法即通过寻求学科中的空白区来发现研究课题的方法。空白区是科学发展不平衡的结果。从学科建设上来看，由于某一时期侧重于某些方面的研究而忽视了另一些方面的建设，就出现了学科上的短缺、空白。空白，意味着许多尚待解决或尚未认识的问题，填补空白，探求解决问题的有效方法，就成了十分必要的研究课题了。填补空白，属于开拓性的研究，其难度是比较大的，但其价值之高也是一般研究无法比拟的。

（3）交叉法

交叉法即从学科之间的交叉点上发现问题。信息时代的到来，使得人类的知识体系呈现出大分化又大融合的状态。传统学科的鸿沟分界逐渐模糊，从而出现了大量的分支学科及边缘性学科。各种学科之间建立起共同的研究对象并形成综合研究的新形式，出现了许多交叉的新课题，开拓了广阔的研究领域。这样，把自己熟练掌握的不同学科中相对独立的知识或问题结合起来，使之构成一个新的选题进行研究，是很容易引发全新的观点来的。

（4）拓展法

在选择论题的过程中，要发现一个前人未曾涉足的领域是不大容易的，更为常见的情况是在前人研究的基础上加以发展和深化，从而开拓出补充性的选题。这是因为学术领域的探究、认识不可能穷尽绝对真理，而只能逐步接近绝对真理，一种理论必须经过不断的验证、补充、丰富、发展，才能逐步成为比较完整、成熟的理论观点。在前人成果的基础上努力拓展、深化，同样会有“柳暗花明又一村”的发现。

10.2　财经论文的写作

10.2.1　财经论文的结构

1．标题

财经论文的标题是论文选题或论点的简明概括。揭示选题的标题如《混合经济初探》、《试论当代世界市场的基本特征》、《关贸总协定在当今世界的地位及其影响》；揭示论点的标题如《应当重视非国有经济的发展》、《入关有利于发展我国外向型经济》。也有的论文采用双标题，一般正标题点明主旨，副标题交代论题，如《交通先行，一通百通——论公路建设与经济发展的关系》。无论采用哪种标题，都要准确简练，具有吸引力。财经论文的标题是研究目录，索引等二次文献的重要著录内容，是供读者检索论文的主要标识，因此论文标题必须提供必要的信息量，能概括全文的中心内容。在实际写作中，有的论文标题过长，很难使人一目了然；有的标题比较空洞，难以突出最重要的信息，这些都是应当避免的。

2．署名

作者署名的位置在财经论文的标题之下。如果是合作研究撰写的论文，可按所承担任务和贡献的大小，先后署名。署名表明作者身份，也表示文责自负，即对论文的全部内容负责，一般要求用真实姓名。

3．摘要

摘要位于经济论文正文之前，是论文的梗概，是对论文内容不加诠释和评论的概括性陈述。摘要是经济论文的窗口，具有节省读者的时间，引导读者迅速了解全文内容的作用，同时又可以满足二次文献工作的需要，使文献索引杂志不做修改或稍做修改就可转载，避免由他人摘要所产生的误解和缺漏。 摘要是经济论文全文内容的高度浓缩，一定要经过反复推敲，简洁概括地表达出论文的要点，包括论点和主要论据，研究的目的和方法，对象和范围，成果的价值和意义等。写作时要忠实于原文、突出重点、文字精练，语言连贯，篇幅一般在 150～300 字。

4．绪论

绪论也称前言、导论。其主要内容包括研究本选题的缘起、目的、要求，研究所涉及的界限、规模或范围，研究的背景和现实情况，指导思想、原则或有关的政策，对以往研究情况及相关论著的回顾，研究中所采用的方法，运用资料的来源及可靠性说明，有关术语概念的界定，等等。这些内容在实际写作中无须面面俱到，而是要有所侧重，有所选择，有的只需点到为止。绪论部分在内容上要注重客观、准确，对涉及选题的学术价值和研究结论的意义等问题要做到既不拔高夸大，也不过分谦虚，在表达上要做到简洁明快，开门见山，不要说题外话，更不必堆砌客套话。

5．本论

本论是财经论文描述研究成果、具体展开论证的核心部分，是作者学术水平和创造才能的集中体现，直接决定着论文质量的优劣高低。

本论部分根据写作意图，或正面立论，或破除谬误，或争鸣探讨，或解决疑难。不管哪种情况，都需提炼出明确的中心论点，并以中心论点为轴心贯穿全文。对中心论点的阐释与论证应当严密，做到层层深入，节节展开，使事物内部的联系及本质呈现出来，从而使文章具有无懈可击的逻辑力量。为了使材料与观点相统一，还需要对掌握的材料进行去芜存菁，去伪存真的筛选、取舍，使之准确可靠，能够支撑、证明论点。论述要条理清楚，由表及里地开掘，自浅而深地推进，体现思维的论辩性、顺序性和有机性。

本论部分最困难的往往是分析问题。分析是使充足的材料转化为独自性的结论的思维中介，需要对材料进行周密而透彻的分解、组合，使之上升为新概念、新理论。经济论文的分析要坚持定性分析与定量分析相结合，以求得最佳的数量界限。

随着研究对象的日益复杂化，对事物仅做定性分析是不够的，还必须运用数学、统计学、运筹学、计量经济学等做定量分析，使研究成果更加科学化。

6. 结论

结论是财经论文的结束语。它起着归纳总结全文，完整揭示研究成果的作用。它可以是中心论点的重申，或主要结论的概括，也可以是对本选题研究前景的展望，或是在研究成果基础上进行的预测。此外，研究中遗留的问题，或尚待进一步探索的问题，也可以在这一部分提出来。从表达上看，结论部分必须逻辑严密，措词考究，观点明确，文字简洁，要避免含糊其辞，模棱两可。

7. 参考文献

财经论文中凡是引用了有关资料、文章，必须在后边注明参考文献的出处。这样做既是表示对前人研究成果的尊重，不敢掠人之美，也是方便读者查阅原文出处，以便全面深入地了解有关内容。参考文献的著录项目一般包括著者、文献篇名、发表期刊名称及期号、卷页，或出版社及版次、年月、页码等。

10.2.2 财经论文写作的注意事项

1）必须符合客观经济规律的要求，正确表述经济活动的一般规律和特殊规律。

2）必须与党和国家的路线、方针、政策、法规相一致。

3）必须能够指导经济工作实践，提高经济效益。

4）语言文字力求简洁明了。

【例文10.1】

近几年我国钢材价格下降的原因和对策

国家计委价格管理司

在经历了1993年钢材价格暴涨之后，近几年来钢材市场价格持续下滑。目前线材、螺纹钢等主要钢材价格，均比1993年平均每吨下降1 000元左右，多数品种处于保本微利水平，个别品种亏损。钢铁行业效益也逐年下滑，1993年、1994年、1995年、1996年全行业分别盈利290亿元、263亿元、117亿元、50亿元，1997年1月至11月盈利只有7亿元。经我们初步分析，钢材价格将长期在低价位上运行。冶金行业效益下滑的原因是：

1）市场总量供过于求。近几年，国内钢产量增长较快。1996年突破1亿吨，我国一跃成为世界第一产钢大国，除某些品种外，基本可以满足国内需求。但在高价格、高利益的驱动下，钢材进口失控，1995 年、1996 年分别进口 1 397 万吨、1 598 万吨，均超过了计划进口 1 000 万吨的水平，1997 年全年进口量约 1 300 万吨。与此同时，“房地产热”、“开发区热”降温，钢材的社会需求量回落到正常水平，因此出现了不同类型钢材或地区性的供过于求的现象。

2）产品结构不合理。中小型、低档次的产品生产能力处于闲置状态，高附加值产品国内自给率过低。目前我国钢的生产能力达到 12 400 万吨，但生产能力利用率仅为 81.6%，部分品种的生产能力处于闲置状态。

3）企业组织结构不合理。企业小型化、分散化、规模小、低水平重复建设。根据 1995 年工业普查结果，全国轧钢企业达 7 363 家，冶金系统内 271 家，其余 7 092 家都是各地自行上马的项目。1996 年全国炼钢企业 1 600 家，钢产量大于 10 万吨的企业只有 140 家，占全国钢产量的 90%，其余 10%的产量分散在全国 1 400 多家小钢铁企业，平均规模不足 1 万吨。

4）能源消耗、技术水平、劳动生产率与国际先进水平存在较大差距。一是能耗高。1997 年我国大中型钢铁企业吨钢可比能耗为 945 千克标准煤，比国际水平高 20%～40%。二是技术水平、装备水平低。1997 年我国连铸比为 60%，发达国家早已达 90%以上，如果达到发达国家水平，每年至少可增加效益 60 亿元。除少数设备比较先进外，装备多是 20 世纪五六十年代的，亟待淘汰的装备很多，约有 900 万吨平炉钢，900 万吨化铁炼钢，以及大量小电炉、小转炉、小轧钢厂等。三是劳动生产率低。1996 年我国冶金行业全员实物劳动生产率仅为 30 吨，而发达国家一般为 600～1 000 吨。

5）国内企业在国际竞争中处于劣势。我国除宝钢具有一定国际竞争力外，大多数冶金企业在国际钢材市场竞争中处于不利地位。

6）国内钢材市场竞争过度，企业盲目降价促销。我们应当看到，1993 年钢材价格暴涨，是严重背离了钢材本身价值规律的，受价值规律的支配，价格回落并在一段时间内低价位运行，有其客观必然性。目前，对大多数冶金企业和大部分钢材品种来说，降价的余地已经很小，各企业通过降价手段走出困境的路子越走越窄。为了稳定钢材价格，促使冶金企业走出目前困境，建议做好以下几方面工作。

① 调整企业组织结构和产品结构，实现经济增长方式的根本转变。我国是钢铁生产大国，但还不是钢铁强国，各冶金企业的规模、劳动生产率、技术水平、管理水平还与发达国家有差距，因此国内大中型钢铁企业要探索联合发展的路子，促进资产重组和优化，压缩长线产品，增加投入，开发、生产高新品种，提高占领国内市场、参与国际市场竞争的能力。

② 冶金企业要立足内部挖潜降耗，降低成本。近几年来冶金企业受煤、电、油、运等上游产品价格上涨和钢材价格下降两头挤压，生产经营越来越困难，各冶金企业要扎扎实实学邯钢，强化管理练内功，挖掘能耗、物耗等潜力，降低生产成本，提高市场竞争力。

③ 严格控制进口，防止国外产品低价倾销。

④ 努力开拓国际市场，扩大出口。大中型钢铁企业要利用当前国内市场钢材价格下滑、国际市场钢材价格攀升的时机，把国内长线产品打入到国际市场，以缓解国内市场供过于求的矛盾。

⑤ 建立全国统一的钢材价格信息网络。市场经济是一种开放经济。区域分隔，信息闭塞或信息封锁，只能导致单个企业生产及价格决策的盲从行为，因此要建立全国钢材供求及价格信息网络，逐步形成全国统一开放、竞争有序的钢材大市场。

⑥ 加强价格协调和价格自律。对钢材价格进行协调，有利于建立统一开放、竞争有序的钢材市场。

（资料来源：世纪期刊网）

【例文评析】

这是一份结构完整、写作规范的财经论文。全文由标题和正文构成。引言部分言简意赅地概括近几年钢材价格的走势；主体阐述具体内容，分析钢材价格下降的原因，为使冶金企业走出困境，提出建议。全文内容具体，层次分明，条分缕析，语言简洁明了。

练 习 题

1. 简答题

（1）财经论文有哪些特点？

（2）财经论文一般包括哪些内容？

2. 分析题

要求：根据所给论文的内容，为其拟摘要和关键词。

论金融风险的会计防范措施

康国伟

金融是现代经济的核心，金融市场是市场经济体系的动脉，是市场配置关系的主要形式。金融在社会经济发展中处于特别重要的地位，有着不可替代的作用。金融体系的安全、高效、稳健运行，对经济全局的稳定和发展至关重要。由于金融业渗透到社会生活的各个领域，又是一个特殊的高风险行业，一旦金融机构出现危机很容易在整个金融体系中引起连锁反应，引发全局性、系统性的金融风波，从而导致经济秩序的混乱，甚至引发严重的政治经济危机。所以，如何化解和防范金融风险已成为银行管理活动中一个十分迫切而又重要的内容，文章拟从会计角度探讨这一问题。

1. 金融会计风险的表现

风险是指遭受损失的可能性。银行经营活动的运作过程与银行会计十分密切，几乎每一笔业务都需要银行会计的核算与操作。所以，银行风险也可以理解为银行会计的风险。其主要表现在以下几个方面。

（1）会计核算风险

银行会计的基础性工作在于真实、完整、及时地对银行业务进行核算，是银行生存和发展的重要因素之一。如果会计核算方法不佳、核算程序不规范、核算质量不高，就容易发生风险。因为会计核算工作的环节非常多，在资产、负债及中介业务中，每日都要进行大量的现金收付、凭证受理审查、科目运用、账户登录等，都直接或间接地与风险发生联系，很多银行风险是与某个会计核算环节的失控有关。

（2）票据结算风险

结算业务是银行一项重要的中介业务，它是通过银行提供各种支付结算的手段与工具，为客户实现经济活动中的货币给付转移。随着经济活动的日益频繁，支付数量的日趋上升，以票据为主要支付手段的结算业务也给银行带来了诸多的风险，主要表现在：第一，从票据当事人看，有其本身票据填写不清带来的风险；第二，从结算中介人看，有操作失误或任意违规而造成的风险；第三，从结算环境看，有票据犯罪日益增多给银行带来的风险，也有银行、企业及司法部门对处理票据纠纷依据的法律、规定理解不统一而带来的风险。

（3）结算编制风险

从会计工作的程序看，结算编制是最后的环节。在银行业中，结算风险最主要的表现是结算数据的不真实，其中尤其是利润反映不真实。当然，这种情况的存在，有技术或制度上的原因，也有人为的因素。从人为的因素来看，不可忽略的问题是虚假性。如有的金融机构为了本单位或其他某种需要，要求会计部门在结算报表上做数字游戏，或虚增利润，或虚减利润，另外，搞账外账，想以此取得业绩考核名次或达到暗留盈利的目的。结算利润是反映经营者最终经营成果的重要指标，其数据不实，不仅会影响单位，也会对上一级部门（如总行一级法人），乃至对国家隐藏风险。从技术或制度的原因来看，主要是合理性问题，如呆账、坏账、准备金的提取比例是否合理，应收利息计提的标准是否合理等。

（4）会计监督风险

会计工作的一项重要的职能是实施会计监督。会计监督就是对单位经营活动的合理性、合法性进行监督，但是目前金融会计监督职能相对薄弱，如商业银行转轨后，效益成本观念得到很大增强，但也有一些银行或其分支机构在这方面做得不好，只求存款数量，不讲存款结构，变相提高存款利率；盲目互相攀比，豪华装潢营业办公用房，费用开支增加。对于这些不合理或不合法的经营，会计部门一般无法起到有力的监督作用，而这种经营的亏损风险正在进一步加剧，发展严重将会影响到我国商业银行的前途。

（5）人员管理风险

主要表现在以下几个方面：一是一部分银行会计人员素质不高，在工作中表现出服务态度不佳，操作行为不规范，从而容易发生会计差错；二是还有个别银行会计人员品质恶劣，肆意侵害银行利益，从而发生经济案件；三是会计岗位设置缺乏应有的相互制约和牵制。目前有些金融机构会计岗位的设置面临两难局面，因业务量上不去，人员配备就不足，这样会计岗位的设置就无法达到科学合理，混岗、兼岗、业务处理“一手清”的现象时有发生。有些金融机构从本身的经营成本角度考虑，导致会计人员配备不足；四是金融机构在会计核算方面的漏洞，规章制度、操作规程制定的不完善，影响了会计人员经办业务的质量，同时会影响各部门之间的协调与配合。

2．风险产生的原因分析

（1）竞争激烈的市场经济环境

我国的经济环境已由过去的计划经济模式逐步走向市场经济模式。在市场化的进程中，市场经济所常见的缺陷也逐渐暴露出来，如市场存在着不公平的竞争，市场的约束机制缺乏等。目前，从我国的情况看，社会平均利润率尚未形成，而金融机构的账面投资回报率又吸引了大量的社会资源涌入。在缺乏健全的市场准入标准情况下，再加上地方政府的本位主义色彩，各地金融机构剧增。大量增加的金融机构，虽有利于市场效率的提高和社会性平均利润率的形成，但违规经营、从事非法活动的可能性增加了，从而银行风险日趋增大。

（2）不完善的金融管理模式

严格地说，即使在激烈竞争的市场经济环境下，如果有比较完善的金融管理模式，仍可以将银行风险控制在较低水平。但我国现阶段的金融管理模式，仍有一些欠缺。其一，在宏观监管方面，还需强化各银行按市场规则公平竞争。因为，地方政府的保护措施，可以使某些银行享有更多的“政策”优势。另外，对于有的银行以不遵守金融法规和制度为前提的竞争行为，宏观监管也缺乏有效性，表现为仅停留在事后管理的状态，从而难以达到防范风险的目的。其二，在微观管理方面，银行的内部控制薄弱，表现在制度建设滞后，内控体制不顺、权利制约失衡、会计信息失真等，较易发生银行风险。

（3）相对落后的会计运作手段

现代银行的发展，要求现代会计手段的配套。现代会计手段一方面表现在会计电算化的形式上，另一方面表现在会计核算监督制度优化的内容上。会计电算化既可以简化会计人员的手工劳动量，加快会计信息的传递，也可以严格会计操作手段，规范会计核算程序。而后一方面对于防范银行在会计核算方面的风险尤其重要。会计核算监督制度的优化，则可以从根本上促进会计核算监督工作的完善。但在目前我国银行业，会计电算化仍较落后，应用程度不高，覆盖面不广，会计软件的开发跟不上实践的需要。在会计核算监督制度上，也需要进一步完善，不能仅停留在满足事中、事后算账的水平上，而应该具备事中控制和事后控制的能力。这样才能有效减少银行风险的发生。

（4）有待提高的会计人员素质

从总体上看，银行会计工作人员的学识水平、专业技术和职业道德等仍需加强和提高。从银行风险产生的原因看，人员素质因素不可忽视。实际上，许多风险的发生在一定程度上与会计人员的工作有关联。

3. 银行风险的会计防范措施

（1）强化会计业务制度体系

会计业务的制度体系是银行内部控制机制的组成部分之一。会计制度的完善，有利于内控制约机制的充分发挥。在加强会计业务制度体系建设时，要注意其全面性、规范性、适用性和协调性，即这一制度体系在会计业务中覆盖要宽广，操作要规范，不能脱离实际，并能有效地与其他部门工作配合。一套完善的会计业务制度将有利于堵塞漏洞，化解风险。

（2）重视会计核算与会计监督职能

会计核算与会计监督是会计的两大职能，在建立了全面的会计制度体系后，接下来的具体工作是严格执行。我们认为，在会计核算中要强调真实、准确、完整、合法；而在会计监督中要强调独立、严格、及时、有效，尤其是重视会计业务的事前和事中监督，因为事后发现问题往往无济于事。而严格会计业务事前和事中监督，可以力求把风险消除在日常工作处理中，从而减少损失。

（3）发展现代会计运作手段

现代会计运作手段既表现在形式上，也表现在内容上。内容上指强调会计核算监督制度的完善，形式上则是指会计电算化方法。银行业应大力推广业务处理电算化，这样对改善服务、增强竞争力有很大帮助，更重要的是它的推广运用可以规范会计操作程序，减少人工处理业务的随意性和灵活性，减少差错和违规。同时也应清醒地认识到，有了会计电算化不等于万无一失，因为电脑处理系统本身有一个是否完善的问题，另外还有一个操作管理问题。如果对此掉以轻心，仍会潜伏较大的风险。

（4）加强银行会计队伍建设

加强会计队伍建设是一个多层次的任务。我们认为，首先是银行各级领导和管理人员在思想上统一认识，重视会计工作在防范银行风险中的重要作用，在岗位设置、人员配置上给予支持。其次要加强对会计人员的法纪、政纪和职业道德等方面的思想教育，增强会计人员自我约束的意识和能力，使他们能够自觉遵守财经制度和执行有关的规章制度。最后是以多种形式的培训和学习，提高会计人员的业务能力，使他们能够在工作中及时发现问题，防范风险。

（5）建立有效的风险预警机制

当我们强调要将单纯的事后监督变为事前、事中、事后全方位控制时，风险预警机制就是必不可少的。另外，在会计工作中，要设置一系列有效的指标体系，通过日常核算反映出可能发生的问题，以便银行决策部门能够及时采取针对性的措施，从而实现规避风险的目的。

（资料来源：精品学习网）

参考文献

[1] 甘佩钦. 财经应用文写作教程[M]. 北京：人民邮电出版社，2014.

[2] 王纪，高云海，张向凤. 财经文书写作教程[M]. 北京：对外经济贸易大学出版社，2013.

[3] 司晓辉. 财经应用文写作[M]. 上海：立信会计出版社，2012.

[4] 张树义. 财经应用文模型写作教程[M]. 广州：华南理工大学出版社，2011.

[5] 胡明扬. 财经专业写作[M]. 北京：中国人民大学出版社，2003.

[6] 刘康乐. 财经应用文写作[M]. 北京：中国财政经济出版社，2002.

[7] 乔刚，谢永泉. 现代应用文写作[M]. 上海：立信会计出版社，2005.

[8] 王凯符. 财经应用文写作[M]. 北京：中国和平出版社，1997.

[9] 方有林. 商务应用文写作[M]. 上海：同济大学出版社，2007.

[10] 张耀辉. 应用文写作简明教程[M]. 北京：高等教育出版社，2006.

[11] 周小其. 经济应用文写作[M]. 成都：西南财经大学出版社，2006.

[12] 陈新华，张振华. 财经应用文写作[M]. 北京：化学工业出版社，2008.

[13] 严军，袁凤英. 经济应用文写作[M]. 北京：对外经济贸易大学出版社，2009.

[14] 方有林，娄永毅. 经济应用文写作[M]. 上海：复旦大学出版社，2006.

反侵权盗版声明